lonely planet

ULTIMATIVE REISEZIELE

DIE TOP-500-LISTE VON LONELY PLANET

Vorwort

Jeder von uns hat seine persönliche Reisewunschliste. Sie enthält Orte, die einem Freunde ans Herz gelegt haben, Orte, die man aus Büchern kennt, Orte, von denen man träumt. Dies hier ist unsere Liste: Die 500 spannendsten, unvergesslichsten, kurz: phänomenalsten Flecken der Erde – angeordnet nach dem Grad ihrer Großartigkeit. Wir finden, diese Orte sollten Sie erlebt haben, ehrfürchtig, begeistert, staunend vor ihnen stehen. Sie machen nachdenklich, lösen Gefühle aus oder das dringende Bedürfnis, von ihnen zu erzählen.

Wie wir das angestellt haben? Den Anfang machten Tausende Highlights aus allen Lonely-Planet-Bänden – jede Sehenswürdigkeit, die unsere Autoren im Laufe der Jahre beeindruckt hat. Aus diesen haben wir eine handverlesene Shortlist erstellt und der Lonely-Planet-Community zur Abstimmung vorgelegt. Nun durfte jeder seine 20 Lieblingsorte auswählen, wobei wir die Sehenswürdigkeiten, die am häufigsten hohe Wertungen erhielten, stärker gewichtet haben als solche, die zwar viele, aber niedrige Bewertungen bekommen hatten. Mit ein wenig Zahlenzauberei erhielten wir so einen Ranking-Wert für unsere 500 Favoriten. Das Rennen war stets sehr knapp – mit einer Ausnahme: Platz eins führte mit einer Punktzahl von 10162 um Längen.

Jeder Eintrag im Buch verrät, warum es der beschriebene Ort in unsere Liste geschafft hat, gefolgt von einem „Nichts wie hin"-Tipp für die Reiseplanung. Wer's genauer wissen will, findet in unseren Reiseführern und unter lonelyplanet.de detailliertere Informationen.

Dies ist die ultimative Reiseliste von Lonely Planet.
Möge sie viele neue Reisewünsche wecken.

01–99 Inhalt

100–199

200–299

300–399

400–500

01_
99

01

Tempel von Angkor

HINDU-HIMMEL AUF ERDEN

K AMBODSCHA // Als wir alle Stimmen ausgezählt hatten, war ein Ort mit sage und schreibe 36 Prozent in Führung gegangen, ein Kopf-an-Kopf-Rennen lieferten sich hingegen Platz zwei und drei. In der Politik würde man das wohl einen Erdrutschsieg nennen … Wie hat Angkor Wat das geschafft?

Im buddhistischen Kambodscha fällt der größte Hindu-Tempel der Welt aus dem Rahmen: Die prächtige Tempelanlage ist das Glanzstück eines hinduistischen Königreichs, das sich einst bis nach Burma, Laos und Südchina erstreckte. Selbst in einer Region wie Südostasien, die vor Tempeln nur so strotzt, ist Angkor eine Perle – ein Himmel auf Erden, gemeißelt aus Tausenden von Sandsteinblöcken und von oben bis unten verziert.

Und es kommt noch besser: Angkor Wat ist der glorreiche Gipfel eines mehr als tausend Tempel, Schreine und Grabstätten umfassenden Komplexes – ein Meer von Turmspitzen, das aus dem nordkambodschanischen Dschungel ragt. Die nahe gelegene Stadt Siem Reap wird international angeflogen, Angkor also als un-

entdeckt zu bezeichnen, fällt schwer – und dennoch: Jeder Besucher, der durch die von uralten Baumwurzeln umschlungenen Ruinen schlendert, in denen längst vergessene Gottheiten den Kopf durch das Blattwerk recken, fühlt sich hier ein bisschen wie Indiana Jones, der den Laubvorhang zum allerersten Mal beiseiteschiebt. Im Laufe der Jahrhunderte sind die Bewohner dieser heiligen Dschungelstadt vom Hinduismus zum Buddhismus konvertiert, und so fließen die beiden Religionen in vielen Tempeln ineinander. Kommt man im Morgengrauen zu den Ruinen von Bayon, sieht man das gütige Gesicht des Avalokiteshvara, des buddhistischen Bodhisattva des universellen Mitgefühls, wie eine himmlische Erscheinung dutzendfach aus dem Nebel steigen – ein Erlebnis, das seinesgleichen sucht. Und weil es nicht die einzige unvergleichliche Erfahrung ist, verwundert es nicht, dass viele Reisende Wochen bleiben.

Angkor Wat selbst ist die Krönung dieses Wunders: eine riesige, in Stein gehauene Darstellung des Bergs Meru, dem Sitz der hinduistischen Götter, deren Basreliefs so filigran und anmutig sind, dass sie wie von göttlicher Hand gemacht erscheinen. Dasselbe Gefühl überkommt einen in den überwucherten Ruinen von Ta Prohm, einem Tempel aus dem 12. Jh., der nahezu komplett vom Dschungel verschlungen wurde. Hier hat sich seit der Ankunft der ersten europäischen Abenteurer in Angkor im 17. Jh. nur wenig verändert.

Auf einer Fläche von mehr als 400 km² liegen heilige Becken, verzierte Steinbrücken und eine Vielzahl verfallender Tempel. Einige der abgelegenen Komplexe sind zu einem Muss geworden: Banteay Srei beherbergt beispielsweise einige der schönsten Steinreliefs in Angkor. Im nahen Kbal Spean hingegen geht die künstlerische Reise unter Wasser weiter: im Fluss der tausend *lingams* (Shiva-Symbole). Allen voran ist Angkor aber ein gewaltiges Sinnbild unermüdlicher menschlicher Kreativität, des tief in uns verwurzelten Bedürfnisses, etwas zu hinterlassen. Aber auch der buddhistischen Erkenntnis, dass nichts Materielles von Dauer ist und früher oder später von der Natur zurückgefordert wird. So ist Angkor mehr als eine beeindruckende Ruine – es ist eine steingewordene spirituelle Offenbarung.

NICHTS WIE HIN! ***Übernachten: in Siem Reap. Anreise: Motorradtaxi oder Tuktuk; Touren am Morgen bereits abends buchen!***

URALTE TEMPEL

↓

Die javanesische, von Vulkanen umringte Tempelanlage Borobudur ist 1200 Jahre alt. Atemberaubend.

Seite 183

↓

Im indischen Bundesstaat Karnataka liegt die historische Stadt Hampi zwischen gigantischen Felsen. Sie hat nur einen Tempel, aber was für einen!

Seite 173

↓

Bagan stammt aus dem 11. Jh. Heute sprüht die Hauptattraktion von Myanmar wieder vor Leben.

Seite 47

Links und vorherige Seiten: Mönche im Ta-Prohm-Tempel. Unten: Apsara-Tänzerin.

02 Great Barrier Reef

UNTERWASSERWUNDERLAND

AUSTRALIEN // Der zweite Platz geht an ein Naturwunder, das sich mehr als 3000 km entlang der Nordostküste Australiens erstreckt. Das Great Barrier Reef beheimatet als das größte Netzwerk von Korallenriffen der Welt 400 Korallen- und 1500 Fischarten. Neben den rund 30 Wal-, Delfin- und Schweinswalarten leben hier sechs Meeresschildkrötenspezies und 17 verschiedene Seeschlangen.

Wen das nicht überzeugt, auf der Stelle Richtung Down Under zu fliegen: Das Riff könnte bald der Vergangenheit angehören, zumindest in seiner derzeitigen Pracht, denn durch die steigende Wassertemperatur bleichen die Korallen nach und nach aus und sterben ab – Besserung nicht in Sicht. Heute ist das Riff aber noch ein psychedelischer Unterwasserspielplatz für Taucher und Schnorchler. Auch wer trockenen Fußes bleiben möchte, kommt auf seine Kosten: Vor der Küste von Queensland begeistert das vor Leben sprühende Ökosystem mit unzähligen Vogelarten, tropischen Inseln und Stränden.

☛ NICHTS WIE HIN! ***Die beliebtesten Startpunkte für Ausflüge zum Riff sind Cairns, Port Douglas und Airlie Beach. Alle drei Städte liegen in Queensland.***

Gleite durch wogende Anemonenwälder, schwimme mit Meeresschildkröten und schau in den Schlund meterlanger Riesenmuscheln.

Links: Peruanerin in traditioneller Tracht. Unten: Blick auf Machu Picchu mit Lama.

Machu Picchu

03

RIESIGE RUINEN

↓

Sri Lankas Gartenstadt Polonnaruwa (12. Jh.) erkundet man am besten mit dem Rad. Aber Vorsicht vor den Affen.

Seite 250

↓

Die weitläufigen Ruinen von Baalbek im Libanon waren das ehrgeizigste Bauvorhaben des römischen Reiches.

Seite 246

↓

In der sandumwehten Geisterstadt Kolmanskop in Namibia wurden einst Diamanten abgebaut.

Seite 311

RÄTSEL DER INKAS

PERU // Nur eine Handvoll Stimmen trennt Platz zwei und drei unserer Reiseliste.

Doch gegensätzlicher könnten zwei Orte nicht sein. Wer nach dem zehrenden viertägigen Aufstieg entlang des alten Inkapfades vom Sonnentor auf Machu Picchu hinabblickt, hat den Initiationsritus aller Peru-Reisenden hinter sich. Die atemberaubende Anden-Szenerie und die Art, wie sich die Stadt an schwindelerregend steile Hänge schmiegt, faszinieren. Ihr eigentlicher Zauber aber: Sie ist ein Rätsel. Theorien gibt es wie Sand am Meer – vom königlichen Rückzugsort über den Tempel der Jungfrauen bis zum Landeplatz für Außerirdische. Selbst Hiram Bingham, der amerikanische Amateurarchäologe, der 1911 über die Ruinen stolperte und sie jahrelang freilegte, wusste keine Antwort (er selbst war bis zu seinem Tod fälschlicherweise davon überzeugt, Vilcabamba, die sagenumwobene verlorene Stadt der Inka, entdeckt zu haben). Da man nun weiß, dass man nichts weiß, kann man befreit und staunend durch die rätselhafte Bergmetropole streifen und seiner Vorstellung freien Lauf lassen. Auf keinen Fall verpassen sollte man den Andengipfel Huayna Picchu, der über den Ruinen emporragt, auch wenn der Aufstieg zum Mondtempel eine wahre Mutprobe ist.

NICHTS WIE HIN! ***Cusco ist das Tor zu Machu Picchu: per Eisenbahn bis Kilometer 88, dann auf den 42 km langen Inkapfad.***

Chinesische Mauer

04

WAS FÜR EINE MAUER!

CHINA // Jedes Reiseziel hat dieses eine Muss für Touristen – in China erstreckt es sich fast über das gesamte Land. Aber die Chinesische Mauer ist nicht etwa eine einfache Wand, sondern ein Ehrfurcht gebietendes Labyrinth von Wällen und Festungen, das sich sage und schreibe 8850 km durch die schroffe nordchinesische Landschaft windet. Die Mauer wurde über einen Zeitraum von mehr als tausend Jahren errichtet. Ihr eigentliches Ziel – das Land vor den Mongolen zu schützen – verfehlte das Bauwerk zwar; nichtsdestotrotz ist es heute das Symbol der Ming-Dynastie, der größten Macht der ostasiatischen Geschichte bis Mao Zedong.

Dass man die Chinesische Mauer vom All aus erkennt, ist zwar ein Mythos, könnte aber stimmen, beim Anblick des Bauwerks, das sich scheinbar endlos in die Ferne zieht. Nur wenige Hartgesottene erwandern die gesamte Mauer, doch selbst wer sich nur einen Abschnitt herauspickt, ist überwältigt vom Gefühl der Unzerstörbarkeit. Ob man nun nach majestätischer Pracht (bei Peking), militärischer Präzision (in Gansu) oder zeitloser Verlassenheit (in der Inneren Mongolei) sucht – für jeden Geschmack ist etwas dabei.

NICHTS WIE HIN! *Die zugänglichsten Teile liegen bei Peking: Badaling wurde rekonstruiert, Jiankou und Huanghuacheng hingegen locken mit ursprünglicher Atmosphäre.*

UNVERGESSLICHE DENKMÄLER

↓

Das Kigali Memorial Centre erinnert an den Genozid in Ruanda (1994). Eine Million Menschen wurde binnen weniger Monate ermordet.

Seite 230

↓

Die zwei Becken des National September 11 Memorials in Manhattan markieren den Standort der alten Twin Towers.

Seite 192

↓

Weiße Grabsteine und – im Frühjahr – rote Mohnblumen bedecken die Schlachtfelder des Ersten Weltkriegs in Flandern.

Seite 302

Taj Mahal

05

MEISTERWERK DER MOGULE

INDIEN // Was ist architektonische Perfektion? Man nehme tonnenweise schimmernd weißen Marmor, verziere ihn mit filigransten islamischen Mustern und besetze ihn mit Tausenden Edelsteinen und Halbedelsteinen. Man bette ihn in ein Juwel persischer Gartenkunst und platziere es vor der atemberaubenden Szenerie eines heiligen Flusses. Nun füge man eine Prise perfekter Symmetrie hinzu und verpacke das Ganze in ein exotisches Märchen unsterblicher Liebe. Meine Damen und Herren: das Taj Mahal!

Erbaut wurde es von Großmogul Shah Jahan als Mausoleum für seine Lieblingsfrau Mumtaz Mahal. Die Ironie des Schicksals wollte es, dass der Shah seine letzten Lebensjahre im Roten Fort fristen musste, eingekerkert von seinem ehrgeizigen Sohn. Der Blick auf das Taj Mahal sollte ihn an all das erinnern, was er verloren hatte.

Das Taj Mahal lockt seit Jahrhunderten Reisende nach Indien. Ungeachtet der unfassbaren Touristenmassen sind die Marmorhöfe und Torbögen wie ein Fenster in das Indien der Mogule. Kein anderes indisches Bauwerk schafft es, den Geist und die Atmosphäre dieser Zeit so vollendet einzufangen.

NICHTS WIE HIN! ***Vom staubigen, lärmenden Agra aus geht es zum Taj Mahal samt seiner Schar schwirrender Souvenirverkäufer. Beste Besuchszeit ist die Morgendämmerung.***

Das Taj Mahal zeigt sich im Licht der Morgendämmerung von der besten Seite.

Veranstalter bieten Rafting-Tagesausflüge durch den Canyon an. Bis zu einem Monat kann man ihn auf eigene Faust erkunden. (nur mit Permit).

NONPLUSULTRA DER NATURWUNDER

Grand-Canyon-Nationalpark

06

USA // Steht man vor diesem gigantischen Riss in der Erdkruste, blickt man auf 2 Mrd. Jahre Geologie hinab. Eine Grenzerfahrung für unsere Vorstellungskraft. Der bis zu 1800 m tiefe und 450 km lange Grand Canyon wird von der untergehenden Sonne in flammendes Licht getaucht, von Nebeln durchzogen oder glitzert unter Schneeschichten. Eine Kathedrale der Natur, bei deren Anblick man sich winzig fühlt, doch erhaben, ehrfürchtig, doch von Frieden erfüllt, zur Poesie bewegt und doch sprachlos. Der Forscher John Wesley Powell sagte, weder Worte noch die Sprache selbst seien angemessen, um die Wunder des Grand Canyon zu beschreiben. Hier kann man wandern, raften, Kondore, Schwarzbären und Elche beobachten – oder schlicht staunen.

NICHTS WIE HIN! *Die meisten Besucher kommen zum South Rim, rund 120 km nördlich von Flagstaff, Arizona. Der North Rim ist abgelegener und hat weniger Infrastruktur.*

Kolosseum

07

ORT DES GEMETZELS

ITALIEN // Kaum etwas weckt den Historiker in uns so sehr wie ein imposantes altrömisches Bauwerk. Das Kolosseum mit seinen 50 000 Sitzplätzen ist ein Paradebeispiel und als Sinnbild der rohen, gnadenlosen Macht des Römischen Reiches der packendste Zeuge seiner Zeit. Unter den Augen der kreischenden, blutrünstigen Menge kämpften hier Gladiatoren um Leben und Tod miteinander und verurteilte Gefangene rangen mit wilden Tieren. 2000 Jahre später bleibt der Bann des Amphitheaters ungebrochen.

Das Kolosseum ist im wahrsten Sinne des Wortes kolossal und beeindruckt schon ob seiner schieren Größe (auch wenn sie nicht der Grund für die Namensgebung des Amphitheaters war, sondern eine nahe gelegene Statue Neros, der Colosso di Nerone). Sich zwischen den 80 Eingangsbögen, durch die das Publikum einst minutenschnell eingelassen und auf Sitze verteilt werden konnte, nicht zu verirren, ist schon eine Herausforderung – kaum vorstellbar, wie sich in römischen Zeiten noch weitere 49 999 Zuschauer auf der Suche nach einem Platz durch die Korridore gedrängt haben müssen. Magistrate und ranghohe Beamte saßen in der ersten Reihe direkt an der Arena, wohlhabende Bürger im mittleren Bereich und der Plebs ganz oben. Frauen mussten sich auf den billigen Plätzen einer oben angebauten Ebene die Hälse verrenken.

Trotz der Grausamkeiten sind Erhabenheit und Anmut der Arena nicht zu leugnen. Bei geführten Touren (ein Muss!) in die Katakomben erwachen Blut und Dreck der Gladiatorenkämpfe zum Leben. Das weitläufig verzweigte Labyrinth aus unterirdischen Korridoren, Tierkäfigen und Rampen wird Hypogäum genannt. Denkt man sich den bestialischen Gestank, den Lärm und das Chaos verwundeter Männer und toter oder verletzter Tiere dazu, gewinnt man eine Vorstellung von den blutigen und grausamen Spektakeln.

NICHTS WIE HIN! ***Die Stazione Termini ist 20 Minuten zu Fuß entfernt. Online-Tickets vermeiden Schlangestehen.***

Unten: Das Kolosseum aus dem Jahr 70 v. Chr. ist die europäische Nummer eins unserer Reiseliste.

08

Iguaçú-Fälle

Tosende Wassermassen

↓

BRASILIEN–ARGENTINIEN // Auf Guaraní heißt der Ort, an dem der Río Iguaçú in die Tiefe stürzt, um sich mit dem Río Paraná zu vereinen, Großes Wasser. Groß? Die Wasserfälle sind monströs! Touristenboote, die durch die schäumenden Becken schippern, sehen wie Streichhölzer aus. Auch auf den Spazierwegen kommt man den Wasserfällen aufregend nah. Umrahmt wird das Ganze von einem subtropischen Regenwaldgürtel: Im 55 000 ha großen Nationalpark leben unzählige Wildtiere, darunter auch Jaguare.

☛ NICHTS WIE HIN! *Am besten beide Ufer der Fälle besuchen.*

Alhambra

Der Alhambra-Palast vor der Kulisse des Alpujarras-Gebirges.

SPANIENS MAURISCHES MEISTERWERK

09

SPANIEN // Granadas Palastkomplex ist eines der außergewöhnlichsten Bauwerke unserer Erde, das wohl raffinierteste Beispiel islamischer Kunst überhaupt und das beständigste Symbol der 800-jährigen Herrschaft aufgeklärter Mauren im mittelalterlichen Spanien. Von Weitem dominieren die Festungstürme der Alhambra die Skyline von Granada. Vor dem Hintergrund schneebedeckter Gipfel thronen die roten Gemäuer über einem Wald aus Zypressen und Ulmen. Innerhalb der Burgmauern liegen aufwendig verzierte Paläste und bewässerte Gärten, die zur Legende wurden und die Fantasie beflügeln.

Das Aufeinandertreffen feinster Details und epischer Größe verleiht der Alhambra ihr atemberaubendes Flair. Die perfekt proportionierten Generalife-Gärten beschwören eine maurische Vision des Himmels, und auch das Herz der Alhambra ist von überirdischer Schönheit: Die Räume der Nasaridenpaläste sind ein harmonisches Zusammenspiel aus Raum und Weite, Schatten und Licht, Wasser und Pflanzen, ein Paradies auf Erden für die einst hier lebenden Herrscher. Kunstvolle Kachelflächen, mit wabenförmigen *muqarnas* verzierte Decken und stuckbesetzte Wände treffen im Patio de los Leones auf ein Meisterwerk islamischer Geometrie. Die Alhambra: Spaniens schönstes Baudenkmal.

NICHTS WIE HIN! ***Anreise mit dem Zug, übernachten im Stadtviertel Albaicín. Granada zu Fuß erkunden, Tickets für die Alhambra rechtzeitig online buchen.***

علي
محمد
الله

Hagia Sophia

POTPOURRI DER RELIGIONEN

10

SPIRITUELL & SEHENSWÜRDIG

↓

St Paul's Cathedral, Londons Überlebenskünstlerin, hat trotz der Wolkenkratzer nichts von ihrer Ausstrahlung eingebüßt.

☛ Seite 117

↓

Der Jakobsweg, der berühmteste Pilgerweg der Welt, endet an der Kathedrale von Santiago de Compostela.

☛ Seite 251

↓

Im Dunst der Scheiterhaufen führt der Dashashwamedh Ghat im indischen Varanasi zum Ganges hinab.

☛ Seite 108

Istanbul, TÜRKEI // Die Hagia Sophia ist Kirche, Moschee und Museum in einem. Mit ihrer weltweit einzigartigen Architektur widersetzte sie sich schon vor 1500 Jahren den Regeln der Baukunst. Der byzantinische Kaiser Justinian I. wünschte sich eine Kathedrale, die die Wunder der Schwesterstadt Rom in den Schatten stellen und die Erhabenheit des Himmels selbst verkörpern sollte. Sein Wunsch erfüllte sich: Die Hagia Sophia dominiert auch heute noch das Stadtbild Istanbuls. Der gigantische Bau vermittelt ein Gefühl fast kosmischer Weite, im Innern enthüllen sich einem die Kunstschätze nach und nach: die himmelhohen Säulen, die stolzen Galerien mit ihren glitzernden Mosaiken und schließlich das große Finale – die berühmte Kuppel, die zu schweben scheint. Beim Blick nach oben kann man sich gut vorstellen, dass die Form der Kuppel das Himmelsgewölbe darstellen soll (was man sich lieber nicht vorstellt, ist, dass sie über die Jahre auch schon ein-, zweimal eingestürzt ist).

Fast so beeindruckend wie die Kirche selbst ist ihre Geschichte. Nur wenige Bauwerke haben so oft eine 180-Grad-Wendung erlebt wie die Hagia Sophia. Nach der Plünderung während der Kreuzzüge wurde sie im Jahr 1453, als Istanbul an die Türken fiel, zur Moschee. Die vier riesigen Minarette sind Zeugen dieser Epoche und neue Moscheen in Istanbul (unter anderem die Blaue Moschee) sind von der Architektur der Hagia Sophia inspiriert. 1935 wurde sie säkularisiert und zum Museum erklärt. Hier einzutreten, bleibt eine spirituelle Erfahrung, besonders wenn die Abendsonne auf den vergoldeten Fresken glitzert und christliche Darstellungen und islamische Kalligrafie sich in friedlichem Nebeneinander präsentieren. Ähnlich der wunderschönen Stadt, in der sie steht, ist die Hagia Sophia eine einzigartige Wegkreuzung der Kontinente und Religionen.

☛ NICHTS WIE HIN! ***Ganzjährig geöffnet, um 9 Uhr entgeht man den Besuchermassen. Auch sehenswert: die nahe Hagia Irene.***

Unten: Die Hagia Sophia liegt in der Nähe des Bosporus, der Europa von Asien trennt. Links: Islamische Kalligrafien im Inneren der Hagia Sophia.

1935 wurde die Hagia Sophia säkularisiert und zum Museum erklärt. Hier einzutreten, bleibt eine spirituelle Erfahrung.

11

Medina von Fès

ORIENTIERUNGSPROBE IM ORIENT

MAROKKO // Jetzt nach links? Oder war es doch nach rechts? Vom Kamelkopf, der mürrisch über dem Eingang der Metzgerei hängt, ist jedenfalls kein Hinweis zu erwarten (außer vielleicht, dass man Vegetarier werden sollte). Der kleine Hausschuhstand da drüben sieht doch bekannt aus, andererseits gleicht hier ein Turm bunter *babouches* dem anderen ...

Man taucht ein, geht mal hier lang, mal da, vorbei an Schnecken in brodelnden Bottichen und zu schwankenden Türmen aufgestapelten *tajines* (runde Schmorgefäße aus Terrakotta), weicht im letzten Moment einem Mann mit Esel aus, nicht aber dem dampfenden Haufen, den Letzterer hinterlassen hat ...

Ahhh, schon wieder eine Kreuzung! Noch einmal um die Ecke und ein kleines Stück nach links und – geschafft! Oh, hallo Kamel, schön Dich wiederzusehen. Fès el-Bali, die mittelalterliche Altstadt von Fès, der drittgrößten Stadt Marokkos, ist weniger eine Medina als architektonische Spaghetti.

In diesem mehr als tausend Jahre alten, verzweigten, nicht auf Karten zu bannenden Labyrinth gibt es 9400 Gassen mit rund 14 000 Gebäuden in denen um die 160 000 Menschen wohnen. Moscheen, Madrasas, restaurierte Riads, Stadthäuser, Silberschmiede, Kupferwarenhändler, Touri-Schlepper, Ledergerber, Führer, Verführer und jeder andere Menschenschlag tummeln sich hier. Auskennen wird man sich hier nie, aber das gehört eben zum irrsinnigen Vergnügen einfach dazu. Stärken Sie sich mit einem süßen Pfefferminztee und rein ins Getümmel!

NICHTS WIE HIN! ***Nur offizielle Guides dürfen Touristen durch Fès el-Bali führen. Vorsicht vor Schleppern und falschen Führern.***

12

Zwölf Apostel

Pfeiler in der Brandung

↓

AUSTRALIEN // Wie haben es ein paar kahle Felsen im Meer auf unsere Liste geschafft? Es sind nicht einmal zwölf; lediglich sieben oder acht sind vom Aussichtspunkt an der Straße zu sehen.

Die Antwort liefert der Standort der Twelve Apostles: Sie liegen an der Great Ocean Road, einer der spektakulärsten Straßen der Welt an der Südwestküste von Victoria. Die vom Südpolarmeer gepeitschten Kalksteinfelsen sind ein landschaftlicher Leckerbissen. Machen Sie Fotos und besuchen Sie auf der Rückfahrt den Great-Otway-Nationalpark. Die Apostel sind das Sahnehäubchen auf einem sehr leckeren Kuchen.

NICHTS WIE HIN! ***Lage: vier Stunden per Auto von Melbourne. Übernachten: Apollo Bay.***

Die durch Erosion entstandenen Zwölf Apostel an der Südküste von Victoria aus der Luft.

Links: Das Kloster ist das größte Bauwerk in Petra. Rechts: Blick durch die Sandsteinfelsen auf das Schatzhaus.

LEINWAND-LIEBLINGE

Martini für James Bond: In *Sag niemals nie* und *Goldeneye* versucht er sein Glück an den Spieltischen der Casinos von Monte-Carlo.

Seite 235

TV-Fans sind im walisischen Portmeirion goldrichtig: Hier wurde in den 1960ern die britische Fernsehserie *Nummer 6* gedreht.

Seite 166

In einem weit, weit entfernten Land (na gut, Tunesien) können Star-Wars-fans in Luke Skywalkers Heimatdorf Matmata übernachten.

Seite 284

Petra

BESSER ALS INDIANA JONES

13

JORDANIEN // Mal ehrlich: Petra, das ist für die meisten Indiana Jones, der durch eine schmale Schlucht reitet, die rostrote Fassade des Schatzhauses bewundert, eintritt und den Heiligen Gral findet. In Wahrheit ist das Schatzhaus ein leerer Raum – vom Gral keine Spur. Alles andere aber ist genauso außergewöhnlich wie im Film. Jeder kann den spektakulären Siq durchqueren, jene atemberaubende Felsspalte, die zum Schatzhaus führt. Doch im Gegensatz zu Indy können die Besucher auch die dahinterliegenden Ruinen erkunden: den Hohen Opferplatz, das Kloster und die unzähligen Gräber.

Der Schweizer Gelehrte Johann Ludwig Burckhardt hatte im 19. Jh. Gerüchte über eine verlorene Stadt gehört. Was er dann entdeckte, war die 2000 Jahre alte vergessene Stadt der Nabatäer. Millionen Besucher sind mittlerweile Burckhardts Beispiel gefolgt. Man kann den Besuchermassen dennoch entkommen: Bleiben Sie, bis sich die Tore schließen, genießen Sie die Stille in den verlassenen Winkeln der Stadt und spazieren Sie über die Steinpfade mit den Geistern der Vergangenheit als einzigen Begleitern.

☛ NICHTS WIE HIN! ***Wandern Sie gleich morgens zum Kloster, denn hier ist nachmittags mehr los.***

Tikal

14

MAJESTÄTISCHE MAYASTADT

GUATEMALA // Die meisten bekannten Maya-Schauplätze mögen in Mexiko liegen, aber dank Tikal schafft es Guatemala in unsere Top 20. Der Duft von Dschungel, Erde und Stein wirkt zeitlos. Wo vor 1200 Jahren eine lebhafte Maya-Metropole blühte, herrscht heute geisterhafte Dschungelatmosphäre: tanzende Ranken im Wind, die Schreie wilder Tiere und hin und wieder ein Durcheinander zwitschernder und krächzender Vögel.

Tikal ist die wichtigste Maya-Ruine Guatemalas. Und obwohl Archäologen vermuten, dass die Stadt in Größe, Bevölkerung und politischem Einfluss Rom hätte Konkurrenz machen können, sind erst weniger als zehn Prozent der Gebäude freigelegt. Die restliche Stadt bleibt begraben unter dichtem Dschungel. Der Park selbst erstreckt sich über 26 km² und lädt zu mehrtägigen Ausflügen ein. Einige Besucher schlagen ihr Lager in Flores oder El Remate auf, aber nur bei einer Übernachtung im Park kann man den Sonnenaufgang von der Spitze eines Tempels aus erleben. Auch die Möglichkeit, den Abend in Hörweite der Brüllaffen zu verbringen, spricht für eine Unterkunft im Park. Und – ganz nebenbei – die Aussicht auf eine Nacht im Schatten der Vergangenheit …

NICHTS WIE HIN! ***Tikal ist eine der am besten zugänglichen Maya-Stätten Guatemalas. Eilige wählen einen Tagestrip aus Belize.***

British Museum

15

LONDONS ETWAS ANDERE KRONJUWELEN

ENGLAND // Als Sir Hans Sloane seine persönliche Kunst- und Kuriositätensammlung zum ersten Mal ausstellte, ahnte er nicht, was er da ins Leben rief. 260 Jahre später hat sich das British Museum zur großen Schatzkammer Europas entwickelt. Tatsächlich landeten in diesen heiligen Hallen einige der größten Schätze womöglich der ganzen Welt – was zu gelegentlichen Auseinandersetzungen mit den Ursprungsländern führt.

Wer die Antike liebt, findet hier seine Pilgerstätte. Zur Kollektion gehören Berühmtheiten wie der Rosetta-Stein (der Schlüssel zur Übersetzung der Hieroglyphen) und die Elgin Marbles (die ursprünglich den Parthenon in Athen zierten) sowie eine erstaunliche Sammlung von Mumien und Sarkophagen, die das alte Theben in den Schatten stellt.

Fast ebenso beeindruckend ist das Gebäude: eine Ode an die griechische Baukunst, ein Tempel der Schätze mit einem unerwartet modernen Kuppeldach von Norman Foster über dem Innenhof. Unsere Favoriten? Der Schatz von Mildenhall, eine Silbersammlung aus römischer Zeit, gefunden im Schrank eines Bauern, und die Lewis-Schachfiguren, die, so will es die Legende, von einer Kuh auf der schottischen Insel Lewis ausgegraben wurden.

☛ NICHTS WIE HIN! ***Das British Museum ist von der U-Bahn-Station Holborn zu Fuß zu erreichen; Gratistouren mit Experten.***

Sagrada Família

16

Links: Innenansicht des British Museum mit seinem modernen Glasdach. Unten: Die Bauarbeiten zu Antoni Gaudís Sagrada Familia sind noch immer nicht abgeschlossen.

SPANIENS MEISTERSTÜCK DES MODERNISMUS

SPANIEN // In Barcelona hat sich Antoni Gaudí vielerorts architektonisch verewigt, aber wir haben die Sagrada Família herausgepickt, Kräne hin oder her. 100 Jahre nach Gaudís Tod ist das Meisterstück des Modernisme Català immer noch nicht fertig. Auf der schönsten Baustelle der Welt arbeiten die Architekten nach den Entwürfen Gaudís.

Die schiere Größe der riesigen Kathedrale im gotischen Stil lässt einen innehalten, beim Blick hinauf zu den 18 Türmen verrenkt man sich den Hals. Vor allem aber die dekorativen Details – insbesondere die Darstellungen des Leidenswegs Jesu und der Weihnachtsgeschichte auf der Fassade – laden ein, stundenlang die Kunstfertigkeit und Symbolik der Abbildungen in sich aufzusaugen. Von außen ist die Kirche wunderschön, von innen ist sie im wahrsten Sinne des Wortes Ehrfurcht gebietend. Die unkonventionelle Formgebung, bei der sich Säulen zur Decke hin biegen und das Licht so durch die filigranen Buntglasfenster fällt, dass man meint, im Wald zu sein, lässt atemlos staunen. Der Fertigstellungstermin der Sagrada Família ist noch unbekannt, Schätzungen reichen von den 2020er- bis zu den 2040er-Jahren.

NICHTS WIE HIN! ***Die Sagrada Família befindet sich im Zentrum von Barcelona. Eine Führung ist sehr zu empfehlen, um die Anlage wirklich zu verstehen.***

Unten: Diese gigantische Skulptur eines Takahe-Vogels steht in Te Anau. Rechts: Ausflugsboote auf dem Milford Sound.

Fiordland-Nationalpark

17

GEWALTIGES WELTERBE DER WILDNIS

NATIONALPARKS FÜR ENTDECKER

↓

Im Vulkan-Nationalpark in Ruanda kann man Berggorillas bestaunen: Zehn Familienclans leben hier an bewaldeten Steilhängen.

☛ Seite 153

↓

Im Pamir-Nationalpark kann man im tadschikischen Bergland abseits der Massen in einer Jurte übernachten.

☛ Seite 186

↓

Wer nicht auf die 3 m langen Echsen im indonesischen Komodo-Nationalpark steht, kommt beim Tauchen auf seine Kosten.

☛ Seite 251

NEUSEELAND // In unserer Liste der schönsten Nationalparks wird der Grand Canyon dicht gefolgt vom Fiordland-Park – einer Berglandschaft auf der Südinsel Neuseelands. Er ist Teil der Te Wahipounamu Southwest New Zealand World Heritage Area, die von der Unesco zum Weltnaturerbe erklärt wurde.

Der Park beeindruckt schon allein durch seine Ausmaße; das i-Tüpfelchen aber ist eine urzeitliche Stimmung, wie sie wohl auf dem Superkontinent Gondwana geherrscht haben mag, von dem Neuseeland vor 85 Mio. Jahren wegdriftete. Die Landschaft wird geprägt von zerklüfteten Gipfeln, Gletschertälern, kristallklaren Seen und Fjorden. In den grünen Urwäldern zwitschern Kiwis, Takahe und unzählige andere „komische Vögel".

Fiordland ist abgelegen, schroff und fast unberührt. Dennoch führen viele Wege hinein. Auf drei großen Wanderwegen – Milford, Kepler und Routeburn – kann man die atemberaubende Wildnis erkunden und in einer klassischen Wanderhütte übernachten. Auch Boot- und Kajakfahren lohnt sich, insbesondere im Milford und Doubtful Sound, wo Wasserfälle von Steilwänden in die Tiefe stürzen. Ein Besuch in Fiordland gleicht einem Ausflug in ein Land vor unserer Zeit.

☛ **NICHTS WIE HIN!** *Bester Ausgangspunkt ist Te Anau, zwei Autostunden südlich von Queenstown, das gut per Flieger zu erreichen ist.*

18

Santorin

Schwarzäugige Schönheit

↓

GRIECHENLAND // Die kecken Kykladen im Schoß der Ägäis haben alle ihren Reiz, aber Santorini ist der Rebell der Inselgruppe: Der Einsturzkrater eines Vulkans ist einzigartig. Goldgelber Sand ist der Insel zu bieder: Rote und schwarze Strände schimmern hier vor einer Kulisse von bunt gefärbten 300-m-Klippen. Wer vom Strand genug hat, kann die minoische Ausgrabungsstätte Akrotiri und das Bergdorf Oia erkunden.

☛ NICHTS WIE HIN! ***5–9 Stunden mit der Fähre von Piräus. Beste Reisezeit: Frühling und Herbst.***

Galapagos-Inseln

19

WO DIE WILDEN TIERE WOHNEN

ECUADOR // 1000 km vor dem ecuadorianischen Festland liegen die Galapagos-Inseln im Pazifik. Hier wird der Spieß einmal umgedreht: Der Mensch fühlt sich oft nicht wie ein Beobachter, sondern eher wie eine Spezies, die es zu bestaunen gilt.

Blaufußtölpel errichten Brutplätze mitten auf den Wanderwegen, Seelöwen machen es sich auf Sitzbänken gemütlich und Fregattvögel verfolgen die Boote, die zwischen den 17 Inseln des Archipels verkehren. Egal welchem Tier man hier über den Weg läuft, man wird stets mit neugierigem Blick gemustert.

Auf seiner Segelfahrt durch den Archipel grübelte Charles Darwin 1835 über den Ursprung der Arten. Fast 200 Jahre später faszinieren und irritieren die Tiere auf den zum Weltnaturerbe zählenden Inseln nicht weniger: Blaufüßige Vögel? Gelbe Echsen? Vögel, die sich beim Start von den Klippen stürzen? Jedes Tier hier scheint ein eingebautes Gimmick zu haben.

In Sachen Fauna macht nur das Great Barrier Reef (S. 14) den Galapagos-Inseln Konkurrenz. Die Vielfalt an Wildtieren, aber auch das Unterwasserleben machen die Inseln zu einer würdigen Nummer zwei. Springt man vom Boot, läuft man Gefahr, einer Wasserschildkröte auf den Kopf zu plumpsen oder mir nichts dir nichts zum Spielgefährten eines Seelöwen zu werden. Hammer- und Riffhaie gleiten durch die Tiefen und Delfine springen über die Bugwellen der Boote.

An Land präsentiert sich ein ganz anderes Bild: Die Inseln sind die Spitzen von Unterwasservulkanen (die westlichen sind sogar noch aktiv) und die harsche, schwarze Landschaft sieht trügerisch unbelebt aus … bis der Boden sich zu bewegen scheint – das wohl größte Naturspektakel unserer Erde.

NICHTS WIE HIN! ***Die Inseln erreicht man auf dem Luftweg von Guayaquil, Ecuador. Von Januar bis Mai ist das Meer am ruhigsten.***

Unten: Meerechsen leben ausschließlich auf den Galapagos-Inseln. Die Reptilien jagen im Wasser.

GLORREICHE GALERIEN

↓

Das Museo del Prado in Madrid steht oft im Schatten der Konkurrenz, ist aber ein Nationalmuseum mit viel Starpotenzial.

☛ Seite 174

↓

Chicagos weniger überlaufenes Art Institute steht den New Yorker Kunstmuseen in nichts nach.

☛ Seite 217

↓

Im Wiener MuseumsQuartier gibt's Kunst für jeden Geschmack – und viele Orte, um darüber zu diskutieren.

☛ Seite 232

Museum of Old & New Art

KUNST AM ENDE DER WELT

20

Von links: Unterirdische Bar, James Turrells Himmelsguckerinstallation Amarna, Innen- und Außenansicht des MONA.

AUSTRALIEN // Bei wie vielen Kunstmuseen begrüßen einen Delfine, wenn man per Motorboottransfer ankommt? Unsere bestplatzierte Galerie für moderne Kunst hat das Rennen sogar vor dem New Yorker MoMA und vor Londons Tate Modern gemacht. Malerisch liegt sie am Derwent River, ein kleines Stück flussaufwärts von Hobart, der beschaulichen Hauptstadt Tasmaniens.

Als der Mathe-Crack, Glücksspieler und Millionär David Walsh beschloss, seiner Heimatstadt etwas zurückzugeben, kaufte er 1995 zunächst eine Halbinsel mit einem Weingut namens Moorilla. Zehn Jahre später beauftragte er den Architekten Nonda Katsalidis mit dem Bau eines Museums. 60 000 t Erde wurden bewegt, und den entstandenen Hohlraum füllte Walsh mit allem, worüber er auf seinen Sammlerstreifzügen gestolpert war. Sein Blick für Kunst ist frei von Schranken – und so sieht man in dem mutigen Bau steinzeitliche Pfeilspitzen und römische Münzen direkt neben künstlerischer Avantgarde. Abgerundet wird das Erlebnis durch die weltweit wohl schönste Naturkulisse für eine Kunstgalerie. Diesem Gesamtpaket aus faszinierender Architektur, unangepasster Kunst, großartigem Essen und hervorragenden Weinen verdankt das MONA seinen Platz in unserer Top 20.

NICHS WIE HIN! ***Anreise mit Boot, Fahrrad oder Bus aus Hobart; Flüge nach Hobart von den meisten australischen Flughäfen.***

Yosemite-Nationalpark

21

ROCKT!

USA // Kann es sein, dass der Yosemite-Nationalpark der älteste Rockstar der Welt ist? Unzählige Wasserfälle sprudeln hier aus den Felsen, Riesenmammutbäume ragen in den Himmel und Bären durchstreifen die Wälder (und oft auch die Zeltplätze). Aber die Felsen sind das unbestrittene Highlight.

Wohin man auch blickt, türmen sich gigantische Granitkuppen auf. Über dem Yosemite Valley steht der Half Dome wie eine sich brechende Steinwelle und El Capitan hütet wie ein gewaltiger Wachposten den Eingang zum Tal.

Unter Schmerz und Schweiß wurden hier heldenhafte Bergsteigergeschichten in Fels gemeißelt: Die Erstbegehung der sogenannten Nose-Route am El Capitan, der einst als unbezwingbar galt, dauerte 47 Tage. 2008 erntete Alex Honnold Ruhm für seine ungesicherte Besteigung des Half Dome und 2015 bissen sich Tommy Caldwell und Kevin Jorgeson (nach jahrelangem Training) 18 Tage lang die Zähne an der Dawn Wall von El Capitan aus – in den Augen Vieler die schwierigste Kletterpartie, die je unternommen wurde.

Ob Sie Wasserfälle oder Kletterer bestaunen – Ehrfucht erfasst Sie hier in jedem Fall!

NICHTS WIE HIN! ***Der nächste Großflughafen ist San Francisco. Im Mai und Juni donnern die Wasserfälle am stärksten.***

Unten: Die Yosemite Falls vom Ufer des Merced River gesehen. Rechts: Rustikale Bar im Park.

22

Stadtmauern Dubrovnik

Schöne Festung

↓

KROATIEN // Bei den Dreharbeiten der in King's Landing spielenden Szenen von *Game of Thrones* trieften Dubrovniks Festungsanlagen vor Kunstblut. In der Totale sähe man eine Landzunge, die in die blaue Adria herausragt, Türme, Schiffsmasten und die grünen Inseln Dalmatiens. Die schönste Festung Europas wurde zwischen dem 12. und 17. Jh. erbaut und ist bis heute uneingenommen. Entdecken Sie sie beim Spaziergang auf dem Rundweg.

NICHTS WIE HIN! ***Früh losgehen – vor Ankunft der Kreuzfahrtschiffe.***

23

Salar de Uyuni

DAS SALZ DER ERDE

BOLIVIEN // Hier an den Wänden zu lecken ist streng verboten, denn das Hotel Palacio de Sal würde wohl nicht lange stehen, wenn jeder seiner Zunge freien Lauf ließe. Außerdem ist so viel Salz ja auch nicht gut fürs Herz. Sie müssen uns also einfach vertrauen: Wände, Böden, Decken, Möbel, ja, sogar die Skulpturen – pures weißes Gold, über eine Million Blöcke davon. Und sogar der Ausblick – Salz, so weit das Auge reicht ... Willkommen an Boliviens Salar de Uyuni, dem größten Salzsee der Welt. 10 582 km² weit sieht man hier buchstäblich nichts – nicht einmal den Horizont. Surrealer geht`s nicht, vor allem, wenn man Glück hat und sich eine Wasserschicht auf der Oberfläche gebildet hat. Dann verwandelt sich die Salzpfanne in einen riesigen Spiegel und gaukelt dem Gehirn vor, man fahre mitten durch den Himmel – eine Grenzerfahrung für Sinne und Verstand. Da tun jene seltenen Objekte erfrischend gut, die keine Illusion sind. Wie die Isla Incahuasi etwa oder die Isla del Pescado, die beide von riesigen, hoch aufragenden Kakteen bewachsen sind.

☛ NICHTS WIE HIN! *Unternehmen Sie von Uyuni aus – 350 km südlich von La Paz – per Allrad oder (besser) mit dem Fahrrad eine Tour.*

Eine dünne Wasserschicht verwandelt den Salzsee in einen Spiegel. Es fühlt sich an, als fahre man durch den Himmel.

Links: Betender Mönch im Ananda-Pahto-Tempel in Bagan. Unten: Mit dem Pferdekarren auf Erkundungsreise.

Bagan 24

PERLE VON MYANMAR

BEEINDRUCKENDE BUDDHAS

↓

In Japan gibt es viele große Buddhas, aber der 16 m hohe Daibutsu aus Bronze in Nara ist eindeutig der imposanteste.

☛ Seite 125

↓

Aber selbst er wirkt klein neben dem Großen Buddha, der in Leshan in einen Berg gehauen ist. Allein seine Zehen sind 8 m lang.

☛ Seite 136

↓

Der liegende Buddha im thailändischen Wat Pho ist 46 m lang und glänzt vor Blattgold; definitiv der prunkvollste der drei.

☛ Seite 226

MYANMAR (BURMA) // Schiere Größe oder riesige Pracht? Bagan punktete beim Erstellen unserer Liste in beiden Kategorien. Als Ort des Glaubens, der im selben Atemzug wie Machu Picchu (S. 16) oder Angkor (S. 10) genannt werden kann, ist Bagan ein Komplex buddhistischer Pagoden – sage und schreibe 2200 von ihnen zieren das Ufer des Irrawaddy.

Errichtet wurden sie größtenteils zwischen dem 11. und 13. Jh. von einer Dynastie bauwütiger Könige, und so präsentieren sich die Pagoden in allen denkbaren Formen, Größen und Farben. Einige von ihnen, wie beispielsweise die Shwezigon-Pagode, glänzen in ätherischem Gold im Abendlicht, andere, wie der Ananda-Tempel, beherbergen hohe Buddhastatuen mit heiteren Gesichtern. Von den Terrassen einiger Pagoden, wie z. B. Shwesandaw, kann man ganz Bagan überblicken – ein Meer von Tempeln, durchsetzt mit schattigen Hainen und fruchtbaren Äckern. Wieder andere verstecken sich im Dickicht und es kommt vor, dass sich tagelang kein einziger Besucher hierher verirrt. Der Tourismus in Myanmar zieht langsam an, der Zeitpunkt, Bagan zu besuchen, könnte also nicht besser sein. Aber, denken Sie dran: Alles hier zu erkunden, würde Wochen dauern, den Ort zu verstehen, ein Leben.

☛ NICHTS WIE HIN! *Bagan ist ca. 36 km² groß. Ein eigenes Fortbewegungsmittel ist also notwendig. Wie wäre es mit einem Fahrrad?*

25 Pyramiden von Gizeh

URALTE WUNDER

ÄGYPTEN // Cheops dreht sich wahrscheinlich im Grabe um, wenn er sieht, dass die Pyramiden nur auf Platz 25 gelandet sind. Warum? Immerhin haben wir es hier mit der weltweit ältesten – und nach wie vor Ehrfurcht einflößenden – Touristenattraktion zu tun. 3800 Jahre lang war die Cheops-Pyramide das höchste Bauwerk der Welt, und nur etwas weiter thront die Sphinx, eine der ältesten und größten Statuen der Erde.

Gerade ihre Beliebtheit könnte auch die Antwort sein, denn die Pyramiden am Rand des quirligen Kairo sind auch ein Magnet für selbst erklärte Führer und aufdringliche Händler. Viele internationale Top-Attraktionen präsentieren sich einfach geschickter. Vielleicht sind die Pyramiden uns auch einfach schon zu vertraut. Aber das alles spielt keine Rolle: Die Pyramiden werden noch hier sein, wenn Sie und ich und diese Liste lang vergessen sind. Und die Leute werden sie weiterhin sehen wollen.

☛ NICHTS WIE HIN! ***Die nächstgelegene U-Bahn-Station ist Gizeh, 10 km entfernt. Die meisten Besucher kommen mit Auto, Taxi oder per Tour.***

26 Markusplatz

ATTITÜDE & AMBIENTE

Venedig, ITALIEN // Keine Angst. Der Kellner im Caffè Florian hat Sie gesehen. Er kostet nur noch den süßen Augenblick aus, bevor er Ihnen erlaubt, einen schwindelerregend überteuerten Kaffee zu bestellen. Aber sehen Sie es so: Sie sitzen in Italiens ältestem Café am berühmtesten Platz Europas, dort, wo alter Adel und Intellektuelle von Weltrang schon Rast machten. Napoleon nannte die Piazza bei seiner Invasion 1797 den „Salon Europas" und wahrscheinlich musste sogar der kleine General auf seinen venezianischen Tee warten. Demonstrativ auf den berühmten Kirchturm zu starren, hat keinen Zweck. Die camerieri (Kellner) lassen sich von niemandem hetzen. Das gibt einem Zeit, die Umgebung in sich aufzusaugen und über die Launen der Geschichte nachzusinnen, die dieser Platz über das letzte Jahrtausend erlebt hat, vom Mittelalter über die Renaissance bis heute – dem Zeitalter des missmutigen Touristen.

☛ NICHTS WIE HIN! ***Nehmen Sie den Zug nach Venedig und folgen Sie dem Menschenstrom von der Stazione Santa Lucia zum Platz.***

27 Victoria-Fälle

TOSENDE WASSERMASSEN

SIMBABWE/SAMBIA // Bei allem Respekt vor anderen Wasserfällen – die Victoria-Fälle sind mehr als hinabstürzendes Wasser. Das soll nicht heißen, dass sie nicht spektakulär sind. Egal, ob man sie von Simbabwe oder Sambia aus betrachtet, ist diese unermüdliche Welle eine ohrenbetäubende, spritzende Flut außergewöhnlicher Eindrücke – in der Trockenzeit … In der Regenzeit wird es noch lauter und nasser.

Was Oa-Tunya (Donnernder Rauch) besonders macht, ist die Vielfalt an Erlebnissen, die sich neben den Wasserfällen bieten: Herden wilder Tiere wie Elefanten, Nashörner und Büffel am Sambesi sind der Hauptgewinn. Adrenalin-Junkies kommen beim Bungee-Springen, Wildwasser-Rafting und lebensgefährlich aussehenden Badepartien auf ihre Kosten. Und die von Autos und Zügen befahrene Victoria Falls Bridge ist unbestritten der spektakulärste Grenzübergang der Welt.

☛ NICHTS WIE HIN! ***Das sambische Livingstone ist extrem gewachsen, auf der Simbabwe-Seite ist man aber näher am Geschehen.***

28 Akropolis

GRIECHISCHE KLASSIK

Athen, GRIECHENLAND // Bedenkt man, dass die Akropolis abwechselnd von Goten, Herulern, Persern, Venezianern und Römern angegriffen, überfallen, geplündert, besetzt und in Brand gesetzt worden ist (ganz zu schweigen von brutalen Restauratoren und raublustigen Touristen), ist es ein Wunder, dass hier überhaupt noch etwas zu sehen ist. Doch das tut es, und wie. Schlendert man durch die Ruinen des Parthenon (einer der drei Tempel aus dem 5. Jh. v. Chr.), das Odeon des Herodes Atticus und das Dionysostheater, ist das wie eine Zeitreise. Und anders als andere antike Stätten unserer illustren Liste – ja, ihr seid gemeint, Machu Picchu (S. 16) und Stonehenge (S. 78) – wissen wir dank Homer und späteren Schriftgelehrten, was sich auf dem Berg, der über Athen thront, seit der Spätbronzezeit alles abgespielt hat.

☛ NICHTS WIE HIN! ***Der Eintritt kostet 12 Euro, in den Wintermonaten ist er jeden ersten Sonntag im Monat frei. Nachts kann man die Akropolis aus der Ferne bestaunen, wenn sie in goldenes Licht getaucht ist.***

28

Schloss von Versailles

29

FRANKREICHS GROSSARTIGSTES CHATEAU

FRANKREICH // Was hat 700 Räume, 2153 Fenster, 67 Treppen, 800 ha Garten, 2100 Skulpturen und Statuen und genug Bilder, um eine 11 km lange Straße damit zu pflastern? Richtig! Frankreichs bestplatzierte Sehenswürdigkeit in unserer Liste ist nicht der Eiffelturm, sondern – das Schloss von Versailles. Noch beeindruckender als das immense Ausmaß des Gebäudes ist wohl der Pomp und Prunk, der hier bis in den letzten barocken Winkel vorherrscht.

Im 17. Jh. verwandelte der französische Sonnenkönig Ludwig XIV. das südwestlich von Paris gelegene, bescheidene Jagdschloss seines Vaters in einen monumentalen Palast für seine 6000 Höflinge. Von 1682 bis zur französischen Revolution 1789 war der königliche Hof das poltische Machtzentrum Frankreichs. Im glitzernden heutigen Weltkulturerbe lebt die französische Herrschergeschichte mit ihren Verschwörungen, Romanzen, Intrigen und meuchlerischen Dramen, die sich in den königlichen Gemächern abgespielt haben, weiter. Sehen Sie sich im schimmernden Spiegelsaal dutzendfach selbst ins Auge oder stellen Sie sich vor, wie die Königin in ihren Gemächern vor Publikum ihr Kind gebar, bestaunen Sie die Brunnen in den Gärten, die in den Ställen schnaubenden Pferde, und freuen Sie sich, dass Sie es auf den Ball geschafft haben.

NICHTS WIE HIN! ***Der RER C5 fährt von den RER-Stationen Paris Rive Gauche bis Versailles-Château Rive Gauche. Tickets online.***

Djemaa el Fna

30

WO DAS STRASSENTHEATER BLÜHT

MAROKKO // Djemaa el-Fna ist das pulsierende Herz von Marrakesch. Auf dem chaotisch-bezaubernden Platz aus dem Mittelalter treffen Rummel, halqa (Straßentheater) und hikayat (Geschichtenerzähler) aufeinander. Tagsüber streifen hier Wahrsager und Schlangenbeschwörer durch ein buntes Durcheinander aus Straßenhändlern, Henna-Tattoo-Künstlern und zweifelhaften Zahnärzten. Nach Sonnenuntergang verwandelt sich der Platz in ein Meer aus Musik und Chaos – zwischen Zirkus, derbem Varieté und Freiluftkonzert.

Die eigentliche Bestimmung des Platzes war eher grausamer Natur. Im 11. Jh. befand sich an dieser Stelle die öffentliche Hinrichtungsstätte von Marrakesch, daher auch die Namensgebung: „Versammlung der Toten". Aus diesen makaberen Wurzeln entwickelte sich ein Ort des Lebens. Abends bieten die zahlreichen Essensstände tajines und Schneckenbrühe feil, während Akrobaten, Erzähler, Musiker und sonder- und wunderbare Unterhaltungskünstler um die Gunst des Publikums wetteifern. Seit 2001 ist Djemaa el-Fna Teil des Unesco-Welterbes. Bahnen Sie sich Ihren Weg durch Affen in Tutus und Männer im Bauchtanzkostüm und lauschen Sie Geschichtenerzählern oder einem die Massen hypnotisierenden Gnawa-Musiker. Und Sie werden verstehen, warum.

NICHTS WIE HIN! ***Kommen Sie bei Sonnenuntergang und genießen Sie den ganzen Abend lang die Show.***

Links: Der Spiegelsaal von Versailles.
Unten: Impressionen vom Djemaa-el-Fna-Platz.

PRIMA PLÄTZE

Stärken Sie sich mit moules marinières und starkem belgischem Bier, bevor Sie Brüssels Grand Place erkunden.

SEITE 148

Ruhiger geht es auf der Plaza Mayor im kubanischen Trinidad zu. Entspannt und anmutig ist der karibische Lebensstil – wie die Tänzer auf dem Platz.

SEITE 301

Mexico Citys riesiger Zócalo sorgt für Ehrfurcht – und wunde Füße. Kultigste Anreise: im VW-Käfer-Taxi.

SEITE 278

會統靈祠
貫古今阜立依然天柱地維
千秋慈孝心同香本
1D

Links und unten: Straßenszenen aus Hanoi: Straßenverkäufer und Kalligraf.

Altstadt von Hanoi

31

SCHMELZTIEGEL DER KULTUREN

VIETNAM // In der Altstadt von Hanoi bekommt man das ganze Indochina-Paket: ein bisschen Frankreich, ein wenig Kommunismus und ganz viel Vietnam. Hier treffen französische Kolonialhäuser auf temperamentvolle südostasiatische Straßenmärkte und coole Cafés, in denen jugendliche Metal-Fans den Kopf zum Klang kreischender Gitarren schütteln. Am Südufer des Hoan-Kiem-Sees liegt das weltoffene Herz Hanois und es fällt schwer, sich nicht in die zügellose Ausgelassenheit und die freche Lebensfreude des Ortes zu verlieben.

Die Geschäfte gleichen wild aufgetürmten Schachteln in einem Warenhaus, aus ihren Eingängen ergießen sich Seidenströme in allen Farben des Regenbogens auf die Straßen und lassen gerade genug Platz für den nicht abreißenden Strom aus Motorrädern und mobilen Essensverkäufern mit ihren kegelförmigen Strohhüten. Inmitten dieses Chaos glänzen historische Schätze (die Einsäulenpagode, der Literaturtempel) oder auch spektakuläre Lokale, wo man von der pho-Suppe bis zum Baguette alles bekommt, was das Herz begehrt.

Klar herrscht hier Kommerz, es ist ja auch das Einzelhandelszentrum Hanois. Aber es ist eben auch genau das, was man sich von einer quirligen asiatischen Metropole erhofft.

NICHTS WIE HIN! *Täglich mehrere Flüge von Ho-Chi-Minh-Stadt; die besten Schnäppchen gibt es Richtung Hoan-Kiem-See.*

ALTSTADTVIERTEL

↓

Der Grundriss der Gamla Stan stammt aus dem Mittelalter. Ihre Gassen liegen auf einer Insel in den Gewässern der schwedischen Hauptstadt.

Seite 104

↓

Die Altstadt von Tiflis ist bezaubernd. Aber wenn Häuser hier aussehen, als würden sie einstürzen – dann, weil das genauso ist.

Seite 158

↓

Die Altstadt und der Hafen der griechischen Insel Rhodos sind eine wilde Mischung mittelalterlicher und klassizistischer Architektur.

Seite 188

Cradle Mountain

32

TASMANISCHE NATURPRACHT

AUSTRALIEN // Der Nationalpark Cradle Mountain-Lake St. Clair liegt am Ende der Welt, im Nordwesten der australischen Insel Tasmanien. Wagen Sie den Trip, es erwarten Sie Australiens drollige Wildtiere – Wombats, Wallabies und, mit Glück, Tasmanische Teufel – und die makellose Schönheit der Natur. Feste Schuhe (und Regenzeug) müssen in den Koffer, denn der Park will erwandert werden, bei Tagesausflügen oder auf dem Overland Track. Der Fernwanderweg führt in sechs Tagen über Bergheiden und durch Täler vom Cradle Valley zum Lake St Clair. Die abwechslungsreiche Fauna begeistert – Urwald, Scheinbuchen und sichelförmige Schuppenfichten wachsen in diesem 168 000 ha großen Park, der dank seiner Artenvielfalt zum Weltnaturerbe erklärt wurde.

Ein früher Bewunderer war der österreichische Einwanderer Gustav Weindorfer, der hier eine Hütte namens Waldheim errichtete und sich für die Erhaltung der Region engagierte. Zum Waldheim haben sich mittlerweile viele komfortable Unterkünfte gesellt. Nach einer anstrengenden Wanderung vorbei an eiskalten Seen und dem markanten Grat des Mount Ossa (mit 1617 m der höchste Berg Tasmaniens), lehnt man sich hier zum krönenden Abschluss bei einem Glas tasmanischem Wein zurück und schaut in die unfassbar vielen Sterne des Nachthimmels – unvergesslich!

NICHTS WIE HIN! ***Zwei Stunden mit dem Auto vom nächsten Flughafen in Launceston, Flüge und Fähren zum australischen Festland.***

Uluru

33

LEUCHTENDER WOLKENKRATZER DER WÜSTE

Links: Schnee-Eukalyptus in der Nähe des Lake St Clair. Unten: Der Uluru im Outback.

NATUR-WUNDER

Von den fünf großen Wasserfällen in unserer Liste ist der Salto Ángel in Venezuela mit 900 m der höchste.

Seite 198

Der peruanische Cañón del Colca ist doppelt so tief wie der Grand Canyon, bietet kreisende Kondore und historische Stätten.

Seite 305

Das Blue Hole vor der Küste Belizes ist eine riesige Unterwasserdoline, entstanden bei einem Höhleneinsturz.

Seite 258

AUSTRALIEN // Dafür, dass der Uluru eine unbewegliche Steinmasse ist, schleicht er sich erstaunlich geschickt an. Selbst Reisende, die stundenlang durch die Wüste fahren (die beste Anreise für einen Besuch, obwohl man auch per Flugzeug kommen kann und dann als Bonus einen Blick aus der Luft erhascht), erwischt er – Buh! – aus dem Hinterhalt.

Plötzlich steht er da vor dem sonst freien Horizont. Seine Form erscheint einem vertraut, aber seine Farbe überrascht jeden Besucher aufs Neue. Auch wenn einem die Kälte der Wüste vor dem Sonnenaufgang durch Mark und Bein dringt, ist der frühe Morgen spektakulär. Halten Sie Ihre Kamera schussbereit, denn sobald die ersten Sonnenstrahlen hinter den Dünen hervorspringen, bietet sich für einen flüchtigen Augenblick ein atemberaubendes Lichtspektakel. Der heilige Berg errötet majestätisch und eine irrsinnige Palette an Erdtönen huscht über die Oberfläche des Felsens. Herbstfarben, von rot bis golden, gehen in unzählige Braunschattierungen über. Dann können Sie das Wahrzeichen Australiens aus der Nähe erkunden und erleben Bassins, Wasserfälle, Kultstätten und ein uraltes Klassenzimmer der Ureinwohner, voll erklärender Felszeichnungen.

NICHTS WIE HIN! ***Alice Springs ist 4,5 Autostunden entfernt. Respektieren Sie den Wunsch der Anangu und besteigen Sie den Uluru nicht.***

Karls-brücke

34

BRÜCKE ÜBER DIE ZEITEN

TSCHECHISCHE REPUBLIK // Wäre die Karlsbrücke immer noch die Hauptschlagader der Stadt, wäre Prag wohl schon vor Jahren tot umgefallen. Glücklicherweise führen nun viele weitere Wege über die Moldau in die berühmte Stadt der hundert Türme, und so ist die majestätische Brücke heute Fußgängerzone. Wenn man sich durch die Touristenmassen (ab 9 Uhr morgens) kämpft, wird einem klar, dass es in erster Linie um Zahlen geht. Die Brücke ist 520 m lang, wird von 16 Bögen getragen und ist mit 30 Barockstatuen geschmückt. Die Krönung aber ist das Datum der Grundsteinlegung durch Karl IV. am 9. Juli des Jahres 1357 um genau (!) 5.31 Uhr morgens. Denn der Kaiser des Heiligen Römischen Reiches war ein überzeugter Numerologe: Datum und Uhrzeit bilden eine Zahlenbrücke – 1 3 5 7 9 7 5 3 1.

Die Brücke trotzte über die Jahrhunderte Überflutungen und Kriegen, und wer im Morgengrauen kommt, hat sie für sich allein und kann den Blick über den Fluss genießen. Den Bradáč (den Bärtigen), einen Steinkopf am Altstadt-Ende der Brücke, sollte man im Blick behalten: Wenn der Pegel ihn erreichte, flohen die Bewohner der Stadt einst in die Berge.

NICHTS WIE HIN! ***Aus einer neuen Perspektive zeigt sich die Brücke bei einer Bootsfahrt über die Moldau.***

Abel-Tasman-Nationalpark

35

STRANDSPIELPLATZ DER NATUR

NEUSEELAND // Neuseelands Nationalparks können einem ganz schön was abverlangen: knöcheltiefer Schlamm, eisige Flüsse, schwindelerregende Kletterpartien über matschige Gebirgspässe. Und dann fängt es an zu regnen. Willkommen in Neuseeland.

Aber es muss nicht so sein. An der Nordspitze der Südinsel, nahe der Stadt Nelson, befindet sich eine Oase der Erholung. In diesem Nationalpark kann man schwimmen, in der Sonne liegen, Kajak fahren und es sich einfach gut gehen lassen – wie im Strandurlaub. Abel Tasman ist der kleinste Nationalpark des Landes, aber auch der sonnigste und beliebteste: Goldene Strände, glitzerndes Meer, hübsche Küstenwälder und beeindruckende Granitklippen locken den Besucher.

Abgesehen von der wunderschönen Aussicht gibt es auch einiges zu unternehmen. Der Küstenpfad lädt zu mehrtägigen Wanderungen ein. Übernachten kann man auf Campingplätzen am Meer, in Gemeinschaftshütten und sogar in Luxusunterkünften. Wer einen Tagesausflug unternehmen möchte, nimmt das Wassertaxi. Ein unvergessliches Abenteuer ist ein Ausflug per Kajak: ruhige See, leichte Touren, versteckte Buchten – und Seebären, Pinguine und Delfine auf Tuchfühlung.

NICHTS WIE HIN! *Der Park ist ein Ganzjahresziel und liegt eine Autostunde westlich von Nelson (gut per Inlandsflug erreichbar).*

Links: Blick auf die Tasmansee vom Abel-Tasman-Nationalpark. Unten: Buttermere-See im Lake-District-Nationalpark in Cumbria.

Lake-District-Nationalpark

36

ENGLANDS POETISCHE WILDNIS

ENGLAND // Englands höchster Berg (Scafell Pike, 978 m) und die tiefsten und größten Seen des Landes (Wastwater und Windermere) liegen im Lake District. Mit schnöder Statistik wird man Englands beliebtestem Naturschauplatz nicht gerecht. Der erste Blick auf diese Landschaft ist wundervoll, vielleicht, weil man ihn schon mit den Augen anderer erlebt hat: Die Dichter der Romantik pilgerten im 19. Jh. hierher und prägten den Begriff der erhabenen Natur. Alfred Wainwrights illustrierte Wanderführer erfreuen sich heute noch großer Beliebtheit.

Anspruchsvolle Wanderwege führen durch eine Landschaft schieferbedeckter Berge, zerklüfteter Gipfel, tosender Wasserfällen und schimmernder Seen. Man muss aber nicht unbedingt die Wanderschuhe auspacken. Auch Bootsfahrten auf den Seen, ein Besuch in den Museen zu Ehren der Autoren William Wordsworth und Beatrix Potter oder Spaziergänge durch die Städtchen und Dörfer des Districts machen Spaß, regengeschützt noch dazu. Zudem wird man hier vorzüglich verköstigt – vom Sterne-Restaurant bis hin zu erlesenen Ales ist hier alles geboten. Wonach es einen auch immer verlangt, Englands wilde Natur wird einen zutiefst befriedigen.

NICHTS WIE HIN! ***Keswick, Kendal, Windermere und Ambleside sind beliebte Startpunkte. Züge halten in Oxenholme.***

37 Louvre

MONUMENTALES HAUS DER KUNST

Paris, FRANKREICH // Ok, die meisten der Millionen Besucher im Jahr stürzen sich auf die *Mona Lisa* und die *Venus von Milo*, um dann ziellos umherzustreifen, aber das meistbesuchte Museum der Welt hat weit mehr als diese beiden Superstars zu bieten. Der Louvre vereint eine exquisite Auswahl an Meisterwerken menschlichen Strebens und Ausdrucks. Auch wenn die futuristische Glaspyramide im Innenhof heftig kritisiert wurde, reflektiert diese Gegenüberstellung ultramoderner Architektur und historischem Gemäuer den Geist der erlesenen Sammlung von 35 000 Kunstwerken und Antiquitäten aus aller Welt. Die Größe des Museums kann einen schon einschüchtern: Stellen Sie sich vor, sie würden einen Elefanten verspeisen – ein Stück nach dem anderen, die besten Teile zuerst (solange Sie noch aufnahmefähig sind). Und versuchen Sie auf keinen Fall, in einem Zug fertig zu werden.

NICHTS WIE HIN! ***Freier Eintritt am ersten Sonntag im Monat, dafür aber auch überlaufen. Da lohnen sich die 16 Euro Eintritt.***

37

38

38 Torres del Paine

PARADIES FÜR WANDERER

CHILE // Patagonien vereint seine ganze sagenhafte Wildheit zwischen den riesenhaften Granittürmen, die über der windgepeitschten Steppe einer Abenteureroase aus waldbewachsenen Bergen, Seen und Gletschern thronen. Das 181 000 ha große Unesco-Biosphärenreservat hält, was es verspricht (auch in Sachen Abgelegenheit) und ist für viele der beste Wander-Spot in ganz Südamerika. Auf dem Rundweg entlang des Fußes der 2800 m hohen, zerklüfteten Felstürme *(torres)* ist man rund eine Woche lang unterwegs und bekommt mehr als nur eine abwechslungsreiche Landschaft geboten: Wer Glück hat, sieht hier Nandus, Andenkondore, Guanakos und Graufüchse. Da sich die Wetterlage ständig ändert, verändern sich, wohin man auch wandert, die atemberaubenden Ausblicke wie in einem Kaleidoskop.

NICHTS WIE HIN! ***Von Puerto Natales fahren Busse. Wenn Sie in einer der* refugios *(Herbergen) des Parks übernachten wollen, sollten Sie im Voraus buchen. Ohne Reservierung heißt es: zelten.***

39 Baikalsee

SIBIRISCHE UNTIEFEN

RUSSLAND // Am Baikalsee offenbaren sich die sibirischen Weiten im wahrsten Sinne des Wortes in ihrer ganzen Tiefe. Unter den azurblauen Wellen (oder dem türkisgrünen Eis) geht es hier 1642 m hinab, kein See der Erde ist tiefer. Wie groß die historische, kulturelle und spirituelle Bedeutung des 30 Mio. Jahre alten Baikalsees ist, beweist der Name, den ihm die Russen gaben: „Heiliges Meer". Über Jahrhunderte hat sein fast schon außerweltliches Flair Nomaden, Buddhisten, Dekabristen, Künstler und Abenteurer angezogen. Auch die Baikalrobbe, die einzige ausschließlich im Süßwasser lebende Robbe der Welt, ist hier zu Hause. Ob man im Baikalsee schwimmt, auf ihm segelt, aus ihm trinkt (das Wasser soll magische Kräfte haben), ihn mit dem Zug umrundet, mit dem Hundeschlitten übers Eis fährt oder ihn einfach vom 2000 km langen Ufer betrachtet – die Perle Sibiriens ist vollendete Natur.

NICHTS WIE HIN! *Besuch von Listwjanka via Irkutsk, Sewerobaikalsk ist der beste Startpunkt für Trekking. Boote nur im Sommer.*

40 Eiffelturm

DER ULTIMATIVE FRANZÖSISCHE FLIRT

Paris, FRANKREICH // Welches andere Wahrzeichen trägt einen so unschmeichelhaften Spitznamen wie „Giraffenkäfig"? Und wer hat Lust, solch einen Schandfleck auch noch zu besteigen? Dies, ma chère, ist die Schönheit von Paris – Europas Hauptstadt der Liebe, die einen mit ihrer Romantik durchdringt. In der Geburtsstadt des Stils trifft architektonische Grandezza auf Generationen großer Künstler. La Tour Eiffel ist das Pariser Ass im Ärmel, die koketteste Touristenattraktion der Welt. Auf einmal springt einem die gusseiserne Nadel ins Auge, nur um auf der anderen Seite des Boulevards wieder zu verschwinden. Das Katz-und-Maus-Spiel mit dem Eiffelturm wird für Paris-Reisende zur Obsession. Am Ende steht man Aug in Aug mit der 324 m hohen Dame. Die monumentalen Besuchermassen tragen zum süßen Höhepunkt auf der Spitze bei: Ganz Paris liegt einem zu Füßen.

NICHTS WIE HIN! *720 Stufen sind es zum 2. Stock, wo die Lifte starten. Wer läuft oder Tickets online kauft, vermeidet Schlangestehen.*

Pompeji

41

SCHAUT AUF DEN ZORN DER ERDE

ITALIEN // Der dunkel lauernde Kegel des Vesuvs scheint tatsächlich beängstigend nah. Spaziert man durch die gespenstisch gut erhaltenen Gassen der antiken Stadt, kommt man nicht umhin, immer wieder zum 1280 m hohen, immer noch aktiven Vulkan hinaufzublicken. Sein letzter verheerender Ausbruch war im Jahr 79 n. Chr. und man sagt, der Vesuv bricht alle 2000 Jahre richtig aus ... den Rest kann man sich ausrechnen. Das gibt einem Ausflug nach Pompeji einen gewissen Kick.

Der unglückselige Ort, der die volle Macht des Vulkans im ersten Jahrhundert zu spüren bekam, ist eine Schönheit. Die Stadt wurde vermutlich im 7. Jh. v. Chr. gegründet und zu einem beliebten Treffpunkt am Golf von Neapel. In der Feuersbrunst ließen Tausende Menschen ihr Leben und Pompeji blieb mehr als tausend Jahre lang unter einer Schicht Lapilli (erkaltetem Bimsstein) verschüttet. Eine Momentaufnahme römischen Lebens – und Sterbens.

Die Stadt erstreckte sich über 66 ha, von denen nicht die gesamte Fläche freigelegt wurde. Und das, was freigelegt wurde, kann man unmöglich auf einmal erkunden. Die meisten der Millionen Besucher wollen die derben Fresken im römischen Bordell sehen. Aber Pompeji bietet auch genug fesselnde Seitengassen, die einem die Flucht vor den Massen erlauben. Aber wo anfangen? Es gibt das große, säulenumringte Forum, wo man die Händler und Philosophen noch zu hören meint, die gepflasterten, von einstigen Wagenrädern gezeichneten Wege, das älteste erhaltene Amphitheater der Welt, das 150 Jahre vor dem Kolosseum entstand, die Villen, Fresken und Tempel und sogar ein römisches Bad. Und, wohl am makabersten, die Gipsfiguren – Abdrücke der Körper von verzweifelten, kauernden Menschen, die über die Zeiten erhalten blieben.

NICHTS WIE HIN! ***Pompeji liegt 30 bis 40 Minuten per Zug von Neapel und Sorrent entfernt; der Eingang ist 50 m vom Bahnhof.***

Oben: Fresken römischer Bürger und, rechts, das Forum von Pompeji.

42

Alt-Havanna

Bröckelnde koloniale Pracht

↓

KUBA // Schlendert man durch die Straßen von Alt-Havanna (Habana Vieja) voll pastellfarbener Häuser und alter Autos, fühlt man sich wie als Teil einer Nostalgiepostkarte. Der stimmungsvolle Verfall der Stadt macht Havanna aber nicht zum Mausoleum. Streift man hier nachts durch die Gassen, trifft man auf lachende Tänzer und Dominospieler. Angesichts der Annäherung zwischen Kuba und den USA sollte die Modernisierung schon bald einsetzen.

☛ NICHTS WIE HIN! *Die Direktflüge aus den USA nehmen zu, aus Europa fliegen einige Airlines direkt.*

43 Tafelberg

DER TISCH IST GEDECKT

SÜDAFRIKA // Andere Städte haben Bauwerke als Wahrzeichen, Kapstadt hat einen Berg. Es ist schon ein besonderes Erlebnis zu beobachten, wie die Wolken am Plateau des Tafelbergs zwischen dem Lion's Head und dem Devil's Peak hinunterschwappen (das Phänomen wird *tablecloth* genannt, denn es erinnert an eine Tischdecke, die sich ausbreitet). Eine Seilbahn führt nach oben, besser aber ist es, sich den Panoramablick auf die pulsierende Stadt zu verdienen. Verschiedene Routen führen zu den Aussichtspunkten. Der klassische Weg durch die Platteklip-Schlucht folgt dem ersten dokumentierten Aufstieg António de Saldanhas 1503. Zielpunkt ist der 1088 m hohe Maclear's Beacon, direkt über der Endstation der Seilbahn. Wenn Sie es einrichten können, schließen Sie sich den Einheimischen bei einer Wanderung auf den 669 m hohen Lion's Head zum Mondaufgang über den Hottentots-Holland-Bergen an.

NICHTS WIE HIN! ***Wenn Sie den Tafelberg mal etwas anders erleben wollen, erkunden Sie ihn per Mountainbike.***

44 Altstädter Ring

TICK-TACK AM RATHAUSPLATZ

TSCHECHISCHE REPUBLIK // Wollten Sie schon immer wissen, wie es wäre, mitten in die Seiten eines Hans-Christian-Andersen-Märchens zu stolpern? Auf dem mittelalterlichen Prager Marktplatz können Sie es erleben. Auf dem belebten Altstädter Ring ragen kunstvoll verzierte Fassaden wie Lebkuchen aus dem Boden und Absätze klickern auf den dicken Pflastersteinen, die der Stadt nun schon fast tausend Jahre zu Füßen liegen. Die berühmte astronomische Uhr von Prag, eine Kapriole aus dem Jahr 1410, lockt zahllose Besucher auf den Platz, was seinem zeitlosen Zauber aber keinen Abbruch tut. Hier gibt es Jazz-Straßenmusiker und Konzerte, politische Kundgebungen, Modenschauen, Weihnachts- und Ostermärkte – und über allem wacht mit grüblerischem Blick ein Jugendstildenkmal von Jan Hus.

Wer die enge Steintreppe erklimmt, die sich hinauf zum Rathausturm windet, wird belohnt mit einem Blick auf ein Meer von Ziegeldächern, gepflasterte Gassen und die Spitztürme der Teynkirche.

NICHTS WIE HIN! ***Der Altstädter Ring ist das Herz der Staré Město (Altstadt), nur wenig östlich der Karlsbrücke und der Moldau.***

45

Serengeti-Nationalpark

Safari-Show

↓

TANSANIA // Kein anderer Park bietet ein vergleichbares Naturschauspiel. Es beginnt in den Ebenen der Serengeti, wo zwischen Januar und März die Jungtiere der Gnus auf die Welt kommen, um Ende April gemeinsam mit ihren Herden zur „Großen Wanderung" aufzubrechen. 1,5 Mio. Tiere ziehen dann in acht Monaten 3000 km zur Masai Mara – unter den Augen von Afrikas prächtigsten Safari-Kandidaten: Löwen, Elefanten, Nashörner, Giraffen und Büffel.

☛ NICHTS WIE HIN! ***Fliegen Sie zum Kilimanjaro Airport und weiter per Kleinflugzeug.***

Eremitage

46

RUSSLANDS SCHATZKISTE

St. Petersburg, RUSSLAND // Die Eremitage am Ufer der Neva ist eines der ältesten und reichsten Museen der Welt – seine Sammlung unbezahlbarer Meisterwerke und seine architektonische Brillanz machen es zu einem Ort der Superlative. Begründet wurde es von Katharina der Großen (bekennende Kunstsüchtige) im Jahr 1764 zur Unterbringung ihrer Privatsammlung. Heute soll das Archiv des Museums unfassbare 3 Mio. Objekte enthalten.

Der Komplex aus dem dominierenden grün-goldenen Winterpalast und fünf weiteren Gebäuden, die nicht weniger imposant und herrschaftlich sind, ist ein Labyrinth aus Sälen und Räumen mit Schätzen aus allen Epochen. Sie vereinen eine überwältigende Vielfalt und Vielzahl von Schätzen: ägyptische Antiquitäten, zeitgenössische Installationen, Alte Meister, Impressionisten, Post-Impressionisten, Ikonen von unschätzbarem Wert und Fabergé-Eier, so weit das Auge reicht. Um alle Exponate des prunkvollen Wahrzeichens von Sankt Petersburg eine Minute lang zu betrachten, bräuchte man Schätzungen zufolge elf Jahre. Ein wenig Planung im Vorab erspart einem Blasen an den Füßen – und einen Nervenzusammenbruch.

NICHTS WIE HIN! ***Online-Tickets ersparen das Schlangestehen, oder versuchen Sie's an einem der Ticket-Automaten im Innenhof.***

Bucht von Kotor

47

ZWISCHEN MAJESTÄTISCHEN BERGFLANKEN

MONTENEGRO // Ob man die Bucht von Kotor als den einzigen Fjord des Mittelmeers bezeichnen kann oder nicht – wen interessiert das schon, angesichts der Schönheit dieser Landschaft? Die Windungen der Bucht sind eingefasst von rauen Bergen, Oliven- und Granatapfelbäume wachen über der kristallklaren, opalgrünen See. Wer durch die kleinen Buchten paddelt, zu Inseln, auf denen Klöster stehen, segelt oder durch das felsige Hinterland wandert, ist viel zu gefesselt von der Umgebung, um sich den Kopf über geologische Kategorien zu zerbrechen.

Die Bucht liefert ein kleines Gesamtpaket all der Schönheit, die das Mittelmeer zu bieten hat: einen Mix aus barocker Architektur, napoleonischer Geschichte und slawischem Heldenmut. Die historisch-charmante Stadt Kotor bietet Café-Kultur, hübsche Steingassen und venezianische Loggien, in Risan kann man römische Mosaike bewundern, und das Dorf Perast duftet wie viele andere nach wilden Feigen. In den Sommermonaten tummeln sich zahlreiche Jachten in der Bucht. Einsam wird's bei einer Mountainbiketour in die Berge, einem Ausflug zum hoch gelegenen Lovćen-Nationalpark oder – für völlige Ruhe – bei einem Besuch der Sankt-Tryphon-Kathedrale aus dem 12. Jh.

☛ **NICHTS WIE HIN!** ***Kotor Stadt ist idealer Startpunkt zur Erkundung der Bucht. Auch ein Tagesausflug aus Dubrovnik bietet sich an.***

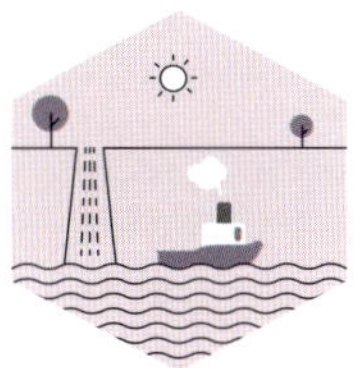

FANTASTISCHE FJORDE & LOCHS

↓

Der Geirangerfjord ist – wenn auch nicht der einzige – so doch der beliebteste Norwegens.

☛ Seite 128

↓

Am anderen Ende der Welt findet man im neuseeländischen Fiordland ähnliche Exemplare. Die Stars hier: Milford und Doubtful Sound.

☛ Seite 36

↓

Kleiner sind die schottischen Lochs: Manche haben Verbindung zum Meer, der größte Süßwassersee ist Loch Lomond.

☛ Seite 257

Links: Innenansicht der Eremitage. Unten: Impressionen aus Kotor

Unten: das Wüstenfort von Jaisalmer. Rechts: Die filigranen Schnitzereien des Patwon Ki haveli sind typisch für Jaisalmers Architektur.

48 Jaisalmer

FABELHAFTE FORTS

Die eindrucksvolle Zitadelle La Ferrière wacht streng über Haiti – was vielleicht erklärt, warum sie als Geheimtipp gilt.

Seite 187

Galle, die Festung an der Südküste Sri Lankas, stammt aus portugiesischer Kolonialzeit und wurde von den Holländern übernommen, bevor sie an die Briten fiel.

Seite 261

Die Welt der Sultane lebt im Fort von Nizwa, westlich der omanischen Hauptstadt Maskat.

Seite 290

UNVERGLEICHLICHE WÜSTENFESTUNG

INDIEN // Als das prachtvolle Wüstenfort Jaisalmer erobert wurde, begingen die Frauen dieser herrlichen Stadt Massenselbstmord, während die Kämpfer dem sicheren Tod jenseits der schützenden Mauern entgegenritten, um der Schande zu entgehen, versklavt zu werden. Keine Frage, die Rajputen waren ein stolzer Stamm, und blickt man auf ihre glorreiche Sandsteinstadt, wird klar, dass sie dazu auch allen Grund hatten.

Noch nach 400 Jahren steigt die von 99 mächtigen Bastionen umringte Festung wie eine honiggoldene Fata Morgana aus der Wüste. Im Inneren verzweigt sich ein wirres Straßennetz voll prächtiger havelis (Händlervillen) und alten Tempeln, die unter der Last der zahlreichen Statuen und Schnitzereien fast zusammenzubrechen scheinen. Kein anderer Ort fängt die Romantik Rajasthans besser ein.

Der Tourismus ist für die Wüstenstadt ein wichtiger Wirtschaftszweig, aber wenn das erste Licht die Straßen in den Farben der Wüste erstrahlen lässt, ist nichts davon zu spüren. Ein Besuch in Jaisalmer entführt einen in ein Märchen aus 1001 Nacht – in ein gigantisches Sandschloss, das aussieht, als sei es direkt in die Wüste gehauen. Wow!

NICHTS WIE HIN! *Das Fort ist das Herz von Jaisalmer. Aus Denkmalschutzgründen wohnen die meisten Besucher außerhalb.*

49 Ngorongoro-Krater

ÜBERWÄLTIGENDE ARTENVIELFALT

TANSANIA // Der Rand des Ngorongoro-Kraters ist einer der größten intakten Vulkan-Calderen der Welt und stellt jeden Neuankömmling vor dieselbe Frage: Bleiben oder gehen? Zum Verweilen lädt der Blick in den Krater ein, der umso faszinierender wird, je länger man in den Abgrund hinuntersieht. Der fruchtbare Kraterboden zwischen den Hunderte Meter hohen Steilwänden ist durchzogen von Sümpfen, Wäldern, dem Magadisee und grasbewachsenen Savannenstreifen.

Dass sich hier jeder früher oder später losreißt, liegt also nicht an der mangelnden Schönheit des Ausblicks, sondern am üppigen Reichtum, den man weiter unten vorfindet: Solch eine Dichte von Wildtieren (insbesondere Löwen und andere große Raubtiere) wie hier findet man nirgendwo anders in Afrika, und nirgends auf der Welt kann man besser Spitzmaulnashörner beobachten.

NICHTS WIE HIN! *Der nächste Flughafen ist Kilimanjaro Airport. Besonders schön: die Morgenstille im Krater (Lodge-Übernachtung).*

50 Friedenspark Hiroshima

BEWEGENDES MAHNMAL FÜR DEN WELTFRIEDEN

JAPAN // Was einmal Ground Zero für den ersten Atombombenangriff der Welt war, ist heute ein Komplex von Denkmälern im Grünen – ein Ort des Friedens und des Nachdenkens. Die Überreste des Genbaku Dome erinnern an das Ausmaß der Zerstörung. Vom zentralen Teich des Friedens gelangt man zum Kenotaph, unter dessen Bogen eine Rolle mit den Namen aller bekannten Opfer ruht. Die Eindrücke sind sehr bewegend; zur Trauer gesellt sich aber Hoffnung. Nirgends spürt man sie mehr als am Kinderdenkmal mit seinen farbenfrohen Papierkranichen, die Glück und Gesundheit symbolisieren. Inspiriert wurde das Denkmal von der Geschichte des Mädchens Sadako Sasaki, die zwei Jahre alt war, als die Bombe fiel, und mit elf Jahren an Leukämie erkrankte. Sie hatte sich zum Ziel gesetzt, 1000 Kraniche zu falten. Das Werk, das sie nicht zu Ende bringen konnte, vollendeten ihre Klassenkameraden.

NICHTS WIE HIN! *Hiroshima ist eine der Hauptstationen auf der Hochgeschwindigkeitsstrecke Tokio-Osaka-Hakata.*

51 Pantheon

RÖMISCHE ARCHITEKTUR IN REINFORM

ITALIEN // Das stolze Alter von 2000 Jahren sieht man dem reich geschmückten Pavillon auf Roms Piazza della Rotonda gar nicht an, aber das Pantheon wurde unter Augustus (27 v. Chr. – 14 n. Chr.) von Marcus Agrippa in Auftrag gegeben. 126 n. Chr. wurde es unter Kaiser Hadrian wiederaufgebaut. Andere neoklassizistische Gebäude sind meist Nachbauten dieses erhabenen Entwurfs: der majestätische Portikus mit seinem Wald aus korinthischen Säulen, die pfeilerlose Kuppel, die der Schwerkraft trotzt, und sogar das Zeichen auf dem Fries, das Agrippa als Bauherrn ausweist. Betritt man das zeitlose Monument, fühlt man sich in das Rom der Antike zurückversetzt. Der Oculus im Dach verbindet das Innere des Gebäudes seit zwei Jahrtausenden mit dem Himmel (der Regen fließt über verborgene Rinnen ab). Auch wenn Sie auf ihrer Rom-Reise nichts anderes besuchen, das Pantheon ist Pflicht.

NICHTS WIE HIN! ***Das Pantheon ziert die südliche Piazza della Rotonda, einen der schönsten Orte Roms für ein Open-Air-Dinner.***

52 Tate Modern

MONOLITH DER MODERNEN KUNST

ENGLAND // 5 Mio. Besucher jährlich können nicht irren. Nicht umsonst ist Londons Tate Modern die weltweit meistbesuchte Galerie für zeitgenössische Kunst. Und nicht nur die Kunst besticht – obwohl allein die Rothkos, Matisses, Warhols, Pollocks, Hirsts usw. ein Trumpf sind –, sondern auch die Architektur des 200 m langen Gebäudes im Industriestil. Vielleicht ist es auch die monumentale Präsenz, mit der das ehemalige Kraftwerk aus den 1940ern am Südufer der Themse thront. Und ein weiterer Grund kommt hinzu, wenn Ende 2016 die elegante elfstöckige Erweiterung auf der Südseite die Ausstellungsfläche verdoppeln wird. Schließen Sie sich den Pilgermassen an und entscheiden Sie selbst, wovon Sie sich überzeugen lassen wollen.

NICHTS WIE HIN! ***Der schönste Weg hierher? Keine leichte Entscheidung: zu Fuß von St Paul's über die Millennium Bridge oder mit dem Tate-to-Tate-Boot von der Tate Britain in Millbank.***

53

Naghsh-e Jahan

Persische Perfektion

↓

IRAN // Im Herzen Isfahans, Irans faszinierendster Stadt, liegt der gigantische Platz Naghsh-e Jahan. Erbaut wurde er 1602 als Zentrum der neuen Hauptstadt des Shahs Abbas und vereint architektonische Perlen des safawidischen Reiches. Die Königsmoschee auf der Südseite ist ein prachtvolles Zusammenspiel von Kuppeln und Bögen, die Scheich-Lotfolläh-Moschee im Osten ein Traum aus blauen Majolika-Fliesen und im Westen erhebt sich der Ali-Qāpu-Palast.

NICHTS WIE HIN! ***Familien picknicken und flanieren hier abends.***

55

54 Tiger-sprung-Schlucht

PFADE DURCH DIE ZEITEN

CHINA // Der Grand Canyon (S. 20) mag vielleicht Publikumsliebling sein, aber die Tigersprung-Schlucht ist die Schönheitskönigin. Schneebedeckte Berge ragen beidseits der Schlucht auf, die so tief ist, dass man den 2 km in der Tiefe rauschenden Fluss nur leise flüstern hört. Pfade winden sich vorbei an winzigen Bauerndörfern, in denen man sich ausruhen und die herrliche Aussicht genießen kann – und das ist nur die kurze Zusammenfassung der Schönheit der Tigersprung-Schlucht. Das knochenbrecherische Auf und Ab kann einen zwar zum Ächzen bringen, aber sie ist nun mal nicht nur eine der tiefsten Schluchten der Welt, sondern auch Chinas unvergesslichste Wanderung und hinreißend bei jedem Schritt.

NICHTS WIE HIN! ***Die Schlucht zieht sich durch den abgelegenen Nordwesten von Yúnnán, nahe der Welterbe-Stadt Lìjiāng. Im Mai und Anfang Juni erstrahlen die Berge in den Farben unzähliger Blumen.***

55 Notre-Dame

HEILIGES HERZ VON PARIS

FRANKREICH // Im Zentrum von Paris, auf der Île de la Cité in der Seine, steht mit Notre-Dame das großartigste Beispiel französisch-gotischer Baukunst. 1185 (noch vor ihrer Fertigstellung) begann hier der Dritte Kreuzzug, 1455 bat Jeanne d'Arcs Mutter um Gnade für ihre Tochter, während der Französischen Revolution wurden Statuen der Kirche geköpft, adelige Hochzeiten und dramatische Tode spielten sich hier ab und die Befreiung der Stadt von den Nazis begann, als Mitglieder der Résistance die älteste Glocke von Notre-Dame läuteten. All dies lässt man Revue passieren, während man die 400 Stufen der Wendeltreppe zur Westfassade emporsteigt. Hier leuchtet die Stadt des Lichts im Vordergrund und lauern fratzenbewehrte Wasserspeier im Hintergrund, um einen hinabzustürzen wie einst Quasimodo in Victor Hugos Meisterwerk.

NICHTS WIE HIN! ***Der Eintritt in die Kathedrale ist frei.***

56 Kakadu-Nationalpark

TROPISCHE ZEITREISE

AUSTRALIEN // Manche behaupten, Australien hätte keine Geschichte. Aber Kakadu erzählt aus 50 000 Jahren – man muss nur hinhören. Mit einer Fläche von 20 000 km² ist Australiens größter Nationalpark so groß wie Rheinland-Pfalz oder Niederösterreich. Er erstreckt sich von der Mündung der Alligator Rivers bis zu den Steilhängen, die den Park von Arnhemland trennen. In seiner warmen, feuchten und wilden Umarmung kann man *billabongs* erkunden, Wasserfälle durchschwimmen und durch die Zeit klettern, um die älteste Kultur der Welt zu treffen: Die Völker der Bininj und Mungguy leben hier seit Jahrtausenden, die urzeitlichen Felsmalereien in Ubirr und im Anbangbang Rock Shelter in Burrunggui beweisen es. Abenteurer lassen sich von Einheimischen durch das Top End Australiens führen, wo in einer Treibhaus-Urlandschaft die scheinbar außer Kontrolle geratene Natur gigantische Dimensionen annimmt – *crocs* inklusive.

NICHTS WIE HIN! ***Den Nationalpark erreicht man am besten von Jaibaru aus, drei Autostunden östlich von Darwin.***

57 Opernhaus in Sydney

SINGENDE SEGEL

AUSTRALIEN // Das Opernhaus mit dem – architektonisch gesehen – größten Wiedererkennungswert wurde schon mit so einigem verglichen, ob Orangenschalen oder sich paarende Schildkröten. Aber die meisten Vergleiche drehen sich doch um Segel, was angesichts des Blicks auf den fantastischen Hafen von Sydney nicht unangebracht erscheint. Die beste Aussicht hat man zwischen dem Circular Quay und den Royal Botanical Gardens. Als die Arbeiten für das hypermoderne Bauwerk 1959 begannen, regten sich einige Opernfans und Bürger von Sydney so auf, dass der dänische Architekt Jørn Utzon 1966 die Baustelle wütend verließ (und nie wieder kam). Heute darf das Opernhaus neben der Harbour Bridge (Spitzname: „Kleiderbügel") auf keiner Postkarte und in keiner Schneekugel fehlen. Die Akustik wurde anfangs zwar kritisiert, die Optik ist aber spektakulär, insbesondere vom Wasser aus.

NICHTS WIE HIN! ***In der Oper darf man sich auf Rock-Konzerte, Comedy und gelegentlich sogar auf Opern freuen. Geführte Touren!***

58 Edinburgh Castle

SCHAURIG-SCHÖNES SCHLOSS

SCHOTTLAND // Man könnte schwören, das Schloss sei einfach aus dem Boden gewachsen. Die Festung, die stolz über der schottischen Hauptstadt thront, geht so nahtlos in den Vulkankegel darunter über, dass es schwerfällt zu sagen, wo die Natur aufhört und die Baukunst beginnt. Aber sie wurde tatsächlich von Menschenhand erbaut, als Bollwerk gegen nicht wenige feindliche Heere. Vom Schlosstor bis zum Portcullis Gate ist es ein steiler, unebener Aufstieg, vorbei an den Honours (Schottlands Kronjuwelen) und der Great Hall, hinauf zur St Margaret's Chapel aus dem 12. Jh., Edinburghs ältestem Bauwerk. Hier bietet sich ein atemberaubender Ausblick auf den Firth of Forth, die Pentland Hills und die herrliche Stadt. Nur die One O'Clock Gun – ein 25-Pfünder aus dem Zweiten Weltkrieg, der täglich (außer sonntags) um 13 Uhr abgefeuert wird – erinnert daran, dass die Burg eigentlich militärischen Zwecken diente.

NICHTS WIE HIN! ***Die Burg ist täglich von 9.30 bis 17 Uhr (April bis Sept. bis 18 Uhr) geöffnet. Letzter Eintritt eine Stunde vor Schließung.***

59 Anne-Frank-Haus

GEISTER DER GESCHICHTE

Amsterdam, NIEDERLANDE // Verfolgt es einen? Ja. Ist es das wert? Definitiv. Und eine Million Besucher sind jährlich derselben Meinung. Die Geschichte, wie sich Anne Frank und ihre Familie jahrelang vor den Nazis versteckten, bevor sie verraten und in den Tod geschickt wurden, ist legendär. Annes Tagebuch, das an ihrem 13. Geburtstag im Jahr 1942 beginnt, hat Menschen auf der ganzen Welt berührt und erschüttert. So ist ein Besuch in diesem Haus in Amsterdam (heute ein Museum) eine intensive Erfahrung. Durch eine als Bücherregal getarnte Geheimtür gelangt man über eine steile Treppe in die verborgenen Wohnräume im Hinterhaus. In diesen lichtlosen Räumen lebten die Franks tagsüber in totaler Stille. Die heute noch abgedunkelten Räume vermitteln einem ein allzu greifbares Gefühl für Annes klaustrophobisches Leben im Versteck. Ihr Tagebuch im Original zu sehen, ist ergreifend.

NICHTS WIE HIN! ***Das Anne-Frank-Haus liegt im westlichen Grachtenring von Amsterdam. Online-Tickets vermeiden Wartezeiten.***

60

Jökulsárlón

Glitzernde Gletscherlagune

↓

ISLAND // Jökulsárlón ist nur eines von Islands zahlreichen Naturwundern, aber der höchste Eintrag des kleinen Landes in unserer Reiseliste. Was hat die 17 km² große Gletscherlagune? Lehnen Sie sich hier einfach an einem sonnigen Tag mit einer Schale Hummersuppe zurück. Hören Sie den Breiðamerkurjökull-Gletscher kalben und die treibenden Eisberge gegeneinander klackern. Da, ein Seehund. Und noch einer. Ihr Planschen zerreißt die Stille.

☛ NICHTS WIE HIN! *Per Mietwagen von Reykjavik über die Ringstraße.*

Yellowstone-Nationalpark

61

EINE EINZIGE DAMPFENDE WILDNIS

Wyoming, USA // Dieser Ort stinkt. Manieren? Fehlanzeige. Ein Duft nach faulen Eiern liegt in der Luft, ein Rülpsen und Furzen beleidigt das Ohr. Aber, was kann man auch anderes erwarten, im größten Geothermalgebiet der Erde? Hier liegt sage und schreibe die Hälfte aller Geysire, Schlammtöpfe, Fumarolen und anderer landschaftlicher Rüpel weltweit.

Die Ersten müssen nicht immer die Besten sein, aber Yellowstone kann einiges vorweisen: Der Nationalpark wurde 1872 gegründet und ist damit der erste der Welt. Er liegt auf einem gigantischen vulkanischen Krater und seine 8983 km² stecken nicht nur voller eruptiver Phänomene, sondern bieten auch fantastische Gebirgszüge, vor tierischem Leben strotzende Ebenen, zahlreiche Flüsse und Seen, versteinerte Wälder und einen parkeigenen „Grand Canyon". Angesichts der Fülle an Schönheit, die die Natur hier zur Schau stellt, ist ein Schwefel-Anschlag auf die Nase ein geringer Preis.

1200 Geysire brodeln hier, von denen Old Faithful wohl der bekannteste ist. Auch heiße Quellen locken Besucher, vom Grand Prismatic, das wie ein blutunterlaufenes Auge aus der Landschaft starrt, zu den Kalkterrassen der Mammoth Hot Springs. Der Joker ist aber die Tierwelt, Nordamerikas Antwort auf Afrikas Safaris: Die beeindruckende Savanne des Wilden Westens platzt vor Tieren aus allen Nähten, die „Big Five" heißen hier Bison, Dickhornschaf, Elch, Bär und Wolf. Hier kann man Riesenherden zotteliger Bisons beim wärmenden Bad im Thermalbecken beobachten, sich über einen Bären-Stau amüsieren, wenn ein Grizzly mal wieder den Verkehr lahmgelegt hat, oder im Winter Wolfsspuren im Schnee suchen. Aber vergessen Sie nie, dass hier ein Supervulkan schlummert – einer der größten weltweit –, dessen Ausbruch längst überfällig ist …

NICHTS WIE HIN! ***Die Straßen zwischen nördlichem und nordöstlichem Eingang sind ganzjährig befahrbar, andere Routen saisonal.***

Unten: Die Bisonherde in Yellowstone ist die größte auf öffentlichem Grund. Oben: Grand Prismatic, die größte heiße Quelle des Landes.

WUNDER DER GEOTHERMIE

Unter der Oberfläche Islands brodelt ein Drucktopf – Dampf lässt er über Geysire ab. Den Isländern haben wir dieses schöne Wort zu verdanken.

Seite 241

Treffen Sie Maoris im neuseeländischen Rotorua, wo Schlamm blubbert und Schwefelschwaden ziehen.

Seite 199

Im japanischen Yakushima verwöhnen *onsen* (heiße Quellen) Besucher mit wärmenden Dämpfen.

Seite 199

62 Stonehenge

PRÄHISTORISCHES PUZZLE

ENGLAND // Unvermittelt taucht die verblüffend vertraute Silhouette von Stonehenge am Horizont von Salisbury Plain auf – ein ganz und gar surrealer Anblick, besonders wenn man gerade mit dem Auto die A303 entlangfährt. Großbritanniens Vergangenheit und Gegenwart prallen hier aufeinander. Wie kamen die Sarsenblöcke und gigantischen Blausteine vor 5000 Jahren hierher, manche aus Wales? Was bedeutet ihre Anordnung? Handelt es sich um einen Kalender, eine Begräbnisstätte, einen steinzeitlichen Ort der Heilung? Und wie in aller Welt konnten Menschen in der Jungsteinzeit die riesigen Felsblöcke derart stapeln und ausbalancieren? Archäologen haben sich an diesen Felsen jahrhundertelang die Zähne ausgebissen, aber versuchen Sie hier und im neuen Besucherzentrum, sich selbst einen Reim auf diese Fragen zu machen.

NICHTS WIE HIN! ***Stonehenge ist rund zwei Autostunden von London entfernt. Der direkte Zugang in die Steinkreise ist verboten. Zu Sonnwenden und Tagundnachtgleichen treffen sich hier Horden von Druiden.***

63 Berliner Mauer

ÜBERRESTE DES KALTEN KRIEGES

DEUTSCHLAND // Dass es die Berliner Mauer in diese Liste geschafft hat, liegt eher an dem, was man nicht sieht: Es ist wenig übrig vom „Antifaschistischen Schutzwall" der DDR, der Westberlin von 1961 bis 1989 umschloss. Hier und da ragen besprühte Überreste empor und Infotafeln erzählen entlang der ehemaligen Mauer von zerrissenen Familien und Todesopfern. Eine Rekonstruktion des berühmt-berüchtigten Grenzübergangs Checkpoint Charlie fristet heute auf mittlerer Höhe der Friedrichstraße sein Dasein zwischen Bürotürmen. Die Abwesenheit der Mauer ist ebenso ergreifend wie die wenigen Fragmente, die noch daran erinnern, dass in Berlin Geschichte nichts Ungreifbares aus der Vergangenheit ist. Die Gedenkstätte Berliner Mauer in der Bernauer Straße zeigt, was die Mauer war: nicht nur eine Betongrenze, sondern eine Staffelung aus Barrieren, ein Todesstreifen. Ein gutes Gesamtbild bekommt man auf dem Mauerweg, einem 155 km langen, beschilderten Rundweg entlang des ehemaligen Verlaufs.

NICHTS WIE HIN! ***Die Gedenkstätte Berliner Mauer ist Dienstag bis Sonntag 10 bis 18 Uhr geöffnet; Gratisführungen sonntags 15 Uhr.***

64

Isle of Skye

Magische Insel

↓

SCHOTTLAND // Auf der größten Insel der Inneren Hebriden warten Schlösser und Bauernhöfe, granitgraues Meer und kristallklare fairy pools, Moorheiden und smaragdgrüne Täler. Kletterer freuen sich auf den Cuillin, einen Bergzug, Tierliebhaber auf Seeadler, Delfine und Zwergwale und Hungrige auf Fish & Chips im malerischen Portree. Im Sommer geht die Sonne erst nach 23 Uhr unter und hüllt die magische Insel in ein übernatürliches goldenes Licht.

NICHTS WIE HIN! ***Eine Brücke führt auf die Insel (Mietwagen).***

Halong-Bucht

65

KUNSTWERK AUS KALKSTEIN

VIETNAM // Mehr als 2000 Inseln erheben sich aus dem smaragdgrünen Wasser des Golfs von Tonkin. Atemberaubend! Halong bedeutet so viel wie „Bucht des untertauchenden Drachen". Die Legende besagt, die Inseln der Halong-Bucht im Nordosten Vietnams seien entstanden, weil ein Drache auf seinem Weg zur Küste mit seinem mächtigen Schwanz Täler und Furchen ins Land geschlagen hat. Als er schließlich ins Meer stürzte, habe das Wasser die Landschaft überflutet, sodass nur noch die Spitzen der Erhebungen sichtbar waren.

Die Bucht ist seit 1994 Weltkulturerbe. Die mystische Landschaft aus Kalkinseln wird oft mit Guilin in China oder Krabi in Süd-thailand verglichen. Halong ist aber spektakulärer: Die unzähligen Inselchen sind durchzogen von Grotten und Höhlen, von Wind und Wasser in den Stein gefressen, an den spärlich bewaldeten Hängen singen Vögel. Dass man die Bucht für sich allein hat, ist unwahrscheinlich, aber wen kümmert das bei dieser Aussicht?

☛ NICHTS WIE HIN! *Der beliebteste Startpunkt in die Halong-Bucht ist die gleichnamige Stadt. Die meisten Touristen entscheiden sich für Touren mit einer Bootsübernachtung. Das Wetter ist unberechenbar: Von Januar bis März ist es oft kühl und regnerisch, zwischen Mai und September gibt es Tropenstürme.*

66

Duomo Santa Maria di Fiore

Wiedergeburt der Renaissance

↓

Florenz, ITALIEN // Vor dem Aufstieg sollte man sich mit ein paar *biscotti* und einem Espresso stärken – die 463 Stufen zur Kuppel der Kathedrale von Florenz sind nicht ohne. Aber wie oft steht man schon Aug' in Aug' mit jahrhundertealten Fresken, die das Jüngste Gericht darstellen? Jede Stufe erinnert einen daran, dass man sich in einem architektonischen Wunderwerk befindet – ein Glanzpunkt der Renaissance in der Stadt, in der sie geboren wurde.

☛ NICHTS WIE HIN! ***Die Kirche ist täglich geöffnet, die Kuppel sonntags geschlossen.***

68

Ko Tao

TAUCHPARADIES

THAILAND // Warum Ko Tao und keine andere thailändische Insel? Die Antwort liegt im warmen, ruhigen Wasser, das dieses Fleckchen Land umspült. Seine Trumpfkarte sind leicht vom Strand aus erreichbare Tauchplätze und seine Unterwasserwunder, die Taucher und Schnorchler aus aller Welt anlocken. Hier schweben Sie mit Haien und Rochen durch eine farbenprächtige Korallenlandschaft, beschließen den Tag mit einem Sundowner an einem der weißen Strände und wiederholen das Ganze am nächsten Tag. Auf Wanderer und Einsamkeitssuchende wartet der feuchte Küstendschungel. Und wer genug vom Robinson-Crusoe-Dasein hat, stürzt sich einfach bis zum Morgengrauen in das vibrierende Nachtleben.

NICHTS WIE HIN! ***Ko Tao (vor der Südostküste Thailands) erreicht man per Boot aus Ko Pha-Ngan oder Ko Samui. Die besten Tauchplätze liegen an Felsen 20 km vor der Küste.***

67

Kappadokien

HÖHLENLEBEN AUF DEM MOND

TÜRKEI // Mit seinen bienenkorbartigen Hügeln und riesigen Felskugeln, die wie eine geologische Kuriosität aus der kargen Ebene Anatoliens emporsteigen, sieht Kappadokien aus wie aus einem wunderlichen Märchen. Die ausgefallene Topografie spiegelt die Geschichte der Menschen hier: Seit ewigen Zeiten bauen die Leute aus dem weichen Gestein der Region unterirdische Zufluchten, das Ergebnis ist eine faszinierende Höhlenarchitektur. Die freskengeschmückten, aus Stein gehauenen Kirchen im Göreme-Freiluftmuseum und die unterirdischen Refugien in Derinkuyu und Kaymaklı gehören zu den berühmtesten Beispielen. In den orange-gelblichen Felstälern kann man auch wunderbar wandern. Wer nur die skurrile Mondlandschaft bestaunen möchte, sollte als moderner Höhlenmensch auf jeden Fall in einem der in den Fels gehauenen Hotels von Kappadokien übernachten.

NICHTS WIE HIN! ***Kappadokien ist von Istanbul aus per Bus und Flugzeug zu erreichen. Im Frühling verzaubern Wildblumen das Tal.***

69 Palenque

PYRAMIDEN IN PERFEKTION

MEXIKO // Maya-Stätten gibt es in Südmexiko ja so einige, aber Palenque, wie ein Haufen ausgebleichter Knochen eines besiegten Maya-Königs aus dem Dschungel von Chiapas aufragend, ist schon ein besonderer Anblick: Wegen der furchterregenden Symmetrie im Tempel der Inschriften, wo eine Ehrengarde von Bediensteten König K'inich Janaab' Pakal in die Nachwelt folgen musste? Weil das unheimliche Relief im Totenkopftempel ziemlich wahrscheinlich die Vorlage für den gruseligen Hasen in dem Film *Donnie Darko* war? Oder wegen der Geräusche des Dschungels? Es klingt, als wolle die Natur den Tempel jeden Augenblick wieder an sich reißen.

Palenque liegt nahe eines staubigen Örtchens, aber der Weg zu den Ruinen ist gesäumt von einladenden Boutiquehotels und Hostels – Orten der Erholung nach heißer, verschwitzter Anreise. Fahren Sie mit dem Boot nach Yaxchilán und mit dem Fahrrad bis zu den Wandmalereien von Bonampak, und Sie haben die komplette Maya-Trilogie.

NICHTS WIE HIN! ***Statt im Ort Palenque sollte man im malerischen El Panchán, auf dem Weg zu den Ruinen gelegen, absteigen.***

Palenque ist die atmosphärischste Maya-Stätte Südmexikos

70

Ilulissat Kangerlua

SCHWIMMENDE EISRIESEN IM FJORD

GRÖNLAND // Willkommen im (Grön-)Land Ihrer wildesten Reisefantasien! In diesem 40 km langen Eisfjord schwimmen Eisberge so groß wie Wohnblocks oder ganze Dörfer. Sie stammen vom Sermeq Kujalleq, dem mächtigen, fruchtbaren Gletscher, der sich täglich durchschnittlich 25 m voranschiebt. Unglaubliche 35 Milliarden Tonnen Eis schwimmen hier jährlich vorbei. Nichts ist atemberaubender als der Blick hinauf zu diesen Ungetümen, die donnernd dröhnen, wenn die Sommersonne sie zum Bröckeln oder Bersten bringt.

Das Beste: Für die größte Attraktion des Landes braucht man nicht einmal ein Boot oder einen Hubschrauber zu organisieren und zu bezahlen, wie an anderen Orten auf der Welt mit Eisbergen und Fjorden. An der Mündung der Bucht liegt die Stadt Ilulissat mit ihren kunterbunten Häusern. Von hier aus können Sie bequem zum Ufer hinunterwandern – und schon sind Sie in Ruderweite der großen Show. Wer möchte, kann das surreale Eisbergspektakel aber auch auf einer organisierten Bootstour genießen.

☛ NICHTS WIE HIN! ***Ilulissat ist ein herrlicher Stützpunkt: In den Bars und Restaurants von Grönlands drittgrößter Stadt kann man den Eisbergen im Fjord zuprosten.***

71 Berg Sinai

MOSES' SPEKTAKULÄRER BERG

ÄGYPTEN // Wer von der Elija-Mulde vor Sonnenaufgang die 750 steilen und unebenen Felsstufen zum Gipfel des heiligen Berges hinaufklettert, macht eine Ehrfurcht gebietende Erfahrung. Während die ersten Sonnenstrahlen die kleine Kapelle und die Moschee wärmen, umspielt das Licht die umliegenden Berge und Täler in einem zauberhaften Schauspiel. Nicht nur für die christlichen, muslimischen und jüdischen Pilger, die glauben, dass Moses die Zehn Gebote auf der Spitze des Bergs Sinai von Gott empfangen hat, ist dies ein Ort der Andacht. Am Fuße des Berges befindet sich das Katharinenkloster, dessen massive byzantinische Festungsanlage an der Stelle errichtet wurde, an der Moses den brennenden Dornbusch gesehen haben soll.

NICHTS WIE HIN! *Der Berg liegt auf der ägyptischen Sinai-Halbinsel. Zu Redaktionsschluss sind Reisen ins Konfliktgebiet nicht empfohlen; erkundigen Sie sich vorher nach der aktuellen Sicherheitslage.*

72 Zuckerhut

AUF DEM GIPFEL DER WELT

BRASILIEN // Vom Gipfel des Zuckerhut aus gesehen entfaltet sich Rio de Janeiro mit seinen sanften grünen Hügeln, dem blauen Meer und den von Wolkenkratzern gesäumten goldenen Stränden unter Ihnen. Wer einmal von diesem Zuckerbrot (Pão de Açúcar) von einem Berg auf die Stadt hinabgeblickt hat, wird Rio (oder seine eigene vermutlich weit weniger glamouröse Heimatstadt) nie wieder mit denselben Augen betrachten. Der Weg nach oben ist ein Erlebnis: In einer voll verglasten Seilbahn wird man über zwei Etappen quasi zur Spitze gebeamt. Abenteuerlustige können den Berg auch erklettern. Wer in der luftigen Höhe ins Schwanken gerät, kann sich bei einem kühlen caipirinha oder einem cerveja (Bier) an der Spitze der Welt wieder erden.

NICHTS WIE HIN! *An klaren Tagen lohnt sich ein Ausflug bei Sonnenuntergang. Zwischen 10 und 11 Uhr sowie 14 und 15 Uhr kommen die meisten Touristenbusse an, dann kann es voll werden.*

71

73

Mezquita

Welten kollidieren in Cordoba

↓

SPANIEN // Stellen Sie sich ein endloses Flechtwerk von Bögen, lichtdurchfluteten Kuppeln und einer *mihrab* (Gebetsnische) aus 1001 Nacht vor. Fügen Sie 50 Kapellen hinzu, eine Kathedrale aus dem 16. Jh. in der Mitte und darüber ein Minarett in einem christlichen Glockenturm: willkommen in Cordobas Mezquita! Den Clash aus islamischer und christlicher Architektur muss man mit eigenen Augen gesehen haben!

☛ NICHTS WIE HIN! *Cordoba liegt in Andalusien zwischen Sevilla and Granada.*

74

Lalibela

Afrikas unterirdische Stadt

↓

ÄTHIOPIEN // Stein auf Stein – so entstanden die eindrucksvollsten Bauwerke unserer Liste. Mit einer Ausnahme: Lalibela, Äthiopiens historische Hauptattraktion. Die elf Kirchen dieser heiligen Stadt wurden im 12. und 13. Jh. aus dem Fels gemeißelt. Die Stadt ist das Zentrum der äthiopisch-orthodoxen Kirche, einer der ältesten Strömungen des Christentums aus der Zeit König Salomos und der Königin von Saba. Der Ort ist bis heute ein Pilgerziel.

☛ NICHTS WIE HIN! ***Zum Sonnenaufgang in den Hügeln von Bet Giyorgis, der berühmtesten der Kirchen.***

76 Bleder See

DIE PERFEKTE SEEKULISSE

SLOWENIEN // Der Bleder See ist so pittoresk, dass man seinen Augen nicht traut. Man nehme kristallklares blaues Wasser, in dem eine winzige Insel mit einer hübschen Kirche schwimmt, dazu einen dramatischen Felsen mit Schloss und im Hintergrund Alpengipfel. Voilà! Der See ist ein Publikumsmagnet: Schon im Mittelalter pilgerten Gläubige hierher, um in der Inselkirche zu beten. Jahrhundertelang lockte der kleine See, den man auf einem 6 km langen Weg umwandern kann, reiche Europäer an. Sie können auch eine pletna (Gondel) mieten, in das glasklare Nass springen, Rad fahren oder einfach drauflosknipsen.

NICHTS WIE HIN! ***Im Sommer wärmen milde Thermalquellen das Wasser auf 26°C.***

75 Bambushain von Arashiyama

MAGISCHE NATUR

Kyoto, JAPAN // Als wäre Kyoto nicht genug, um jeden Touristen, der etwas auf sich hält, vor Freude jauchzen zu lassen, setzt Arashiyamas himmlischer Bambushain noch einen drauf: Es ist der wohl magischste Ort Japans. Wer den Film *Tiger and Dragon* gesehen hat, weiß, was ihn erwartet. Die scheinbar endlose Flucht aus Bambusstangen fühlt sich an wie ein Tor in eine andere Welt. Auch das Licht in diesem grünen Dickicht hat etwas Unwirkliches an sich. Ihre Kamera können Sie allerdings vergessen, denn der greifbare Zauber dieses Ortes lässt sich nicht in Bilder fassen. Schlendern Sie stattdessen auf dem sich aufwärts windenden Wanderweg und genießen Sie die Natur von ihrer schönsten Seite. Aufsaugen, ausatmen, seufzen.

NICHTS WIE HIN! ***Arashiyama liegt in den westlichen Hügeln von Kyoto, Sie sollten mindestens einen halben Tag einplanen.***

77

77 Redwood-Nationalpark

KALIFORNIENS KATHEDRALE DER NATUR

USA // Eine drückende Stille liegt in der Luft und die Atmosphäre prickelt definitiv vor Energie. Am Boden verwandeln sich Abertausende Blätter und Nadeln langsam wieder in Erde und oben, weit, weit oben, spielt der kräftige Pazifikwind mit den Baumwipfeln.

In diesem Nationalpark nahe der Grenze zu Oregon wachsen die höchsten Bäume der Erde: Küstenmammutbäume. Die Koniferen gedeihen im kühl-nebligen Klima, werden oft mehr als 100 m hoch (höher als die Freiheitsstatue) und Hunderte, manchmal sogar über tausend Jahre alt. Durch diesen Wald zu streifen, kann wie eine spirituelle Erfahrung sein. Aber der Nationalpark hat noch mehr zu bieten: Teile der Pazifikküste mit ihren Flüssen und unterschiedlichsten Ökosystemen. Wer zu den Giganten des Waldes pilgern möchte, startet am besten in San Francisco in Richtung Norden. Je weiter man fährt, desto kleiner werden die Orte (z. B. Garberville), desto wilder die Atmosphäre und desto omnipräsenter das Flanellhemd.

NICHTS WIE HIN! *Von San Francisco den Highway 1 gen Norden, dann auf dem Highway 101 an Eureka vorbei. Eine Traumfahrt!*

78 Chichén Itzá

EIN NEUES WELTWUNDER

MEXIKO // Chichén Itzá ist die beliebteste Maya-Stätte der Welt – und Opfer ihres eigenen Ruhms. Jeder Touristenbus macht hier Halt und nie kann man den Ort für sich genießen. Aber es gibt einen Grund, warum Chichén Itzá zu den neuen sieben Weltwundern gehört: Es ist schlicht spektakulär. Von der beeindruckenden monolithischen Castillo-Pyramide (auf deren Stufen zu den Tagundnachtgleichen im Frühling und Herbst der Schatten des Schlangengottes Kukulcán hinabkriecht) über den Cenote Sagrade bis zum skurrilen Bau des Caracol. Chichén Itzá hat zwar nicht die Traumkulisse des nahe gelegenen Palenque (S. 84) oder des benachbarten Tikal (S. 32), aber seinen Platz in dieser Liste hat es sich verdient.

NICHTS WIE HIN! *Zwei Stunden von Cancún auf der Yucatán-Halbinsel. Kommen Sie möglichst frühmorgens oder spätnachmittags, um Hitze, Luftfeuchtigkeit und Menschenmassen zu entgehen.*

79 Naturschutzgebiet-Masai Mara

WILDES AFRIKA

KENIA // Es ist ein wenig traurig: Wer einmal in der Masai Mara war, lässt sich von anderen Naturparks nur noch schwer beeindrucken, denn nirgends ist die Natur so wild, zugänglich und furchtlos wie hier. Da trampelt schon mal beim Morgenkaffee eine Elefantenherde durchs Camp und Geparde rasen auf der Jagd nach Beute durch das hohe Gras. In der Masai Mara bekommt man genau das, was man aus Tierfilmen kennt: weite Savannen, gespickt mit Schatten spendenden Schirmakazien und von Flüssen durchschlängelt. Das Land ist so weit, dass man die Tiere problemlos zu Gesicht bekommt. Trotzdem sollte man sich nicht nur auf die Big Five – Löwe, Elefant, Büffel, Nashorn und Leopard – konzentrieren. Die vielen Zebras oder die scheuen Afrikanischen Wildhunde sind genauso beeindruckend. Leider verschwinden auch in der Masai Mara, wie im restlichen Afrika, viele Arten – kommen Sie also, bevor es zu spät ist.

NICHTS WIE HIN! *Hochsaison ist von Juli bis Oktober, wenn die Gnus auf Wanderschaft gehen. Dann ist es auch am teuersten.*

80

Metropolitan Museum of Art

Ode an die Kunst

↓

New York, USA // Die Fähigkeit des Met, zu begeistern, zu schockieren und zu inspirieren, macht es zu einem der beliebtesten Museen weltweit. 6 Mio. Besucher kommen im Jahr, um die Kunst der alten Ägypter, europäische und amerikanische Gemälde, Skulpturen der griechischen Antike, Masken aus Afrika und Ozeanien und mittelalterliche Waffen zu sehen. Das Sahnehäubchen? Eine Dachterrasse mit atemberaubendem Blick auf den Central Park.

☛ NICHTS WIE HIN! ***Das Met liegt auf New Yorks Upper East Side.***

82 Tal der Könige

SCHATZSUCHERS TRÄUME

ÄGYPTEN // Das Tal der Könige beschäftigt seit Generationen Schatzjäger, Archäologen und Träumer. In der abgelegenen Senke ließen die mächtigen Pharaonen jahrhundertelang ihre königlichen Gräber anlegen. Der pyramidenförmige Gipfel von El-Qurn (das Horn) wachte über die Toten, zu denen auch der berühmte Tutanchamun zählt. Heute sieht man nur noch wenige der goldenen Schätze, mit denen die Pharaonen einst beigesetzt wurden; das meiste davon ist weltweit in Museen. Dennoch sind die 63 prächtigen Königsgräber eine Reise wert. Einige bestehen lediglich aus kahlen Räumen, andere sind reich mit uralten Inschriften, Malereien, Statuen und exotischen Sarkophagen dekoriert. Bei so viel Geschichte auf einem Fleck nimmt man es auch gern mit den anderen Besuchern auf, die hier in Massen einfallen. Lassen Sie Ihrer Fantasie freien Lauf und folgen Sie den Spuren der Götter.

NICHTS WIE HIN! *Das Tal liegt westlich von Luxor. Zum Schutz der Gräber sind nicht alle auf einmal öffentlich zugänglich.*

81 Franz-Josef- & Fox-Gletscher

EISMÄRCHEN

NEUSEELAND // In Te Wāhipounamu, einem Unesco-Welterbe, das sich entlang der hochdramatischen Westküste der neuseeländischen Südinsel erstreckt, schieben sich zwei Eiszungen wie in einem magischen Haka-Tanz der Māori von den Bergen zur Tasmansee. Die Zwillingsgletscher Franz Josef und Fox sind in vielerlei Hinsicht etwas Besonderes: ihre Nähe zum Meer, die Geschwindigkeit, mit der sie sich voranschieben, und vor allem die Tatsache, dass Besucher leicht ihre atemberaubenden Eislandschaften erkunden können. Wanderwege führen vor allem am Fox-Gletscher entlang, aber es gibt auch geführte Touren auf die Oberfläche der Eisströme selbst. Sie können sich entscheiden zwischen Gletscherwanderungen, Eisklettern und Heli-Wander-Ausflügen zu bläulich schimmernden Eishöhlen und -pfeilern. Franz Josef ist sehr sehenswert, Fox hingegen ist besser erschlossen und die gleichnamige Stadt lockt mit ihrem alpinen Charme.

NICHTS WIE HIN! *Das Land der Gletscher liegt 4 bis 5 Autostunden von Queenstown (fünf Stunden von Christchurch) entfernt.*

83

Altstadt von Hoi An

Uralter Zauber

↓

VIETNAM // Wenn Hoi An in Europa läge, würden wir es als „Pralinenschachtel" bezeichnen. Das Glanzstück vietnamesischer Zivilisation ist weltoffen und charmant provinziell. Und vor allem eins: wunderschön. Im einstigen Hafen drängen sich Gourmetrestaurants, Bars, Cafés, Boutiquen und Schneider auf engstem Raum. In verwinkelten Gassen liegen historische japanische Kaufmannshäuser, chinesische Tempel und Tee-Lagerhäuser aus vergangenen Tagen.

☛ NICHTS WIE HIN! ***Hoi An liegt zwischen Hanoi und Ho-Chi-Minh-Stadt, Anreise über Da Nang.***

84 Monument Valley

FANTASIEN IN SANDSTEIN

USA // Das Gesicht des Monument Valley ist so bekannt wie das einer Filmdiva. Die feuerroten Felsnadeln, die steil abfallenden Tafelberge und hohen Spitzkuppen spielten schon die Hauptrolle in unzähligen Kino- und Werbefilmen und Zeitschriften. Die monumentale Schönheit des Tals wird untermalt von der Einöde, die es umgibt. Gerade befindet man sich noch inmitten von Sand, Fels und dem unendlichen Blau des Himmels, im nächsten Moment steht man in einem Zauberland aus roten Sandsteintürmen, die bis zu 400 m weit in den Himmel ragen. Einst lebte im Tal der Stamm der Anasazi, der das Gebiet aber vor 700 Jahren plötzlich aufgab. Einige hundert Jahre später siedelten sich Navajos an und tauften das Land „Tal zwischen den Felsen".

NICHTS WIE HIN! *Die berühmtesten Felsformationen sieht man schon von der 27 km langen Schotterpiste, die sich durch den Monument Valley Navajo Tribal Park windet. Wer möchte, kann den Park auch zu Fuß oder auf dem Rücken eines Pferdes erkunden.*

84

85

85 Petersdom

PÄPSTLICHER PRACHTBAU

Vatikanstadt, ITALIEN // Wenn einen ein Gebäude im Angesicht göttlicher Macht klein und unbedeutend erscheinen lässt, dann dieses. Der Petersdom, der am Westufer des Tiber thront, ist gigantisch – die größte Kirche Italiens und natürlich die prächtigste und reichste. Ihr Bau begann im 16. Jh., der Dom sollte eine verfallene kleinere Grabkirche zu Ehren des heiligen Petrus ersetzen. Die reich geschmückte Fassade ist 116 m breit und 53 m hoch, die doppelschalige Kuppel, ein von Michelangelo gestaltetes architektonisches Meisterwerk, ragt 137 m in die Höhe.

Auch das Innere ist nicht weniger prunkvoll: üppiger Marmor, glänzendes Gold, die Bildnisse von Päpsten und Michelangelos berührende Pietà. Bei Papstmessen bietet der Dom mehr als 15 000 Gläubigen Platz. Unglaublich.

NICHTS WIE HIN! *Für die päpstlichen Generalaudienzen jeden Donnerstagmorgen benötigt man eine Eintrittskarte (kostenlos), erhältlich bei der Präfektur des päpstlichen Hauses (www.vaticanstate.va).*

87 Roter Platz

RUSSLANDS HERZ UND HISTORISCHE SEELE

RUSSLAND // Der Rote Platz und der Kreml sind auch nach fast 900 Jahren das historische, geografische und spirituelle Herz Moskaus. Auf einem Spaziergang über den mit russischer Geschichte gepflasterten Platz können Sie seine historische Bedeutung förmlich spüren. Die hohen Türme und imposanten Mauern der Kreml-Zitadelle, die malerischen Zwiebeltürme der Basilius-Kathedrale und der dunkelrote Granitbau des Lenin-Mausoleums gehören zu den beeindruckendsten Attraktionen der Stadt. Aber auch um den Platz tummeln sich architektonische Meisterwerke, jedes einzelne ein Hingucker – aber alle zusammen elektrisierend. Die Straßen des angrenzenden Kitai-Gorod-Viertels locken mit zahlreichen Kirchen und alten Häusern. Jede Moskau-Reise, ja jede Russland-Reise, sollte hier beginnen.

NICHTS WIE HIN! ***Der Rote Platz ist der Knotenpunkt dreier Moskauer U-Bahn-Linien. Nachts ist der Platz weniger überlaufen und die Gebäude sind hell erleuchtet.***

86 Felsendom

KOSTBARES SYMBOL DES GLAUBENS

ISRAEL // Eine goldene Kuppel, die über einem türkisfarbenen achteckigen Sockel glänzt – der erste Anblick des Felsendoms raubt einem den Atem! Dieses ewige Symbol der Heiligen Stadt ist eines der meistfotografierten Bauwerke der Welt. Erbaut wurde es zwischen 687 und 691 n. Chr. unter dem umayyadischen Kalifen Abd al-Malik.

Wie der Name schon verrät, überspannt die Kuppel einen Felsen, der Muslimen ebenso heilig ist wie den Juden. Im jüdischen Glauben war dies der Ort, an dem Abraham seinen Sohn Isaak opfern wollte. Im Islam dagegen ist es der Fels, von dem der Prophet Mohammed zum Himmel aufgestiegen sein soll. Die Gebetsnische (mihrab) des Felsendoms soll die älteste der islamischen Welt sein.

NICHTS WIE HIN! ***Der Ölberg soll der beste Aussichtspunkt sein, aber steigen Sie auf jeden Fall frühmorgens auf den Tempelberg (Al-Haram ash-Sharif), um den Dom aus der Nähe zu sehen.***

88

Verbotene Stadt

DIAMANT DER DYNASTIEN

Peking, CHINA // Gut, eigentlich ist er keine Stadt und auch nicht verboten – aber der Zauber bleibt. Der riesige Palastkomplex, der größte seiner Art, hat in 500 Jahren 24 chinesische Kaiser gesehen. Die Herrlichkeit der Dynastien ist in den weiten Hallen und hinter den prächtigen Toren allgegenwärtig. Nirgendwo anders in China sind Geschichte, Legende und Intrigen so eng verwoben. Während Maos Kulturrevolution sollte das Kulturerbe zerstört werden, doch es blieb zum Glück verschont.

NICHTS WIE HIN! *Die Verbotene Stadt ist das historische Zentrum der chinesischen Hauptstadt Peking.*

89

Die Uffizien

SUPERSTAR DER RENAISSANCE

ITALIEN // Die Sammlung überspannt die Geschichte der Kunst, aber das Herz ist die Renaissance-Kollektion. Allein die Botticellis sind eine Größe für sich, ein absolutes Muss! So außergewöhnlich wie die Michelangelos, da Vincis, Raphaels, Tizians und Caravaggios ist auch das Gebäude selbst: Der gigantische Uferpalast wurde im 16. Jh. von den Medici errichtet und wird durch den faszinierenden Vasarikorridor mit dem Palazzo Pitto am gegenüberliegenden Ufer des Arno verbunden.

NICHTS WIE HIN! *Zu Fuß von der Stazione di Santa Maria Novella, die vom Flughafen Pisa angesteuert wird. Tickets online buchen!*

90

Everest-Basislager

DACH DER WELT

NEPAL // Die Lawine, die das Camp 2015 zerstörte, war nicht das erste Unglück am Everest und wohl auch nicht das letzte. Abenteuerlustige werden bald wieder von den Dörfern zwischen den höchsten Bergen der Erde zum zweiwöchigen Aufstieg aufbrechen. Den meisten Bergsteigern bleiben die Menschen hier so lebendig im Gedächtnis wie die Berge: Jungen beim Fußballspiel im Thyangboche-Kloster; Lastenträger mit ihren Bündeln und Großmütterchen, die Yakdung zum Feuermachen trocknen.

NICHTS WIE HIN! *Base Camp nur April–Juni, wenn die Klettersaison beginnt. Bester Blick auf den Everest: September, November.*

91

Shwedagon-Pagode

Alles, was glänzt …

↓

MYANMAR // Überall in Rangun sieht man das Glitzern von Myanmars berühmtestem Bauwerk. Der 99 m hohe *chedi* (Stupa) ist ummantelt von 27 t Gold und besetzt mit Diamanten mit einem Gesamtgewicht von 2000 Karat. Dass in 1400 Jahren bewegter burmesischer Geschichte nichts davon geraubt wurde, grenzt an ein Wunder. Der *chedi* bildet das Zentrum eines Komplexes aus Schreinen, Statuen, Stupas und Pagoden. Zu Ehren Buddhas bringen Gläubige Lotusblüten, Gebetsfahnen, Kerzen, Früchte, Papierschirme und andere Opfergaben dar.

☛ NICHTS WIE HIN! ***Mit einem der nostalgischen Taxis.***

93

92

Pyramiden von Teotihuacán

URALTE ZIVILISATION VOLL MYSTISCHER ENERGIE

MEXIKO // Sie mag nicht so berühmt sein wie die Ruinen der Maya, doch Teotihuacán ist immerhin eine ganze Stadt: das Zentrum Mesoamerikas vor der spanischen Eroberung. Noch Jahrhunderte nach ihrem Fall war Mexikos größte prähistorische Ruinenstadt Pilgerort für aztekische Adlige. Die fast 2000 Jahre alte Anlage mit ihren Pyramidenkomplexen ist heute so anziehend und bedeutend wie die Ruinen von Chichén Itzá und Palenque.

☛ NICHTS WIE HIN! ***Die Pyramiden liegen 50 km nordöstlich von Mexico City. Von 10 bis 14 Uhr ist das Gedränge am dichtesten.***

93

Blaue Lagune

DISNEYLAND DER GEOTHERMIE

ISLAND // Im Land der dampfenden, mineralhaltigen Quellen ist die Blaue Lagune der Hit. Die milchig-blaue Heilquelle fügt sich malerisch in die schwarze Lavalandschaft ein. Gespeist wird sie von einem futuristischen Geothermalkraftwerk mit 38°C warmem Wasser. Die über die Becken rollenden Dampfwolken und die mit Kieselschlamm eingeschmierten Badenden wirken wie vom anderen Stern. Kommerziell? Ja. Teuer? Ja. Den Trip wert? Definitiv!

☛ NICHTS WIE HIN! ***Die Lagune liegt 47 km südwestlich von Reykjavík und 24 km vom Flughafen. Ganzjährig Busse und Touren.***

94

Lake Wanaka

TOR ZUR GRÖSSE

NEUSEELAND // Für Abenteuersuchende ist Wanaka eine willkommene Alternative zu Queenstown: Die Ortschaft ist kleiner, hübscher, ruhiger und liegt am Südende des gleichnamigen Sees. Damit ist sie das Tor zum mächtigen Mount Aspiring und zu den Wintersportzentren Treble Cone, Cardrona, Harris Mountains und Pisa Range. Abseits der Skipiste geht man wandern, mountainbiken, Kajak fahren, bergsteigen oder macht Canyoning.

☛ NICHTS WIE HIN! ***Nehmen Sie auf der Hinfahrt die Strecke über den dramatisch schönen Haast Pass – das Abenteuer wartet!***

95 Abu Simbel

URALTE KOLOSSE, MODERNSTE TECHNIK

ÄGYPTEN // Trotz ihres stolzen Alters sind die beiden imposanten Tempel von Abu Simbel ein Sinnbild modernster Technik. Aus einem Berg am Westufer des Nils wurden sie zwischen 1274 und 1244 v. Chr. gemeißelt. Die vier kolossalen Pharaostatuen am Eingang des Großen Tempels Ramses' II. wachten jahrhundertelang über die Straße gen Süden, bevor sie vom wandernden Wüstensand verschüttet wurden. 1813 wurden der Große Tempel und der kleinere Hathor-Tempel wiederentdeckt. Um sie vor dem ansteigenden Wasser des Nasser-Stausees zu retten, wurden die beiden Tempel in den 1960er-Jahren Stein für Stein versetzt. Dank dieses ehrgeizigen Projekts können Sie nun über ein neues Zuhause wachen.

NICHTS WIE HIN! *Abu Simbel ist ein kleiner nubischer Ort nahe der sudanesischen Grenze. Vier Busstunden von Assuan, Flüge von Kairo.*

96 Cimetière Du Père Lachaise

DAS GROSSE JENSEITS VON PARIS

FRANKREICH // Der größte Friedhof von Paris beweist: In dieser Stadt hat man Stil – sogar unter der Erde. Wer berühmt ist, liegt hier, von Balzac bis Chopin, von Edith Piaf bis Oscar Wilde. Publikumsmagnet des Friedhofs ist das Grab des Doors-Sängers Jim Morrison, der 1971 im Alter von 27 Jahren in Paris an einer Überdosis starb. Noch heute pilgern Fans hierher, um ein Bier auf seinem Grab auszugießen. Auf den 44 ha des 1804 eröffneten Friedhofs tummeln sich reich verzierte Gräber und Mausoleen für mittlerweile mehr als 1 Mio. Tote. Zwischen Bäumen und Pflastersteinen ist Platz für allerlei Folklore und Aberglauben: Reibt eine Frau beispielsweise am bronzenen Schritt des Journalisten Victor Noir, soll sie innerhalb eines Jahres ihren Ehemann finden.

NICHTS WIE HIN! *Père Lachaise liegt im 20. Arrondissement zwischen den Métro-Stationen Père Lachaise und Gambetta.*

97 Big Sur

DIE RUHE IN DER WILDNIS

USA // Big Sur ist eher eine Lebenseinstellung als ein Ort, den man auf einer Karte findet: keine Ampeln, keine Geldautomaten, keine Einkaufszentren, und nach Sonnenuntergang leuchten nur Mond und Sterne über den einsamen Straßen. Von den mystischen, moosdurchdrungenen Mammutwäldern fällt die Felsküste steil ab; heiße Quellen, Wasserfälle und versteckte Strände machen sie zum geheimnisvollen Ort, dessen raue Schönheit und Energie schon viele inspirierte. In den 1950ern und 1960ern kamen Künstler und Schriftsteller wie Henry Miller und die Visionäre der Beat-Generation, heute zieht Big Sur selbsterklärte Kreative, New-Age-Mystiker, Alt-Hippies und Großstädter an, die an diesem smaragdgrünen Ende der USA Ruhe und inneren Frieden suchen.

NICHTS WIE HIN! *Big Sur liegt zwischen Kaliforniens Santa-Lucia-Gebirge und dem Pazifik. Mieten Sie ein Auto für die Erkundung, denn die Landschaft lädt immer wieder zu Zwischenstopps ein.*

98

97

98 Matterhorn

DUNKLE, GRÜBLERISCHE ALPEN-SCHÖNHEIT

SCHWEIZ // Kein anderer Berg hat solch eine Anziehungskraft und weckt so viele Sehnsüchte wie das Matterhorn. Es ist Europas meistfotografierter Berg und auch Sie werden nicht widerstehen können, die Alpenberühmtheit aus allen Blickwinkeln zu knipsen. Rund 3000 Bergsteiger huldigen dem 4478 m hohen Gipfel jedes Jahr, indem sie ihn besteigen. Übernatürliche Kräfte braucht man nicht, aber viel Klettererfahrung und eine Top-Kondition sollte man schon mitbringen, um es mit Fels und Eis aufzunehmen. Nicht-Kletterer kommen der Spitze im glamourösen Ferienort Zermatt am nächsten. Das Matterhorn-Museum erzählt von der Erstbesteigung des Berges im 19. Jh. und den Dramen, die sich dabei abgespielt haben.

NICHTS WIE HIN! *Das Matterhorn thront über Zermatt, einem guten Startpunkt für Ski- oder Wandertouren in den Schweizer Alpen.*

99

Gamla Stan

Stockholms Zeitkapsel

↓

SCHWEDEN // Die Gebäude der Stockholmer Altstadt atmen praktisch Geschichte. Die gepflasterten Straßen sind gesäumt von Renaissancekirchen, Barockpalästen, mittelalterlichen Plätzen und Cafés in bunten Häusern. Seit 1250 hat Gamla Stan viele dunkle Kapitel erlebt: Pest, Hunger, Feuersbrünste und die Kämpfe zwischen dänischen und schwedischen Lagern. Die Skyline der Stadt wird dominiert von der Storkyrkan, der Kathedrale aus dem Mittelalter.

☛ NICHTS WIE HIN! *Das Nervenzentrum der Altstadt ist die Västerlånggatan.*

100–
199

100 Okavangodelta

Vorsicht!
In den größeren Kanälen des Okavangodeltas leben Nilpferde, die gefährlichsten Säugetiere Afrikas.

WUNDERBARE WASSERWELTEN

BOTSWANA // Das Okavangodelta rangiert nur deswegen nicht höher in unserer Liste, weil es nicht allzu viele Menschen bis hierher schaffen. Botswana setzt eher auf wenige, dafür umso wohlhabendere Besucher, und der Okavango liegt weitab vom Schuss. Das riesige Binnendelta zieht mit seiner jährlichen Flut riesige Scharen der eindrucksvollsten Tiere des Kontinents an. Wer sie hier zu Gesicht bekommt, darf sich auf eine intime und persönliche Begegnung freuen.
Die Statistiken bekräftigen den Ausnahmestatus des Deltas: Wenn im Hochland von Angola der Regen fällt, verwandeln einen Monat später sage und schreibe 11 km³ Wasser das Okavangodelta in einen Quell des Lebens.

Jeder, der hier ankommt – sei es auf einem unvergesslichen Flug, per Jeep, im traditionellen Mokoro-Kanu oder zu Fuß –, kann sich auf ein Erlebnis freuen, das nicht nur in Afrika, sondern weltweit seinesgleichen sucht.

NICHTS WIE HIN! ***Von Maun aus ist man mit dem Auto in nur wenigen Stunden im Okavangodelta, aber ein Flug lohnt sich: Der Ausblick ist wirklich spektakulär!***

Golden-Gate-Brücke

101

WAHRZEICHEN IN ORANGE

San Francisco, USA // Elegant und visionär war die Art-déco-Bewegung der 1930er-Jahre, und ihr verdanken die Bewohner San Franciscos ihr einzigartiges Wahrzeichen. Beim Bau der Brücke ging es glücklicherweise nicht nach der Navy, die für einen Betonklotz mit gelben Sicherheitsstreifen plädiert hatte. Stattdessen entschied man sich für die Architekten Gertrude und Irving Murrow und den Ingenieur Joseph B. Strauss. Und so war die Golden Gate Bridge bei ihrer Fertigstellung im Jahr 1937 mit mehr als 2,5 km die längste Hängebrücke der Welt.

Was aber hat die Brücke, was andere nicht haben, etwa die Harbour Bridge in Sydney, die es nicht mal in unsere Top 500 geschafft hat? Vielleicht ist es die Art, wie der Wind an Tagen, wenn die Türme im Nebel verschwinden, mit den Kabeln der Brücke spielt. Oder ist es die grüne Wildnis des Golden-Gate-Parks, in dem die Einheimischen gern auf Rollschuhen Richtung Pazifik tanzen und Bisons auf grünen Wiesen grasen?

☛ NICHTS WIE HIN! ***Die Ostseite ist für Fußgänger und Radfahrer geöffnet. Den besten Blick hat man von Fort Point am Fuß der Brücke, bei Nebel lohnt sich ein Ausflug zum Marin's Vista Point am Nordende.***

102

102 Dashashwamedh Ghat

HEILIGSTES ALLER HEILIGTÜMER

Varanasi, INDIEN // Tausende orange glühende Kohlen, die am Ufer des Ganges vom tiefen Blau der Nacht bis zum milden Morgenlicht zischen und leuchten – eine spirituelle Erfahrung. Die vor sich hin schwelenden hinduistischen Scheiterhaufen der etwa 80 Ghats von Varanasi öffnen das Tor in eine andere Welt, eine Welt, in der die Rituale des Todes gelten. Hier, an diesem langen Streifen von Treppen, die zum Ganges hinunterführen, ist Indiens heiligste Stadt am meisten vom Geist der Herrlichkeit und der Erleuchtung erfüllt. In den frühen Morgenstunden versammeln sich die Pilger, um der aufgehenden Sonne zu huldigen (puja), und bei Sonnenuntergang findet am Dashashwamedh, dem buntesten und belebtesten Ghat der Stadt, die Flusszeremonie (ganga aarti) statt. Mit Blumen geschmückte Öllämpchen (diya) schwimmen als Feueropfer auf dem Fluss und rituelle Tänze wirken wie elektrisierend auf die Atmosphäre. Nicht einmal die aufdringlichen Verkäufer können der Magie dieses Ortes Abbruch tun.

☛ NICHTS WIE HIN! ***Die heilige Stadt Varanasi liegt im nordindischen Bundesstaat Uttar Pradesh, den man per Nachtzug aus Delhi erreicht.***

103

Giant's Causeway

HARTER FELS

NORDIRLAND // Steht man auf einer der riesigen Basaltsäulen zwischen peitschenden Wellen, kann man sich gut vorstellen, wie der 16 m große Fionn Mac Cumhaill diesen Damm erschuf, um den schottischen Riesen Benandonner herauszufordern – aber Benandonner passte. Im Besucherzentrum vertreten Geologen andere Theorien über den Ursprung der Felssäulen. Wie auch immer: Sie sind jede Reise wert.

NICHTS WIE HIN! *Giant's Causeway liegt etwa eine Autostunde von Derry und rund 75 Minuten von Belfast entfernt.*

104

Auschwitz-Birkenau

BEWEGENDES HOLOCAUSTMUSEUM

POLEN // Mehr als 1 Mio. Juden und unzählige Polen und Roma wurden hier während des Zweiten Weltkriegs von den Nazis ermordet. Heute ist das Lager Museum und Gedenkstätte, die Ausstellungen sind so schockierend wie informativ. Aber erst zusammen mit dem nahen Birkenau und seinen Gaskammern entsteht ein vollständiges Bild des Grauens – an ein dunkles Kapitel erinnernd, das niemals vergessen werden darf.

NICHTS WIE HIN! *Auschwitz-Birkenau liegt in Oświęcim in Polen. Am besten kommt man über das geschichtsträchtige Krakau hierher.*

105 National-park Corcovado

BASTION DER BIODIVERSITÄT

COSTA RICA // Willkommen im Dschungel. National Geographic bezeichnete den größten Nationalpark Costa Ricas einmal als den „biologisch intensivsten Ort der Erde", und tatsächlich bietet Corcovado genug Artenvielfalt, um jeden Möchtegerntarzan in Verzückung zu versetzen. Dieser letzte große Streifen unberührten tropischen Regenwalds an der Pazifikküste Zentralamerikas ist matschig, schwül, heftig. Und je weiter man in den Urwald vordringt, umso besser wird's: wenig genutzte Wege, einsamste Strände, wildeste Abenteuer und die spannendsten Tiere des Landes. Costa Ricas größte Population Hellroter Aras sowie zahlreiche andere bedrohte Arten leben hier, z. B. der Mittelamerikanische Tapir, der Große Ameisenbär und der größte Raubvogel der Erde, die Harpyie. Dieser Park ist das Abenteuer Ihres Lebens.

NICHTS WIE HIN! *Corcovado liegt auf der abgelegenen Halbinsel Osa. Individualreisende übernachten in Puerto Jiménez, die Bahía Drake hingegen bietet zahlreiche All-inclusive-Resorts.*

106 Niagara-Fälle

DONNERNDE NATURGEWALT

KANADA // Niagara mag weder der höchste noch der breiteste Wasserfall der Welt sein, aber wohl der bekannteste. Mengenmäßig kann ihm keiner das Wasser reichen: Mehr als 1 Mio. Badewannen Wasser stürzen hier pro Sekunde in die Tiefe. Die Wasserfälle bilden die Grenze zwischen Ontario und New York State. Auf der US-Seite prasseln die Bridalveil Falls gleich einem Brautschleier auf eine gigantische Steinhalde, in Kanada ergießen sich die größeren Horseshoe Falls wolkengleich in ein Becken. Die Stadt Niagara gleicht zwar einem altmodischen Vergnügungspark, aber dies schmälert kaum die Macht, mit der die Wassermassen und der hypnotisierende Nebel jährlich 12 Mio. Besucher in ihren Bann ziehen.

NICHTS WIE HIN! *Die Niagarafälle liegen zwei Stunden von Toronto an der kanadischen Ostküste bzw. sechs Stunden von New York. Hauptaussichtspunkt ist der Table Rock (Kanada). Früh aufstehen lohnt!*

106

107 Potala-Palast

ERHABEN, ERGREIFEND, ELEMENTAR

Lhasa, TIBET // Das größte Kloster des tibetanischen Buddhismus ist zugleich bewegend und prunkvoll und eines der einprägsamsten Bauwerke der Welt. Seine 13 Stockwerke schmiegen sich an den Hang des Roten Bergs (Marpo Ri). Vor der Kulturrevolution war der Potala-Palast das spirituelle Herz Tibets und auch heute noch wacht er über das Zentrum von Lhasa. Heute lebt der Bau weiter als ein (leeres) Denkmal der Demut, in dem mehr Touristen als Mönche durch die Gänge und bemalten Kapellen wandeln. Doch die farbenfrohen filigranen Wandmalereien und vergoldeten Statuen und Stupas erinnern beredt an vergangene Zeiten. Tauchen Sie ein in Tibets spirituelle Vergangenheit.

NICHTS WIE HIN! *Der Potala-Palast thront über Zentral-Lhasa. Vor dem steilen Anstieg ausreichend akklimatisieren!*

108 Bora Bora

TRAUMHAFTES LAGUNENPARADIES

FRANZÖSISCH-POLYNESIEN // Schon im Flugzeug bleibt einem die Spucke weg: Ein Ring aus sandgesäumten *motus* (Inselchen) umfasst türkis schimmerndes Wasser, regenwaldbewachsene Felsen strahlen in sattem Grün und Bora Boras berühmte im Wasser stehende Bungalows ragen wie Tentakel in die Lagune. Doch hier gibt es mehr zu erleben, als in den Flitterwochen im Luxushotel Champagner zu schlürfen: Taucher und Schnorchler lassen sich im badewannenwarmen Wasser zwischen glitzernden Fischschwärmen treiben (vielleicht schwimmt ja ein Schwarzspitzenhai oder ein Stachelrochen vorbei) und auch beim Wandern oder Parasailing kommt man auf seine Kosten. Das Paradies ist übrigens nicht so unerreichbar: Neben Fünf-Sterne-Resorts gibt es hier auch eine Handvoll idyllischer Pensionen und bezahlbarer Hotels.

NICHTS WIE HIN! *Das Bora-Bora-Atoll erreicht man vom 270 km südöstlich gelegenen Tahiti per Boot oder Flugzeug. Die beliebteste Reisezeit ist Juni bis Oktober, wenn es hier am trockensten ist.*

109 Empire State Building

WOLKEN-KRATZER

New York, USA // Das ist Amerika – und für ein paar Extradollar kann man immer noch einen draufsetzen. Sie haben also die Wahl, ob Sie sich auf der 86. Etage mit einem Hammerausblick auf den Big Apple begnügen oder sich wie King Kong nach ganz oben auf die Aussichtsplattform des 102. Stockwerks begeben. Fotografen und Pärchen bevorzugen die erste Variante, wo einem der Wind durch die Haare weht und der Lärm der Stadt schwach ans Ohr dringt. So bleibt auch noch Kleingeld für den New York Sky Ride, einen simulierten, von Kevin Bacon kommentierten Rundflug. Der Art-déco-Wolkenkratzer selbst hat in mehr Filmen mitgespielt als Kevin Bacon und jeder Schauspieler, mit dem er über sechs Ecken verbandelt ist. Und ganz nebenbei ist es das berühmteste Gebäude der Welt, also nichts wie hin!

NICHTS WIE HIN! *Aussichtsplattformen täglich von 8 bis 2 Uhr; sehr früh oder sehr spät kommen, um Warteschlangen zu vermeiden.*

110 Thermalbäder in Budapest

EIN TEIL DER KULTUR

UNGARN // Eine Stadt, in der Badevergnügen in luxuriöser Atmosphäre zum Zeitvertreib gehören, muss man einfach lieben. In Budapest lassen sich Einwohner und Besucher gern in einem der zahlreichen öffentlichen Bäder treiben. Hier schwimmt man unter Kuppeln im türkischen Stil des 16. Jhs., in Prachtbauten des Jugendstils und modernen Spas. Entscheiden Sie sich zwischen gemischten und getrennten (sprich: nackten) Badefreuden, schnappen Sie sich ein Handtuch und weichen Sie sich stundenlang ein. Das leicht schweflige Wasser soll von Arthritis bis Asthma alles heilen. Garantiert ist das nicht, aber nach einigen Runden in den unterschiedlich warmen Becken und einer Massage – von der Babyöl-Prügel-Variante im Sowjet-Stil bis zur esoterischen Aromatherapie – fühlt man sich wie neu. Die Badetradition in Budapest geht zurück auf die Kelten, die ihre Siedlung Ak-Ink (reiches Wasser) tauften. Später bauten Römer, Osmanen und Österreich-Ungarn ihre Badehäuser. Baden ist hier nicht nur Teil der Köperhygiene, sondern der Kultur.

☛ NICHTS WIE HIN! *15 Thermalbäder gibt es in Budapest. Viele haben an bestimmten Wochentagen Männer- bzw. Frauentage.*

111

Topkapi-Palast

OSMANISCHER POMP

TÜRKEI // Der Topkapı-Palast ist ein Königreich der Magie mitten in Istanbul, in dem mehr Geschichten erzählt werden als in den meisten Museen der Welt zusammen. Lüsterne Sultane, strebsame Höflinge, schöne Konkubinen und intrigante Eunuchen lebten zwischen dem 15. und 19. Jh. in der parkartigen Anlage, dem einstigen Zentrum des osmanischen Reiches. Ein Ausflug in den Harem, die Schatzkammer und die Pavillons des Palastes entführt in eine vergangene Welt.

NICHTS WIE HIN! *Der Palast liegt in Sultanahmet mit seinen Museen und byzantinischen und osmanischen Monumenten.*

112

Altstadt Tallinn

MITTELALTERLICHES JUWEL ESTLANDS

ESTLAND // Schlendert man durch die Gassen der Tallinner Altstadt, fühlt man sich ins 15. Jh. versetzt – auch, weil das Personal der Geschäfte passende Gewänder trägt. Alte Kaufmannshäuser, versteckte mittelalterliche Innenhöfe, hohe Türme und Wendeltreppen hinauf zu spektakulären Aussichtspunkten: Der märchenhafte Charme der auf zwei Ebenen gebauten Stadt mit ihren imposanten Mauern hat sie zu einer Touristenattraktion gemacht, aber sie trägt die Bürde mit Würde.

NICHTS WIE HIN! *Im Sommer überschwemmen Kreuzfahrtreisende die estnische Hauptstadt, aber um 17 Uhr ist der Spuk vorbei.*

113

Stari Most

BRÜCKE DES FRIEDENS

BOSNIEN-HERZEGOWINA // Eine elegante osmanische Brücke aus dem 16. Jh. überspannt das blaugrüne Wasser der Neretva. Ihr Schicksal spiegelt die Geschichte der Stadt wider: Von 1992 bis 1995 verlief in Mostar die Front zwischen bosnischen und kroatischen Kämpfern. Tausende Menschen starben, die Brücke wurde zerstört. 20 Jahre später herrscht Frieden in Bosnien und die Brücke wurde nach altem Vorbild wieder aufgebaut – ein starkes Symbol des Aufschwungs.

NICHTS WIE HIN! *24 m tief springen die Männer des Mostar Diving Club von der Brücke in den Fluss – seit osmanischen Zeiten.*

114

Ayutthaya

Bröckelnde Tempel

↓

THAILAND // Ayutthaya steht meist im Schatten von Angkor Wat, obwohl es 400 Jahre lang ein Königreich Siams und eines der Machtzentren der Welt war. Erkunden Sie die glorreiche Vergangenheit selbst und fühlen Sie den Geist fernöstlicher Reiche in den einst schatzbeladenen Palastruinen, den zerfallenden *chedis* und zwischen kopflosen Buddha-Bildnissen. Zur Blütezeit des Imperiums standen hier 400 Tempel – bis 1767 die burmesische Armee durchzog. Mittlerweile wurden über ein Dutzend Ruinen wieder aufgebaut.

NICHTS WIE HIN! ***Nach Ayutthaya (eine Stunde nördl. von Bangkok) per Boot, Bus und Zug.***

115

Vatikan-Museen

SUPERSTAR UNTER DEN FRESKEN

Rom, ITALIEN // Wer auf dem Weg zu Michelangelos Fresken in der Sixtinischen Kapelle die Warteschlange hinter sich gelassen hat, wird reich belohnt: ein Feuerwerk der Farben und Formen am großen Finale der Vatikanischen Museen. Der weitläufige Gebäudekomplex beherbergt mehr Kunstschätze als die meisten kleineren Länder. Die Krönung sind die Stanzen des Raffael – und die Sixtinische Kapelle, in die Millionen Besucher pilgern, um den Fingerzeig Gottes zu bewundern.

NICHTS WIE HIN! *Die Museen der Vatikanstadt in Rom sind beliebt – auch bei Ticketbetrügern. Kaufen Sie Ihres am besten im Voraus.*

116

Anakena-Bucht

SONNENBADEN MIT STATUEN

Osterinsel, CHILE // Okay, keiner fährt auf die Osterinsel, nur um sich in die Sonne zu legen, aber Anakena ist trotzdem eine Reise wert. Sieben stolze Moai wachen hier über Rapa Nuis einzigen ernsthaften Streifen Sand. Die berühmten Statuen stehen dort, wo Hotu Matu'a, der polynesische Häuptling der Insel, der Legende nach erstmals angelegt haben soll. In Anakena kann man sich von einer geführten Wanderung entlang der beeindruckenden Nordküste erholen – und in der Andersartigkeit dieses Ortes schwelgen.

NICHTS WIE HIN! *Fünf Flugstunden trennen die Insel von Tahiti und Santiago de Chile.*

117

Victoria Peak

EINEN KÜHLEN KOPF BEHALTEN

Hongkong, CHINA // Am Peak auszusteigen, fühlt sich an, als würde man aus einer Sauna ins Freie treten, so erleichternd ist die frische Luft nach der feuchten Hitze Hongkongs. Großstädter flüchten schon seit 120 Jahren mit der Standseilbahn hierher. Auf den Plattformen der Sky Terrace 428 und der Peak Galleria bietet sich ein atemberaubendes Panorama der Metropole, während Schwarzmilane in Aufwinden schweben. Nicht verpassen: den 3,5 km langen Peak Circle Walk.

NICHTS WIE HIN! *Die schwindelerregende Fahrt mit der Peak Tram vorbei an den megamodernen Wolkenkratzern ist ein Erlebnis!*

118 St Paul's Cathedral

BAROCKWUNDER AN DER THEMSE

London, ENGLAND // St Paul's hat schon alles gesehen. Die barocke Kathedrale des Architekten Sir Christopher Wren wurde nach dem Großen Brand von London im späten 17. Jh. gebaut; der erste Vorgänger der Kathedrale datiert jedoch bereits auf das Jahr 604 n. Chr. Im Zweiten Weltkrieg hielt die Kirche der Bombardierung durch die Nazis stand, und die hohe Kuppel wurde ein Symbol des britischen Widerstands.

Auch das Innere der Kathedrale ist spektakulär: Auf der Flüstergalerie hört man alles, was auf der 32 m entfernten Gegenseite gesprochen wird, die Goldene Galerie lockt mit herrlichem Ausblick. Die Krypta beherbergt Hunderte Gräber und Denkmäler bedeutender Persönlichkeiten der britischen Geschichte wie die der Generäle Wellington und Nelson. Die lateinische Inschrift auf Christopher Wrens Grab lautet schlicht und treffend: „Wenn du ein Denkmal suchst, dann sieh dich um".

☛ NICHTS WIE HIN! ***Der Eintritt (außer für Besucher des Gottesdienstes) beträgt 18 Pfund (Kinder zahlen 8 Pfund, es gibt regelmäßig kostenlose Führungen). Die nächste U-Bahnstation ist St Paul's.***

119 Meteora

HEILIGE STEINPFEILER

GRIECHENLAND // Nicht jeder ist für das Mönchsleben geschaffen, aber wer sich hier von den weltlichen Versuchungen abwendet, für den hält Mutter Natur ein Trostpflaster bereit. Die Meteora-Klöster (der Name kann mit „am Himmel schwebend" übersetzt werden) thronen auf riesigen Felspfeilern, die aus den fruchtbaren grünen Ebenen Thessaliens emporstreben. Erbaut wurden die ursprünglich 24 griechisch-orthodoxen Klöster im 16. Jh. Früher waren sie nur über Strickleitern erreichbar. Novizen, die hier lebten, hatten also ausgiebig Gelegenheit, über die Schönheit von Gottes Werk zu meditieren. Heute existieren nur noch sechs der Klöster, zu denen mittlerweile Treppen hinaufführen. Steht man in den heiligen Hallen und lässt den Blick über die umliegende Landschaft schweifen, bekommt man ein Gefühl für das strenge, aber auch erhebende Klosterleben.

☛ NICHTS WIE HIN! ***In Meteora kann man nicht übernachten. Besser: Tagesausflug aus Kalambaka, das touristisch gut erschlossen ist.***

120 Konfuzius-Tempel

VERSCHWENDERISCHER SCHREIN FÜR EINEN GROSSEN LEHRER

Qūfù, CHINA // Steht man vor den zehn drachenumschlungenen Säulen der Dàchéng-Halle, kann man sich die bescheidenen Anfänge des weitläufigen Tempelkomplexes kaum vorstellen. Einst stand hier das Haus des Konfuzius mit drei Zimmern, nach dem Tod des großen Lehrmeisters 478 v. Chr. wurde der Ort zum Tempel geweiht. Heute ist es weniger ein Schrein als ein Museum, das es mit Pekings Verbotener Stadt aufnehmen kann. Über die Jahrhunderte wurde das Haus von Kaisern beschenkt, erweitert und renoviert. Im 11. Jh. war Konfuzius' einst einfache Behausung schon ein Prachtbau mit vier Höfen und mehr als 300 Räumen, von einer palastartigen Mauer umfasst. Im Herzen des Komplexes steht die große Dàchéng-Halle mit ihrer gelben Traufe. Trauben von Besuchern zollen hier der Statue des weisen Mannes Respekt.

☛ NICHTS WIE HIN! *Der Konfuziustempel liegt in der historischen Stadt Qūfù: 3,5 Zugstunden von Shanghai, Flug von Peking.*

123 Aiguille du Midi

360° ALPENBLICK

FRANKREICH // Zerklüftet ragt die 3842 m hohe Aiguille du Midi (8 km vom Mont Blanc entfernt) zwischen Schneefeldern, Steilhängen und zwei Gletschern empor – ein geografisches Leuchtfeuer. Wer es mit ihr aufnimmt, erlebt einen im wahrsten Sinne des Wortes atemberaubenden 360°-Blick über die Französischen, Italienischen und Schweizer Alpen. Mit der schwindelerregenden Téléphérique de l'Aiguille du Midi kann man ganzjährig von Chamonix aus hinaufgondeln. Im Sommer trüben allerdings lange Wartezeiten (zwei Stunden und mehr) das Erlebnis. Aus diesem Grund rangiert die Aiguille du Midi auch hinter der prägnanten Silhouette von Patagoniens abgelegenem Cerro Fitz Roy.

☛ NICHTS WIE HIN! *Die Aiguille du Midi erreicht man vom französischen Ferienort Chamonix aus. Packen Sie sich warm ein, denn selbst im Sommer steigt die Temperatur hier selten über -10°C, im Winter können es schon mal -25°C sein.*

121 Kupfer-Canyon

TIEFE SCHLUCHT, HOHE BERGE

MEXIKO // Schluchten haben es so einige in unsere Liste geschafft, aber nur eine hat ihre eigene Eisenbahnlinie. Die kolossale Felsformation im Nordwesten Mexikos ist stellenweise tiefer als der Grand Canyon, und ihre zerklüfteten Falten erstrecken sich über eine viermal so große Fläche. Hier lebt das Volk der Tarahumara, das für seine barfüßigen Langstreckenläufer bekannt ist. Wer sich die Füße nicht wund laufen möchte, entscheidet sich für die „Chepe": Die Ferrocarril Chihuahua-Pacifico, ein Meisterwerk der Technik, schlängelt sich von der Küste aus 656 km an Steilhängen entlang und durch Kiefernwälder bis nach Chihuahua. In Orten wie Creel können Sie bei einem Halt Felsen, Seen und heiße Quellen erleben oder sich in Bergdörfern wie Urique und Cerocahui auf Pferden oder Mountainbikes ins Abenteeuer stürzen. Bei Divisadero erwartet Sie eine der längsten Seilrutschen der Welt.

☛ NICHTS WIE HIN! *Abfahrt am Hafen von Los Mochis. In der Hochsaison: einen Monat im Voraus telefonisch oder per E-Mail reservieren.*

122 Cerro Fitz Roy

PATAGONIENS FEUERGIPFEL

ARGENTINIEN // Wie ein Reißzahn ragt der Cerro Fitz Roy aus der patagonischen Landschaft, jagt Weltklassekletterern Freudentränen in die Augen und allen anderen einen kalten Schauer über den Rücken. Der Berg dominiert den Norden des Parque Nacional Los Glaciares und ist bei Gipfelsammlern für seine brutalen Wetterverhältnisse berüchtigt. Der nahe gelegene Grenzort El Chaltén trägt den Tehuelche-Namen des Cerro Fitz Roy, der so viel wie „Feuergipfel" oder „rauchender Berg" bedeutet – ein treffender Name für den wolkenverhangenen Riesen. Bei klarer Sicht glitzern die schneebestäubten Felsen im Sonnenlicht. Aber man muss die Schönheit nicht unbedingt erklettern: Die Wanderwege entlang des Fitz Roy sind erstaunlich leicht und gut erschlossen. Den besten Blick hat man nur eine Tageswanderung von El Chaltén aus.

☛ NICHTS WIE HIN! *El Chaltén liegt an der argentinisch-chilenischen Grenze. Der Winter (Mai bis September) eignet sich nicht für Reisen, da viele Einrichtungen geschlossen haben.*

Bryggen

124

ZAUBERHAFTE HISTORISCHE WERFTSTADT

NORWEGEN // Das Rot der Holzhäuser der pittoresken Altstadt von Bergen taucht die Vågen-Hafenfront in ein warmes Licht – ein starker Kontrast zum kaltblauen Wasser des dahinterliegenden Fjordes. Bryggen mag weniger majestätisch sein als andere historische Stadtkerne wie Stockholms Gamla Stan (S. 104) oder die Altstadt von Tallinn (S. 114), aber der provinzielle Charme trägt zu den Reizen der Handelsstadt bei. Zwischen dem 14. und 16. Jh. war es ein wichtiger Umschlagplatz der Hanse, und Kaufleute machten einen Großteil der Bevölkerung aus. Die kleine Gemeinde am Meer hat nichts von ihrem ursprünglichen Charme verloren. Ein Spaziergang durch die engen Gassen – heute ein Paradies für Künstler und Handwerker – gehört zu den schönsten Erlebnissen, die Norwegen zu bieten hat. Die gerne etwas windschiefen Holzhäuser wurden wiederholt von Feuersbrünsten heimgesucht und etliche Male wiederaufgebaut. Der Zauber dieses Relikts aus alten Zeiten wird ein wenig getrübt durch seine Beliebtheit, die zwangsläufig Kreuzfahrtschiffe und Reisebusse anlockt.

☛ NICHTS WIE HIN! *Bergen liegt in Norwegens südwestlichem Fjordland – umgeben von sieben Bergen und sieben Fjorden.*

Stewart Island

125

HEIMAT DES KIWI

NEUSEELAND // Die stürmische Foveauxstraße trennt das Festland von der drittgrößten Insel im tiefsten Süden Neuseelands. Es fühlt sich an wie das Ende der Welt; ein Ort, an dem die Natur das Heft in der Hand hat und nur eine Handvoll abgehärteter Menschen hier und da verstreut lebt.

Der Rakiura-Nationalpark nimmt 85 Prozent der Inselfläche ein. Lange Strände und geschützte Buchten wechseln sich mit üppigen farn- und moosgesäumten Wäldern ab. Dieser reine und abgelegene Ort ist auf der ganzen Welt als Vogelparadies bekannt. Nirgendwo anders in Neuseeland soll man mehr Arten beobachten können als hier.

Es ist das Königreich des Kiwi, des bedrohten Maskottchens Neuseelands. 20 000 dieser drolligen Tiere leben hier – 50 Mal so viele wie menschliche Einwohner. Sie sind so entspannt, dass sie sich auch vor Sonnenuntergang blicken lassen, obwohl sie eigentlich nachtaktiv und eher schüchtern sind.

Wanderungen sind also ein Erlebnis, vor allem auf dem Rakiura Track und dem unglaublichen North West Circuit, aber man sollte sich nicht auf allzu viel Gegenverkehr einstellen. Wer Trubel sucht, muss sich schon zum South Sea Hotel in Oban begeben, dem Haupttreffpunkt der Insel.

NICHTS WIE HIN! ***Stewart Island erreicht man in einer Stunde mit der Fähre aus Invercargill.***

Links: Bergens historisches Stadtviertel. Unten: vom nachtaktiven Braunen Kiwi leben auf Stewart Island rund 20 000 Exemplare.

126 Durbar Square

SCHÖNES, AUS DER ZEIT GEFALLENES MUSEUM

Patan, NEPAL // Angesichts der hinreißenden Vielfalt an Hindu-Tempeln und Newari-Palästen ist es kaum verwunderlich, dass viele Einheimische Patan immer noch Lalitpur nennen (Sanskrit für „Stadt der Schönheit"). Im Frühjahr 2015 erschütterte ein heftiges Erdbeben die Stadt im Kathmandutal. Der herrliche Anblick des museumsartigen Durbar Square hat schwer gelitten, einige der mehrstufigen Tempel sind eingestürzt. Die Restaurationsarbeiten an den traditionellen Holz- und Ziegelbauten sind in vollem Gange, und die Einheimischen hoffen, dass bald wieder Reisende kommen, um mit ihnen neben den breitbrüstigen Löwen zu sitzen, die die Stufen des Jagat-Narayan-Tempels aus dem 16. Jh. zieren, und auf den Königspalast zu schauen – denn nirgendwo sonst auf der Welt ist die Zeit so malerisch stehen geblieben wie hier.

NICHTS WIE HIN! *Patan ist mittlerweile quasi ein Vorort von Kathmandu. Nehmen Sie Fahrrad, Taxi, Bus oder kommen Sie zu Fuß.*

129 Nationalpark Plitvicer Seen

APARTE TÜRKISGRÜNE WASSERWELT

KROATIEN // Ein faszinierender Gürtel kristallklarer Seen und plätschernder Wasserfälle zieht sich durch das waldbewachsene Herz Kroatiens. Der Nationalpark ist von unfassbarer Schönheit – einer der einzigartigsten Orte der Erde. Dutzende Seen liegen im Parkgebiet: vom 4 km langen Kozjak bis zu schilfbewachsenen Teichen. Die surrealen Blau- und Grünschattierungen verdanken die Seen der Karstlandschaft, in der sie liegen. Moosbewachsene Travertinterrassen ragen zwischen ihnen auf, und Holzstege geleiten über die schillernde Wasserwelt. Wanderwege führen tief in die Wälder aus Buchen, Fichten, Tannen und Kiefern. Bären, Wölfe und Hirsche durchstreifen das Gebiet, kreisende Falken und Schwarzstörche bekommt man aber eher zu Gesicht.

NICHTS WIE HIN! *Plitvice liegt im Hinterland der kroatischen Küste, ein paar Stunden entfernt von der Hauptstadt Zagreb. Vermeiden Sie Juli und August, wenn sich auf den Wegen Schlangen bilden.*

127 Bazaruto-Archipel

GOLDRAUSCH AM STRAND

MOSAMBIK // Das Meer rund um den Archipel leuchtet in fast ebenso vielen Blautönen wie es Arten in den Gewässern gibt. Die Inselkette ist Teil eines 1400 km² umfassenden Meeres-Nationalparks. Egal, ob man auf dem Luft- oder Seeweg anreist, die Schönheit des Archipels ist offensichtlich – lange, bevor man auch nur einen Fuß an Land setzt.

Neben den ästhetischen Reizen und der Exklusivität dieses Naturerlebnisses (hier gibt es nur einige wenige Luxus-Lodges) besticht das Archipel durch seine Artenvielfalt. Auf den Inseln im Indischen Ozean leben unzählige Vogel- und mehrere Antilopenarten, Nilkrokodile tummeln sich in Süßwasserseen. Taucher und Schnorchler freuen sich auf bunte Korallenriffe, Delfine, Meeresschildkröten, Seekühe, Rochen, vorbeiziehende Buckelwale und rund 2000 Fischarten.

NICHTS WIE HIN! *Fliegen Sie nach Vilankulo und nehmen Sie dann Boot, Helikopter oder Wasserflugzeug. Beste Reisezeit: Mai–November.*

128 Prinsengracht

PULSIERENDE WASSERADER

Amsterdam, NIEDERLANDE // Blickt man hier aufs Wasser, versteht man, warum die Unesco diese Lebensadern in ihre Liste aufgenommen hat. Amsterdam hat mehr Kanäle als Venedig, und folgt man ihrem Lauf, erfährt man viel über die Geschichte der Stadt, insbesondere in der Prinsengracht. Die meisten Besucher kommen, um das Anne-Frank-Haus und das hier ausgestellte Tagebuch zu sehen, aber der Kanal ist eine Sehenswürdigkeit für sich, zumal die Gracht mitten in einer der schönsten Gegenden der Stadt liegt. Ausgehoben wurde sie Anfang um 1600, als Amsterdam schlagartig drittgrößte Stadt der Welt wurde. Flankiert wird sie von Kaufmannshäusern aus dem 17. Jh. und vielen Hausbooten. Also sichern Sie sich ein Plätzchen in einem der Straßencafés und lassen Sie den Strom des Stadtlebens an sich vorbeitreiben.

NICHTS WIE HIN! *Die Prinsengracht liegt im westlichen Grachtenring Amsterdams. Am besten erkundet man sie per Boot, Rad oder zu Fuß.*

130

Bay of Islands

Leben am Wasser

↓

NEUSEELAND // Hübsche Winkel gibt es an den Küsten Neuseelands jede Menge, aber die Bay of Islands besticht mit geschützten Ankerplätzen, mildem Klima und faszinierendem Artenreichtum über und unter Wasser. Maori lebten hier lange vor den ersten Europäern, und hier wurde auch der Vertrag von Waitangi, das Gründungsdokument Neuseelands, unterzeichnet. Der Trumpf der Bay of Islands ist jedoch ihre Schönheit: 150 unberührte Inseln voller versteckter Buchten sprenkeln das türkis glänzende Wasser.

NICHTS WIE HIN! *Die Bay of Islands liegt drei Autostunden von Auckland, übernachten kann man in Russell.*

131 Pantanal

WUNDERSAMES FEUCHTGEBIET VOLLER LEBEN

BRASILIEN // Von allen Naturwundern Südamerikas stellt das Pantanal sogar das Amazonasbecken bei der Tierbeobachtung in den Schatten. Das blau und grün schimmernde tropische Feuchtgebiet erstreckt sich über 200 000 km² und beherbergt rund 400 Fischarten, 1000 Vogelarten und eine illustre Liste weiterer tierischer Bewohner, darunter Capybaras (die größten Nager der Erde), Riesenotter, Kaimane, Mähnenwölfe, Pumas, Tapire, Ameisenbären, Gürteltiere und die gesündeste Jaguarpopulation der Welt. Während der Trockenzeit von Juli bis November versammelt sich eine bunte Menagerie all dieser Wesen um die abnehmenden Wasservorräte – ein Naturspektakel, das weltweit seinesgleichen sucht.

NICHTS WIE HIN! *Die meisten Touren starten in Campo Grande (nach Südosten), in Corumbá (nach Westen) oder in Cuiabá (nach Norden).*

131

132

132 Daibutsu (Großer Buddha) von Nara

BEEINDRUCKENDER BRONZENER ÜBERBRINGER DER ERLEUCHTUNG

JAPAN // Buddhastatuen gibt es wie Sand am Meer, aber wenn man nur eine davon gesehen haben will, dann den Daibutsu von Nara. Im Tōdai-ji-Tempel, dem größten Holzbau der Erde, steht eine der weltweit größten Bronzefiguren: Dieser kosmische Buddha ragt 16 m in die Höhe. Kaum zu glauben, dass er nur zwei Drittel so hoch wie das Original von 746 n. Chr. ist. Können Sie sich das Maß der Ehrfurcht vorstellen, die er ausgelöst hat? An der Rückseite der Statue sieht man eine Holzsäule mit einem Loch im Sockel. Der Volksglaube besagt, dass dem, dem es gelingt, sich durch die Öffnung zu zwängen, die genau so groß ist wie eines der Nasenlöcher des Großen Buddhas, die Erleuchtung sicher ist. Grund genug, ihm einen Besuch abzustatten.

NICHTS WIE HIN! *Nara liegt in der Region Kansai rund eine Zugstunde von Kyoto und Osaka entfernt.*

133 Nationalmuseum für Anthropologie

MEXIKOS MEISTBESUCHTES MUSEUM

MEXIKO // Kennen Sie den Unterschied zwischen Tolteken und Zapoteken? Wissen Sie, warum Basketballkörbe an den Wänden von Maya-Ruinen hängen? Ein Besuch in Mexiko wirft angesichts der vielschichtigen und bewegten Geschichte des Landes viele Fragen auf, und nirgendwo bekommt man diese auf so aufregende Weise beantwortet wie im Nationalmuseum für Anthropologie in Mexico City.

Das Erdgeschoss beherbergt Relikte aus dem prähispanischen Mexiko, welche die Komplexität dieser antiken Gesellschaften verdeutlichen. Wie das Leben damals ausgesehen haben muss, zeigen aztekische Gottheiten, die über kunstvoll geschnitzten Jaguaren thronen, der 3,50 m breite Stein der Sonne, olmekische Bildnisse und Statuen und die Modelle ganzer Maya-Städte. Ein einziger Besuch reicht natürlich niemals, aber es wird schnell deutlich, dass kaum ein anderes Museum auf der Welt an die Dimension dieser Sammlung herankommt.

NICHTS WIE HIN! *Das Museum liegt im Bosque de Chapultepec, Mexico Citys größter Parkanlage. Die nächste Metro-Station ist Auditorio. Erkunden Sie das Künstlerviertel Roma, wenn Sie schon mal hier sind.*

134 Skara Brae

PRÄHISTORISCHE MOMENTAUFNAHME

SCHOTTLAND // Als die Pyramiden von Gizeh (S. 48) noch eine fixe Idee der Pharaonen waren und die Steine von Stonehenge (S. 78) erst noch gehauen werden mussten, war das Dorf Skara Brae auf den Orkneys bereits ein lebendiger Knotenpunkt steinzeitlichen Lebens. Der Ort lag jahrhundertelang unter Dünen aus Küstensand, bis 1850 ein Sturm die Häuser freilegte. Daher ist die Anlage so gut erhalten, dass es sich anfühlt, als wären die Einwohner nur kurz zum Fischen aufs Meer gefahren. Selbst Steinmöbel wie Betten, Kästen und Kommoden haben die 5000 Jahre überlebt. Und so schaffen es die fantastischen Ruinen ganz unmittelbar, die Kluft zwischen den Zeiten zu überbrücken. Beginnen Sie mit der ausgezeichneten interaktiven Ausstellung und sehen Sie sich anschließend eines der rekonstruierten Häuser an. Krönender Abschluss des Rundgangs ist die Ausgrabungsstätte. Einen ähnlich intensiven Blick in die Steinzeit bekommen Sie nirgendwo anders geboten.

NICHTS WIE HIN! ***Skara Brae liegt idyllisch an einer Sandbucht rund 13 km nördlich von Stromness auf Orkney, einer Inselkette der Äußeren Hebriden in Schottland.***

135 Geirangerfjord

ULTIMATIVE FJORDFÄHRFAHRT

NORWEGEN // Tuckert man die 20 verschlungenen Kilometer durch den Geirangerfjord, erlebt man eine der schönsten Fährstrecken der Welt. Lang verlassene Bauernhöfe schmiegen sich an die fast senkrechten Steilwände des Fjords, während eiskalte Wasserfälle tosend in das smaragdgrüne Wasser stürzen. Die Hauptfährroute verläuft zwischen den Orten Hellesylt und Geiranger. Startet man in Hellesylt, wartet in Geiranger – trotz der wunderbaren Lage an der Spitze des Fjords – ein Schock: Der Ort stöhnt jährlich unter dem Andrang von 600 000 Besuchern; mehr als 150 Kreuzfahrtschiffe legen hier an. Aber auf dem Wasser ist es ruhig. Schnappen Sie sich Ihre Kamera, klettern Sie auf das Oberdeck und genießen Sie den buchstäblich einzigen Weg durch die Irrungen und Wirrungen des Geirangerfjords.

NICHTS WIE HIN! *Der Geirangerfjord liegt in den nördlichen Fjorden Norwegens. Von Oslo, Trondheim und Bergen fahren täglich Busse.*

135

136

136 Tayrona-Nationalpark

CAMPEN IN DER KARIBIK

KOLUMBIEN // Es ist wahrscheinlich das erste Mal, dass Sie ein Pferd mieten, um auf einen Campingplatz zu gelangen. Den Parkeingang von Tayrona zu erreichen ist leicht, aber den ultimativen Karibikstrand – versteckt zwischen den Ausläufern der Sierra Nevada de Santa Marta und der kolumbianischen Küste – zu finden, ist eine Herausforderung.

Ist der Dschungelpfad bezwungen, das Zelt aufgebaut und die Hängematte aufgehängt, kann man es sich bei einem guten Buch und einem kühlen Bier gemütlich machen. Erholt erkunden Sie nun den karibisch-heißen Küstenstreifen mit seinen sechs sensationellen Buchten Chengue, Gayraca, Cinto, Neguanje, Concha und Guachaquita, die zum Schnorcheln und Muschelnsammeln einladen. Es halten sich außerdem Gerüchte, dass sich irgendwo im Dschungel mysteriöse archäologische Ruinen verstecken. Vielleicht kann das Buch ja doch noch warten …

NICHTS WIE HIN! *Von Santa Marta fährt ein Bus zum Parkeingang. Der Strand von Cañaveral liegt am nächsten, ist aber teuer und voll. Einsamer: Cabo San Juan del Guia oder Arrecifes (erreichbar per Pferd).*

138

137 Choquequirao

INKAPFAD ABSEITS DER MASSEN

PERU // Stellen Sie sich Machu Picchu – also eine spektakuläre Inka-Festung auf einem Berg im Dschungel – ohne Menschenmassen vor, und Sie haben Choquequirao, das man auf einer viertägigen Wanderung (Hin- und Rückweg) von Cachora aus erreicht. Zwischen Choquequirao und Cusco liegen 60 km – und damit Welten. Auf dem brokkoligrünen Bergkamm in 3000 m Höhe steht der einstige Zufluchtsort von Manco Cápac II., der versucht hatte, Cusco von den Spaniern zurückzuerobern. Weiter oben befindet sich der berühmte kegelförmige Gipfel mit seinem Zeremonienplatz, andere Teile der Anlage sind noch nicht freigelegt worden. Auf einem wenig genutzten Pfad ist zudem eine mehrtägige Wanderung nach Machu Picchu (S. 16) möglich. Eine Reise ins präkolumbische Unbekannte.

NICHTS WIE HIN! *Choquequirao erreicht man auf einer viertägigen Wanderung, die von Touranbietern aus Cusco organisiert wird. Der Pfad ist schwer zu finden, auf eigene Faust sollte man nicht gehen.*

138 Ephesos

GRIECHISCH-RÖMISCHES WUNDER IN DER TÜRKEI

TÜRKEI // Ephesos, eine der phänomenalsten antiken Stätten weltweit, war eine bedeutende Stadt des alten Griechenlands, bis die Römer den wichtigen Hafen zur Hauptstadt Kleinasiens machten. Der Artemis-Tempel ist der größte seiner Art und eines der Sieben Weltwunder.

Der Großteil der Stadt muss noch freigelegt werden, und angesichts dessen, was bereits ausgegraben ist, fragt man sich, welch wundervolle Schätze hier noch verborgen liegen mögen. Zu sehen sind beeindruckende Bauten wie die Säulen der Celsus-Bibliothek und das große Amphitheater. Ein faszinierendes Museum zeigt Häuser, die wie Lego-Steine aufeinandergestapelt sind. Die Hauptroute durch Ephesos wird flankiert von grandiosen Gebäuden, zwischen denen der Geist der Gladiatoren wieder zum Leben erwacht, aber wer die ruhigeren Winkel erforscht, auf den wartet jede Menge Romantik. Und wer ein Stück wandert, kann die Ausmaße der Ruinen von oben bestaunen.

NICHTS WIE HIN! *Übernachten kann man im nahen Selçuk. Früh oder sehr spät starten, um Hitze und Besuchermassen zu entgehen.*

139

Krüger-Nationalpark

Einzigartige Wildniserfahrung

↓

SÜDAFRIKA // Was erhebt den Krüger-Nationalpark über die anderen Wildgehege Afrikas? Vor allem: die gute Infrastruktur. Wo kann man schon bei einem Ausflug mit dem Mietauto durchs Tor fahren, ein Stück durch den Busch spazieren und dann auf dem Mountainbike weiterradeln? Die Artenvielfalt, großen Populationen, die Größe und das Erlebnisangebot des Nationalparks haben ihn berühmt gemacht – einer der besten Plätze weltweit, um Tiere zu beobachten.

☛ NICHTS WIE HIN!
Der Park liegt im Nordosten Südafrikas (eigener Flughafen). Beste Zeit: Juni bis September.

140 Tulum

SCHÖNHEITSKÖNIGIN DER MAYA

MEXIKO // Dieser Ort gleicht einer Postkarte: Jadegrüne Wellen umspülen einen blendend weißen Strand, über dem auf einer Klippe ein Bild von einem Maya-Tempel thront. Ach ja, vergessen wir nicht die Palmen. Das gibt's nicht, denken Sie? Doch – Gott sei Dank. Und auch wenn das Castillo aus dem 13. Jh. in Sachen Architektur und Größe hinter den eleganteren Ruinen von Chichén Itzá (S. 93) oder Palenque (S. 84) rangiert, luchst der Ort der Konkurrenz allein durch sein gutes Aussehen einige Besucher ab. Denn hier kann man sogar ins Meer springen. Tulum Pueblo, das Städtchen, das langsam in der Nähe des Publikumsmagneten gewachsen ist, gibt nicht viel her, aber wen interessiert das angesichts einer Hauptattraktion von solcher Schönheit?

NICHTS WIE HIN! *Tulum liegt auf der Halbinsel Yucatán, ca. zwei Autostunden von Cancun, Mexikos südlichstem Flugverkehrsknotenpunkt. Frühmorgens und spätnachmittags entgeht man Tourgruppen.*

141 Tsukiji-Markt

HINTER TOKIOS KULISSEN

Tokio, JAPAN // Es ist nur logisch, dass in der Sushi-Hauptstadt auch der weltweit größte Fischmarkt liegt. Man stelle sich nur den Geruch vor: Unfassbare 2000 t Fisch und Meeresfrüchte wechseln auf dem hektischen Tsukiji-Markt jeden Tag den Besitzer. Allerlei faszinierende Kreaturen kommen hier auf den Tresen, aber der Maguro (Großer Thun) ist der Star unter ihnen. Wer im Morgengrauen kommt, kann miterleben, wie der wertvolle Fisch an den Höchstbietenden versteigert wird. Der Markt ist einer der seltenen Einblicke in die Arbeitswelt Tokios. Hat man genug gesehen, kann man das Gewühl hinter sich lassen und sich bei einem Sushi-Frühstück am Rande des Marktes erholen, wo Hunderte Essensstände und Restaurants ihren Fang servieren.

NICHTS WIE HIN! *Es gibt nur eine beschränkte Zahl Besucherplätze auf den Thunfischauktionen. Die ersten Interessierten schneien ab 3.30 Uhr herein, die Auktionen beginnen um ca. 5 Uhr.*

142 Sintra

SKURRILER SCHLOSSZAUBER

PORTUGAL // Wer auf Schlösser, Märchen, Pastellfarben, Paläste und Kitsch steht, ist im Unesco-gelisteten Sintra genau richtig. Per Kombi-Ticket geht es in den Palácio Nacional de Sintra, das Castelo dos Mouros, den Parque de Pena und den Palácio Nacional da Pena. Widmen Sie dem luxuriösen Palácio Nacional de Sintra und seinem opulenten Fliesendekor ein Stündchen, aber lassen Sie sich noch nicht zu sehr verzaubern. Die regenwaldartige Stille und der herrliche Ausblick entschädigen Sie für die Strapazen des 2 km langen, steilen Aufstiegs hinauf zum Castelo dos Mouros. Wandern Sie dann durch den Parque de Pena bis zum Gipfel, wo Sie ein Lachen kaum werden unterdrücken können: Der Palácio Nacional da Pena ist ein architektonisches Kuddelmuddel, ein Rausch aus Farben, gotischen Fassaden und Kuppeln. Man muss König Fernando II., der die Sommerresidenz erbauen ließ, einfach lieben für sein exzentrisches, pastellversessenes Herz.

NICHTS WIE HIN! ***30 Minuten per Zug vom Rossio-Bahnhof in Lissabon. Mit dem Kombiticket für Bus und Bahn können Sie die Touristenbusse nutzen; sehr empfehlenswert, wenn Sie nicht wandern wollen.***

143 Carcassonne

FRANZÖSISCHES FESTUNGSMÄRCHEN

FRANKREICH // Die Festungsstadt Carcassonne ist das Mittelalterschloss schlechthin: Von Spitztürmen bekrönte, zinnenbewehrte, massive Burgmauern wie aus einem Märchenbuch thronen auf einem zerklüfteten Felsen. Schon der erste Blick genügt, um Gänsehaut zu bekommen, und nachts, wenn die alte Stadt in goldenem Licht erstrahlt, ist die Atmosphäre sogar noch mystischer. Würde das Innere von La Cité halten, was das Äußere verspricht, hätte sie sicher einen höheren Platz in dieser Liste ergattert. Leider trüben kitschige Souvenirläden, billige Cafés und sommerliche Besuchermassen den Zauber dieses Ortes. Um Carcassonne angemessen zu genießen, kommen Sie in der Abenddämmerung, wenn die Stadt den rund 100 Einwohnen und einer Handvoll Touristen gehört, die in einer Unterkunft innerhalb der Burgmauern übernachten.

☛ NICHTS WIE HIN! *Carcassonne liegt im südlichen Languedoc. Auf einer Bootsfahrt auf dem Canal du Midi kann man das beeindruckende Festungsbauwerk aus der Ferne betrachten und die herrliche Landschaft genießen.*

144 Freiheitsstatue & Ellis Island

WILLKOMMEN IN AMERIKA

USA // Während Sie an der Krone der Freiheitsstatue vorbei auf die Kondensstreifen über der Skyline von New York blicken, stellen Sie sich vor, wie es sich früher für Reisende und Einwanderer angefühlt haben muss: nach langer Schiffsreise beim ersten Blick auf Amerika die gigantische römische Freiheitsgöttin zu sehen. Die Libertas, ein Geschenk Frankreichs an die USA, blickt seit 1886 über die Upper New York Bay. Bis 1916 konnte man bis zur Fackel hinaufsteigen, heute ist der Zutritt verboten. Trotzdem kann man sich vorstellen, wie Tausende Europäer einst vor Armut und Verfolgung flohen und von diesem erhabenen Symbol der Hoffnung freundlich empfangen wurden. Wenn sie Glück hatten, überstand ihr Optimismus die Gesundheitschecks und Befragungen auf dem benachbarten Ellis Island. Wie überfüllt und chaotisch es an den Immigrationsschaltern zuging, sieht man förmlich vor Augen – heute ist es ja irgendwie ähnlich ...

NICHTS WIE HIN! ***Fähren zu Freiheitsstatue und Ellis Island vom Battery Park aus. Gratis ist der Blick von der Staten-Island-Fähre aus.***

145 Vatnajökull-Nationalpark

MEGAPARK AUS FEUER UND EIS

ISLAND // Falls Ihr innerer Entdecker schon immer die Arktis erobern wollte, dann werden Sie Vatnajökull lieben. Die Gletschereis- und Vulkanlandschaft wurde zum Nationalpark erklärt, um die weltweit größte Eiskappe abseits der Pole zu schützen. 14 Prozent der Fläche Islands sind damit der größte Nationalpark Europas. Jökulsárgljúfur, der nördliche Teil, wartet mit einem vulkanischen Grat unter dem Gletschereis und einer 30 km langen Schlucht auf. Den südlichen Teil dominiert Skaftafell, eine bizarre Landschaft aus Bergen und Gletschern. Trotz vieler Besucher gibt es in dem weitläufigen Gebiet viele einsame Wege. Starten Sie am bläulich schimmernden Vatnajökull-Gletscher mit seinen verschlungenen Eiszungen ins Abenteuer.

NICHTS WIE HIN! ***Vatnajökull liegt rund 200 km nordöstlich von Reykjavík. Achtung: In Parknähe gibt es nur wenige Unterkünfte, die im Sommer zudem sehr begehrt sind.***

146 Blaue Moschee

ISTANBULS KNÜLLER

TÜRKEI // Um jemanden zu beeindrucken, der gerade der Hagia Sophia (S. 26), dem wichtigsten Symbol der byzantinischen Zivilisation, einen Besuch abgestattet hat, muss man schon alle Register ziehen. Und genau das haben die Architekten und Bauherren der Sultan-Ahmed-Moschee getan: Sechs Minarette, eine kolossale Kuppel und ein riesiger Innenhof zieren den Sakralbau. Im spektakulären Inneren strahlen die İznik-Fliesen in lebhaftem Blau, ihnen verdankt das Gotteshaus seinen jahrhundertealten Spitznamen. Die Blaue Moschee für diese Liste auszuwählen, ist natürlich knifflig, da die Stadt nur so strotzt vor Perlen der islamischen Architektur und anderen Sehenswürdigkeiten. Die Moschee wäre noch beeindruckender, würden viele sie nicht am selben Tag wie die Hagia Sophia und den Versunkenen Palast besuchen – vermeiden Sie diesen Fehler! Die Präsenz und Pracht der Blauen Moschee erzählt viel über die Geschichte Istanbuls, und das Gebäude ist innen wie außen schlicht und ergreifend atemberaubend.

NICHTS WIE HIN! *Auf dem Weg vom Flughafen ist die Moschee das erste größere Gebäude Istanbuls. Touristen nehmen den Seiteneingang.*

147

147 148 149

Gion-Viertel

ERINNERUNGEN EINER GEISHA

Kyoto, JAPAN // Die geheimnisvollen Geishas kennt man eigentlich nur aus Romanen. In Kyotos altem Vergnügungsviertel Gion erlebt man sie in Fleisch und Blut. So touristisch der Ort auch sein mag, der Geist der Tradition ist hier lebendig. Die Läden in den geschäftigen Straßen quellen über vor Lackkästchen und Süßigkeiten, die wahren Entdeckungen beginnen jedoch in den kleinen Gassen, wo bunte Laternen zum Besuch alter Teehäuser, *kaiseki*-Restaurants und exklusiver Bars hinter verdunkelten Fenstern einladen.

NICHTS WIE HIN! ***Am schönsten ist Gion in der Nacht und während der Kirschblüte.***

Großer Buddha, Lèshān

IST DAS EIN BUDDHA?

CHINA // Dafür, dass Buddha selbst so bescheiden war, haben Statuen von ihm oft epische Ausmaße. Der sitzende Buddha in Lèshān ist 40-mal so groß wie sein Vorbild: Allein seine Ohrläppchen sind 7 m lang, seine Zehen 8 m. Die im 7. Jh. von Mönchen angefertigte Darstellung ist weniger eine Statue als ein behauener Berg. Das gigantische Ausmaß begreifen Sie am besten, wenn Sie die Treppen zu seiner rechten Schulter emporsteigen und aus der Nähe in die gewaltige Ohrmuschel blicken.

NICHTS WIE HIN! ***Vom Hauptpier in Lèshān legen Fähren ab, doch eine Anreise per Auto ist romantischer. Nachmittags ist es relativ ruhig.***

Actun Tunichil Muknal

HEILIGE HÖHLE

BELIZE // Auf einer 45-minütigen Wanderung durch den Dschungel gelangen Sie zur „Höhle des Steingrabs". Mit einer Stirnlampe schwimmen Sie durch das eiskalte Becken, das den Eingang zur Unterwelt der Maya hütet. Anschließend gehen, klettern und kriechen Sie an Stalaktiten vorbei in die Hauptkammer mit den kalkverkrusteten Überresten der Jungfrauen, denen die Höhle ihren Namen verdankt. Erweisen Sie ihnen Ihre Ehrerbietung – an einem der heiligsten Ort Belizes und der Maya-Kultur.

NICHTS WIE HIN! ***Ein Rundtrip von San Ignaciao dauert zehn Stunden und muss von einem lizensierten Führer begleitet werden.***

150 Haida Gwaii

VERLORENE WELT DER HAIDA-KULTUR

KANADA // Wer zwischen den kunstvollen Totempfählen wandelt, die gespenstisch aufs Meer hinausstarren, betritt eine verlorene Welt. Von dieser Seite zeigt sich Kanada nur hier. Bären durchstreifen die Wälder, Adler kreisen am Himmel, Seelöwen, Wale und Orkas tummeln sich vor der Küste, und im unberührten Regenwald wachsen die ältesten Fichten und Zedern der Welt. Die Seele der Insel aber ist die uralte Haida-Kultur, deren Geist den spärlich besiedelten Archipel und insbesondere den schönen Gwaii-Haanas-Nationalpark, die Hauptattraktion der Insel, durchdringt. Geografisch ist die Insel eher mit Alaska verbandelt als mit Vancouver. Die Abgelegenheit trägt zu den Reizen dieses in der Tat besonderen Ortes bei. Hier werden Sie mit Sicherheit gerne mehrere Tage bleiben wollen – was allerdings eine gründliche Reiseplanung erfordert.

NICHTS WIE HIN! ***Die Fähren zwischen Prince Rupert auf dem Festland und Graham Island brauchen 6–7 Stunden.***

151 Bairro de Ribeira

MITTELALTERLICHE MAGIE AM WASSER

PORTUGAL // Oh, Porto! Hier treffen so viele Reize auf so romantisch-mittelalterliche Weise aufeinander. Was das Unesco-Welterbe Bairro de Ribeira zu einem so fesselnden Teil Portugals macht, ist schwer zu sagen. Vielleicht ist es die Vielfalt an Sinnesreizen: die von pastellfarbenen Häusern gesäumte Uferpromenade, die Akkordeon-Spieler, die kreischenden Möwen, die traditionellen Rabelo-Boote, die auf dem Duoro die elegante, von Gustave Eiffel entworfene Brücke passieren, das prickelnde Aroma der Sardinen, die Cafés, Bars und Restaurants, die unter Bögen hervorlugen und sich in die engen Gassen schmiegen. Schnappen Sie sich einen Kaffee und ein warmes *pastel de nata* (Blätterteigtörtchen) und saugen Sie die Eindrücke auf! Ob im Morgengrauen, mittags oder in der Abenddämmerung, die Promenade wird stets Ihr Herz erobern.

NICHTS WIE HIN! ***Der Teleférico der Vila Nova de Gaia bietet wunderbare Ausblicke. Am 23. Juni wird die Festa de São João gefeiert.***

152

Kōya-san

RELIGIÖSE ERFAHRUNG

JAPAN // In Kōya-san in Nord-Wakayama ist der Weg das Ziel. Die Eisenbahn windet sich durch Berge und Täler, bevor eine Standseilbahn das letzte Stück hinauf zum friedvollen Kloster inmitten dichter Wälder führt. Der Komplex umfasst mehr als 110 Tempel und ist das Zentrum der Shingon-Schule, einer esoterischen Strömung des Buddhismus. Tagesausflüge sind möglich, aber übernachten Sie besser im Tempel, um das Leben japanischer Mönche aus nächster Nähe zu erleben.

☛ NICHTS WIE HIN! *Nankai Railway von Osakas Namba-Bahnhof bis Gokurakubashi, dann weiter per Seilbahn.*

153

Ätna

SIZILIANISCHE RAUCHSCHWADEN

ITALIEN // Man würde vermuten, dass die Einwohner von Catania ständig nervös zum Ätna hinaufspähen, nachdem der Vulkan die Siedlungen an seinen Flanken seit der Antike zerstört. Aber für sie ist der rauchende Berg einfach Teil des Lebens. Eine Sizilienreise wäre nicht komplett ohne eine Kletterpartie zum Gipfel, wo einen manchmal eine regelrechte Licht- und Soundshow erwartet. Erholen Sie sich bei einem Glas des robusten Rotweins, der auf der Vulkanerde des Ätnas wächst.

☛ NICHTS WIE HIN! *Catania ist die Basis für einen Ätna-Ausflug. Mieten Sie eine Vespa und erkunden Sie den Vulkan mit Stil.*

154

Eiger

ALPINER MENSCHENFRESSER

SCHWEIZ // Der Eiger ist kein Berg, er ist ein Monster. Es gibt höhere Gipfel, doch die Nordwand dieses 3970 m hohen Kolosses im Berner Oberland macht ihn zu einem der gefürchtetsten. Die steile, ungeschützte und verheerend brüchige Bergflanke feuert regelmäßig Gesteinssalven auf Kletterer ab, die sie bezwingen wollen. Seit 1935 starben mehr als 60 Bergsteiger an der sogenannten „Mordwand". Da genießt man den Blick doch besser vom idyllischen Grindelwald aus.

☛ NICHTS WIE HIN! *Züge fahren von Grindelwald zur Kleinen Scheidegg, von hier aus startet die Jungfraubahn zum Eiger-Gletscher.*

155 Walt Disney World

DER FRÖHLICHSTE ORT DER WELT

USA // Ernsthaft, wir vergöttern Disney World! In der riesigen Fantasiewelt ist alles durchgeplant; sogar Felsen und Mülltonnen erwachen hier zum Leben. Fahren Sie mit der Space-Mountain-Achterbahn, wirbeln Sie durch das Spaceship Earth, den Riesengolfball in Epcot, bestaunen Sie das Feuerwerk über Cinderellas Schloss, und Sie werden ... glücklich grinsen! Allein den anderen Besuchern zuzusehen, ist herrlich. In diesem Zauberland dreht sich eben nicht alles um den US-Kapitalismus, sondern um eine gemeinsame, weltumfassende Kultur. Pakistanische Frauen tragen Mickey-Maus-Ohren über dem Kopftuch, argentinische Teenager umarmen trotz aller Coolness Donald Duck, chinesische Familien picknicken auf Tom Sawyer Island. Pfeifen Sie einen Tag lang aufs Erwachsensein, kaufen Sie sich ein Mickey-Eis und stürzen Sie sich ins Vergnügen.

☛ NICHTS WIE HIN! ***Disney World liegt bei Orlando, Florida. Meiden Sie die amerikanischen Schulferien, dann geht es hier nämlich noch trubeliger zu als sonst.***

156 Tschernobyl

REISE DURCH DIE APOKALYPSE

UKRAINE // Verschwörungstheoretiker werden nicht müde, eine Bibelstelle aus der Offenbarung zu zitieren, die besagt, es würde ein Stern namens Wermut brennend vom Himmel fallen. Bestätigt sehen sie sich durch die Kernschmelze des Reaktors in Tschernobyl (russisch für Wermut) im Jahr 1986. 30 Jahre nach dem verheerendsten Atomunfall der Geschichte ist dieser Ort eine ungewöhnliche Touristenattraktion, wenn auch eine sehr seltsame und bedrückende.

Auf Touren sieht man die Apokalypse aus nächster Nähe: Ganze Städte, verlassen und überwachsen, Klassenzimmer mit den umgeworfenen Stühlen der Kinder, die damals um ihr Leben rannten, ein Jahrmarkt, dessen Karussells gespenstisch stillstehen. Es ist unheimlich hier, ernüchternd – und manchmal auch schön, wenn Rehe, Wölfe und Elche durch das nur noch mäßig radioaktive Brachland streifen.

Den Reaktor selbst zu besichtigen, können Sie vergessen: Er strahlt immer noch und niemand darf näher als 200 m an die Gefahrenzone.

☛ NICHTS WIE HIN! ***Touren aus Kiew führen in das Sperrgebiet (nach Prypjat und Tschernobyl); die Radioaktivität wird laufend überwacht.***

157 Shibuya-Kreuzung

ELEGANTES DURCHEINANDER

JAPAN // Die Shibuya-Kreuzung steht für das Tokio im Kino – neonstrahlende Häuserschluchten, gigantische Bildschirme und Menschengewühl, ein elektrisierender Schauplatz für Spektakel der Superlative. Die Kreuzung ist eine der belebtesten weltweit, an der fünf Straßen aufeinandertreffen und 1000 Menschen aus allen Richtungen die Seite wechseln.

Bei Grün beginnt das große Durcheinander, aber wer eine Schlacht à la *Herr der Ringe* erwartet, liegt daneben: Elegant tänzeln die Menschen durchs Gedränge. An jedem anderen Ort würde die Lage wohl schnell eskalieren, aber nicht in Japan – gute Manieren sorgen hier für einen reibungslosen Ablauf. Kaum ist die Kreuzung frei, wird sie schon von der nächsten Welle überströmt, und die Show geht weiter – entweder man spielt mit oder sieht von der Tribüne aus zu.

☛ NICHTS WIE HIN! ***Kommen Sie unbedingt nachts. Vor allem freitags und samstags verwandeln junge Modefreaks die Kreuzung in ein Fegefeuer der Eitelkeiten.***

158 Valle de Viñales

KUBAS VERSTECKTES TAL

KUBA // Die hohen Kiefern und rundlichen Felsen, die wie riesige Heuhaufen zwischen beschaulichen Tabakplantagen emporragen, machen den Parque Nacional Viñales zu einer der schönsten Sehenswürdigkeiten Kubas. Diese unwirkliche Karstlandschaft entstand durch den Einsturz eines weitläufigen prähistorischen Höhlensystems, und die Täler des Parks, in denen man fantastisch klettern und wandern kann, sind immer noch von Höhlen durchzogen.

Das herrliche Bild aus urzeitlichen *mogotes* (Kalksteinpfeilern) und Tabakplantagen aus der Kolonialzeit genießt man am besten mit einem Glas Rum und einer Zigarre. Trotz Busladungen von Tagestouristen sind die gut geschützten Attraktionen des Tals dem Touri-Zirkus anderer Sehenswürdigkeiten entgangen, die ungeschickter vermarktet wurden. Die Stimmung um den Ort Viñales jedenfalls ist erfrischend entspannt.

☛ NICHTS WIE HIN! ***Starten Sie in Viñales. Wer in einer der vielen* casas particulares *übernachtet, erlebt kubanisches Lebensgefühl hautnah.***

159

Schloss Neuschwanstein

Bayerns steinerner Märchentraum

↓

DEUTSCHLAND // Dieses Ensemble von Türmchen stand Modell für das Cinderella-Schloss von Walt Disney. Neuschwanstein war die fixe Idee des bayrischen Königs Ludwig II., der einen Bühnenbildner für den Bau engagierte. Der „Kini“ verbrachte hier die letzten 170 Tage vor seinem Tod im Jahr 1886. Nur 15 der 200 geplanten Räume wurden fertig, darunter der spektakuläre, freskengeschmückte Sängersaal, der Thronsaal mit 4 m hohem Kronleuchter und das Schlafzimmer samt Bett, an dem 14 Bildhauer vier Jahre lang arbeiteten.

☛ NICHTS WIE HIN! *Die Besichtigung ist nur mit Führung möglich.*

160

Terracotta-Krieger

Stille Wächter aus Keramik

↓

CHINA // Der chinesische Kaiser Qin Shihuangdi wünschte sich einen Abgang mit Stil: Eine Armee aus Terrakotta sollte ihn ins Jenseits begleiten. 1974 stießen Bauern beim Bohren eines Brunnens zufällig auf ein Gewölbe mit 8000 Tonsoldaten – heute eine der bekanntesten Sehenswürdigkeiten Chinas. Dass kein Gesicht dieser Krieger dem andern gleicht und der Kaiser nebenan mitsamt einem Modell seines Imperiums in einem Grab ruht, wissen Sie also vermutlich schon.

☛ NICHTS WIE HIN! *Busse fahren vom Xī'ān-Bahnhof über die heißen Quellen von Huáqīng zum Grabmal.*

161 Shackletons Hütte

WERDEN SIE ZUM POLARFORSCHER

ANTARKTIS // In der 1908 von Ernest Shackleton errichteten Holzhütte ist die Zeit im wahrsten Sinne des Wortes eingefroren. In den mehr als hundert Jahren, die seitdem vergangen sind, wurden hier kaum ein Stückchen Brennholz oder Verpflegung wegbewegt. Die Socken an der Wäscheleine stammen noch von der Nimrod-Expedition auf ihrem Weg zum Südpol. Bis zum Pol schaffte es Shackleton nicht, aber er hinterließ eine erstaunliche Zeitkapsel, in der fast nichts fehlt (der Esstisch wurde wohl irgendwann verfeuert). Nur in der Kälte der Antarktis konnte eine solch perfekte Momentaufnahme zu Eis erstarren, an kaum einem anderen Ort der Erde fühlt man sich so unmittelbar in die Geschichte zurückversetzt.

NICHTS WIE HIN! *Kap Royds ist ein besonders geschütztes Gebiet, nur acht Personen dürfen auf geführten Touren gleichzeitig in die Hütte.*

162 Eishotel

MAGISCHE ÜBERNACHTUNG UNTER NULL

Jukkasjärvi, SCHWEDEN // Nur wenige Hotels geben ihren Gästen Schlaftipps, aber hier, 200 km nördlich des Polarkreises, ist alles ein bisschen anders. Vor dem Zubettgehen bekommt man eine kleine Einweisung: Ziehen Sie sich bis auf die lange Unterhose aus (schwitzen ist schlecht), verwenden Sie keine Feuchtigkeitscreme auf Wasserbasis (sonst wachen Sie bei -5°C eisverkrustet auf) und trinken Sie nicht zu viel an der Eisbar (Sie wollen ja nachts nicht nochmal raus müssen) – das übliche Prozedere für eine Nacht *on the rocks*.

Nun zur Magie: Eine Nacht im Hotel, das jeden Winter aufs Neue aus dem Eis der Torne gehauen wird, fühlt sich an wie eine Mischung aus Disneys *Eiskönigin*, *Narnia* und *Schneewittchen*. Dank der expeditionserprobten Schlafsäcke und der Rentierfelle auf den Eisbetten wird Sie die Kälte nicht am Schlafen hindern. Dafür sorgt eher der Zauber der schneegedämpften Stille in diesem blau-weißen Kokon, der die ganze Nacht funkelt und glitzert.

NICHTS WIE HIN! *Jukkasjärvi ist 20 km vom Flughafen Kiruna. Von dort aus werden auch Husky-Schlittenfahrten zum Eishotel angeboten.*

163

163 Moraine Lake

MEHR ALS EINE 20-DOLLAR-AUSSICHT

KANADA // Nicht umsonst wird mit diesem Motiv aus dem Banff-Nationalpark für den Tourismus geworben. Das tiefe Türkis des Moraine Lake (der die kanadische 20-Dollar-Note zierte) verschlägt einem die Sprache. Der See liegt im magischen Valley of the Ten Peaks, umgeben von zerklüfteten, schneebedeckten Bergen und grünen Tannen. Rudern Sie durchs Gletscherwasser, machen Sie eine der fantastischen Tageswanderungen oder schießen Sie die wahrscheinlich besten Bilder Ihres Lebens.

NICHTS WIE HIN! ***Moraine Lake Road von Oktober bis Juni geschlossen; Grizzly-Gebiet, also beachten sie die Sicherheitshinweise.***

164 Römische Bäder

VON SCHÖNHEIT DURCHFLUTET

Bath, ENGLAND // Alles begann mit den Schweinen des leprakranken König Bladuds, die sich hier im Schlamm suhlten und ihren blaublütigen Hirten auf eine heilende Quelle aufmerksam machten. Als die Römer im 1. Jh. n. Chr. kamen, tauften sie den Ort Aquae Sulis, heute heißt die Stadt der Bäder und Tempel, nunja, Bath. So einfallslos der Name, so grandios der Ort. Das Zentrum gehört zum Weltkulturerbe, und die Bäder (heute ein Museum) geben Einblick in die Toga-Vergangenheit.

NICHTS WIE HIN! ***90 Zugminuten von London. Die Römischen Bäder öffnen um 9, am meisten ist zwischen 11 und 15 Uhr los.***

Chobe-Nationalpark

Am meisten beeindruckt hat mich hier das, was ich nicht zu Gesicht bekommen habe. Ich hatte schon oft von der 50 000 Tiere starken Elefantenpopulation des Parks gehört, und als ich mich zum nachmittäglichen Ausflug zum Chobe-Fluss aufmachte, freute ich mich schon, einen der Dickhäuter aus nächster Nähe zu sehen. Aber meine erste Begegnung gestaltete sich ganz anders. Definitiv waren da Elefanten, über ein Dutzend, aber ich sah fast nichts von ihnen. Und das war das Beste an der Sache. Wie in einer Synchronschwimmer-Choreografie bewegte sich die Herde in einer perfekten Linie durchs Wasser, nur die Rüssel ragten empor. Einige Minuten (und viele Atemzüge) später, erreichten die Schwimmkünstler die andere Seite und erklommen das grasbewachsene Ufer. Dass ich jetzt zu denselben gigantischen Landtieren hinaufblickte, die eben noch so elegant dort unten geschwommen waren, konnte ich gar nicht glauben.

Matt Phillips, Redakteur

165

165 166 167

Chobe-Nationalpark

KÖNIGREICH DER ELEFANTEN

BOTSWANA // Mit fast 11000 km² Fläche ist der Chobe-Nationalpark im Norden Botswanas so groß wie ein kleines Land. Und nirgendwo auf der Welt leben mehr Elefanten. Der Landstrich Savuti mit seinen steilen Felsen ist die Heimat vieler Löwen und Leoparden. In den Sümpfen von Linyanti kann man am besten seltene Wildhunde beobachten. Und am Ufer des Chobe versammeln sich Afrikas größere Kaliber zum Trinken. Dies macht den Park zu einem der besten Naturschauplätze des Kontinents.

NICHTS WIE HIN! ***Kasane wird täglich von Johannesburg aus angeflogen, vom Campingplatz bis zur Luxus-Lodge ist hier alles geboten.***

Inle-See

BURMAS HEITERER SEE

MYANMAR (BURMA) // Der Inle-See in Burma ist 21 km lang und 11 km breit, aber wo die Grenze zwischen Wasser und Land liegt, ist schwer zu sagen. Auf der silbernen Wasseroberfläche schwimmen Pfahlhausdörfer, Gärten und buddhistische Inseltempel. Dieses Wasserwunderland mit dem Boot zu durchqueren, ist eines der Highlights Südostasiens. An Land erwarten einen weiß getünchte *stupas* und Volksmärkte, die im Fünftagesrhythmus einmal rund um den See wandern.

NICHTS WIE HIN! ***Der See liegt nahe der Stadt Taunggyi beim Flughafen Heho. Am schönsten übernachtet man in Nyaungshwe.***

Mt. Kinabalu

MALAYSIAS BERGSCHÖNHEIT

MALAYSIA // Den Everest oder den K2 werden Sie wohl nicht so bald bezwingen, und ein Aufstieg auf den Kilimandscharo dauert eine Woche. Den perfekten Mix aus Wow-Effekt und Machbarkeit bietet der Kinabalu: Der Berg ragt 4095 m aus dem tropischen Tiefland des malaysischen Teils von Borneo empor. Für den Aufstieg braucht man normale Ausrüstung und zwei Tage. Auf dem Gipfel werden Sie dann mit einem orange-blauen Sonnenaufgang über der Crocker-Gebirgskette belohnt.

NICHTS WIE HIN! ***Der Ausgangspunkt für den Kinabalu-Aufstieg liegt zwei Busstunden von Kota Kinabalu. Im Voraus buchen!***

168 Nationalpark Phong Nha-Ke Bang

DSCHUNGEL, KRIEGSRELIKTE UND DIE GRÖSSTE HÖHLE DER WELT

VIETNAM // Wie Vietnam überhaupt, hat auch der Phong-Nha-Ke-Bang-Nationalpark verborgene Tiefen. In diesem Fall ist es ein beeindruckendes Netz aus Karsthöhlen, das sich – unerforschbar – durch den Untergrund des unberührten Regenwaldes schlängelt. Eine der mehreren Hundert Höhlen ist Son Doong: Mit einer Hauptkammer von 5 km Länge und 200 m Höhe ist sie die größte der Erde.

Streifen Sie durch den Wald stupagleicher Stalagmiten und versteinerter Wasserfälle und halten Sie nach Tigern, Elefanten und seltenen asiatischen Antilopen Ausschau. Einzige Voraussetzung: Nehmen Sie einen Führer mit, denn es liegen zu viele gefährliche Kriegsüberbleibsel herum. Der Park befindet sich auf dem einstigen Ho-Chi-Minh-Pfad – zweifellos wegen seiner zahlreichen Versteckmöglichkeiten.

NICHTS WIE HIN! ***Das winzige Dorf Son Trach ist der zentralste Ausgangspunkt; die meisten Besucher übernachten aber in umliegenden Lodges und unternehmen organisierte Ausflüge in den Park.***

169 Royal Mile

EDINBURGHS HISTORISCHES RÜCKGRAT

SCHOTTLAND // An einem Ende thront Edinburgh Castle, am anderen das schottische Parlament und in der Mitte die St. Giles Cathedral – die Royal Mile verkörpert die Geschichte Schottlands wohl wie kein anderer Ort. Das Rückgrat der Stadt schlängelt sich vom Castle Rock (dem Vulkankegel mit dem Schloss), von wo aus man Arthur's Seat und die georgianische Neustadt überblickt, hinab zum Firth of Forth. Romantische Gässchen gehen von der Hauptstraße ab, unter deren Pflastersteinen sich Katakomben und andere Überbleibsel aus dem Mittelalter befinden, die man besichtigen kann. Auf der beliebten Straße wimmelt es von Straßenkünstlern, Touristen und Verkäufern, die hier während der Festivalsaison ihre Stände aufschlagen. Dank der Vielzahl an historischen Pubs, Attraktionen wie der Camera Obscura oder dem Scottish Storytelling Centre, Läden voller Souvenirs und Strickwaren und einigen feinen Restaurants ist in dieser Bilderbuchstraße für jeden etwas dabei.

NICHTS WIE HIN! ***Die Royal Mile liegt im Zentrum Edinburghs. Übernachtungsmöglichkeiten gibt es genug, aber buchen Sie – besonders um Neujahr und in der Festivalsaison (August) – im Voraus.***

171 National Mall

AMERIKAS VORGARTEN

USA // Die National Mall in Washington D.C. wird gern als „Vorgarten Amerikas" bezeichnet, was es eigentlich ganz gut trifft. Auf der struppigen Wiese, die sich zwei Meilen lang durch das Herz der US-Hauptstadt zieht, stehen zufällig einige der bekanntesten und meistverehrten Monumente des Landes. Im Osten ragt die mächtige Kuppel des Kapitols auf, gefolgt von zehn Smithsonian-Museen, in denen vom Sternenbanner bis zur Apollo-Mondlandefähre alles geboten ist. Das beeindruckende Vietnam Veterans Memorial und das heiß geliebte Lincoln Memorial markieren das westliche Ende. Dieser Ort der Geschichte ist auch einer der beliebtesten öffentlichen Plätze Amerikas, an dem protestiert, gefeiert oder gejoggt wird. Auf diesem Fleckchen Grün trifft das, was Amerika ausmacht, auf engstem Raum aufeinander.

NICHTS WIE HIN! ***Die Metro-Station Smithsonian liegt in der Mitte der Mall. Die Denkmäler sind rund um die Uhr zugänglich, die meisten Museen haben von 10 bis 17.30 Uhr geöffnet und sind gratis.***

170 Cristo Redentor

HERR IM HIMMEL

BRASILIEN // Von all den Statuen, die in Museen auf kahle Wände starren oder in Parks den Tauben zusehen, hat wohl keine einen so umwerfenden Ausblick wie Cristo Redentor in Rio de Janeiro. Der Erlöser aus Speckstein auf dem Corcovado, der mit ausgebreiteten Armen um Frieden bittet, wacht über die brasilianische Großstadt und ihre spektakuläre Umgebung: eine Mischung aus Bergen und Stränden, Armenvierteln und Wolkenkratzern. Den winzigen Sterblichen, die mit der Seilbahn den Corcovado hinaufgondeln, präsentiert sich zu Füßen des Heiligen eben dieser unglaubliche Ausblick.

Erste Pläne für die Erlöserstatue reichen in die Zeit um 1850 zurück, vollendet wurde sie jedoch erst 1931. Seitdem wurde sie schon ein paar Mal vom Blitz getroffen, von Päpsten und Königen besucht und anlässlich der Fußball-WM 2014 in den Farben der deutschen Fahne angestrahlt – und so gehört sie nach wie vor zu den wichtigsten Schätzen Brasiliens.

NICHTS WIE HIN! ***Wer die Seilbahn nehmen möchte, kommt lieber früh oder stellt sich auf lange Warteschlangen ein.***

170

172

Prager Burg

SCHAU REIN BEI KÖNIG WENZEL

TSCHECHISCHE REPUBLIK // Wie ein Dornröschenschloss thront die bunte Ansammlung von Türmen, Türmchen und Palästen am Westufer der Moldau über dem Zentrum Prags. In den faszinierenden Gebäuden, Museen und Galerien innerhalb der Burgmauern verstecken sich einige der größten Kunst- und Kulturschätze des Landes. Die Burg ist bei Touristen natürlich ein Muss, immerhin handelt es sich um Prags Antwort auf den Louvre. Genießen Sie also Kunst statt Ruhe!

NICHTS WIE HIN! *Von der Karlsbrücke führt ein steiler Weg zur Burg. Die Eintrittskarten sind zwei Tage lang gültig.*

173

Ghanas Sklavenforts

ERNÜCHTERNDE EINSICHTEN

GHANA // Die historischen Forts von Ghana erinnern einerseits an die düstere Zeit, als von hier aus unzählige Menschen in Ketten in die Neue Welt verschifft wurden. Andererseits sind die Burgen und die Küste von unbestreitbarer Schönheit: Massive, weiß getünchte Mauern wachen über den palmengesäumten Strand und die bunten Fischerboote. In Elmina und Cape Coast erzählen die Befestigungsmauern die Geschichten all derer, die hinter dem Horizont verschwanden.

NICHTS WIE HIN! *Cape Coast und Elmina sind die beliebtesten der rund 30 Forts an der Küste Ghanas.*

174

Brüssels Grand-Place

GOTHIC GUILDHALL GRANDEUR

BELGIEN // Europa hat viele sehenswerte Plätze (von denen es auch einige in unsere Liste geschafft haben), aber der Grote Markt (Grand-Place) ist eine Nummer für sich. Schlendert man durch die Seitengassen der Altstadt mit ihren Fischrestaurants und Boutiquen, bemerkt man das Weltkulturerbe erst gar nicht. Bis man plötzlich auf dem ehrwürdigen Platz steht, auf dem sich majestätische Bauten im bunten architektonischen Stilmix opulenter Gildehäuser aneinanderschmiegen.

NICHTS WIE HIN! *Vom Flughafen aus ist man mit dem Zug in 20 Minuten im Zentrum. Brüssel erreicht man auch mit dem Eurostar.*

175

Kinkaku-ji

Das goldene Juwel Japans

↓

Kyoto, JAPAN // Kinkaku-ji (der Goldene Pavillon) ist eine der faszinierendsten Sehenswürdigkeiten Japans. Ob an strahlenden Sommertagen, im Herbst, wenn die Ahornbäume rot leuchten, oder im weißen Kleid des Schnees, der vergoldete, sich im Teich spiegelnde Zen-Tempel ist das ganze Jahr über ein wunderschöner Anblick. Er wurde 1955 restauriert, nachdem ein Mönch ihn fünf Jahre zuvor angezündet hatte. Der japanische Autor Yukio Mishima verewigte die Geschichte in einem seiner Romane.

☛ NICHTS WIE HIN! ***Kinkaku-ji liegt im Nordwesten Kyotos, 30 Minuten mit dem Bus von der JR-Kyoto-Station.***

176

Gullfoss

Donnernde Fälle

↓

ISLAND // Der herrliche Gullfoss ist mehr als ein Wasserfall, er ist das Symbol isländischen Naturschutzes. Die „Goldenen Wasserfälle" des Weißen Flusses im mittleren Süden Islands gehören zu den mächtigsten Europas und sehen vor allem im Winter, wenn Teile gefroren sind, toll aus. Anfang des 20. Jhs. wollten ausländische Investoren Gullfoss für die Stromgewinnung kaufen, aber Sigriður Tómasdóttir, die Tochter des Landbesitzers, wollte davon nichts wissen und kämpfte unermüdlich für die Erhaltung der Wasserfälle.

NICHTS WIE HIN! ***Golden-Circle-Touren verbinden Gullfoss, die Geysire und den Thingvellir-Nationalpark.***

178

177

Rocky-Mountain-Nationalpark

EIN HOCH AUF DIE ROCKIES

USA // Über 1000 km² Berge und mehr als 500 km Wanderwege, Reiten, Radfahren, Skilanglauf und Schneeschuhwandern – nicht umsonst ist der Park ein nationales Heiligtum. Hier leben einige der größten Säugetiere Amerikas: Schwarzbären, Pumas und Elche. Letztere locken im Herbst mit ihren Brunftschreien nicht nur Artgenossinnen, sondern auch viele Touristen an. Mit 72 Gipfeln über der 3500-m-Marke bekommt „high sein" in Colorado eine ganz andere Bedeutung.

☛ NICHTS WIE HIN! *Mieten Sie einen Wagen, um den 125 km vom Denver Airport entfernt gelegenen Park zu erreichen.*

178

Ägypt. Museum

SCHATZKAMMER DER ÄGYPTOLOGEN

Kairo, ÄGYPTEN // Das Museum quillt über von herrlichsten Funden der Ägyptologie, Artefakte von Weltrang geben sich ein Stelldichein. Ohne Touchscreens, interaktive Displays und ausführliche Erklärungen reisen Sie durch die Zeit. Die offiziellen Highlights sind die Grabschätze von Tutanchamun, Hatschepsut und Co. im Raum der Königsmumien, aber die wahren Wunder dieses Labyrinths alter Schule sind die Statuen, Schreine und Sphinxe, die in jeder schummrigen Ecke schlummern.

☛ NICHTS WIE HIN! *Das Museum liegt am Tahrir-Platz im Herzen Kairos. Die nächste Metro-Station ist Sadat.*

179

Gorges du Verdon

GRAND CANYON EUROPAS

FRANKREICH // Die Verdonschlucht zieht sich wie ein 25 km langer Riss durch das Kalksteinplateau der Haute-Provence am Fuß der Alpen. Dank ihres beeindruckenden Artenreichtums ist sie Teil des Parc Naturel régional du Verdon. In der monumentalen Landschaft können Sie wandern, klettern, Kajak fahren, raften, Rad fahren, reiten. Von den Serpentinen an den Talflanken geht es schwindelerregend hinunter zum milchigen Wasser des Verdon und Jabron – nichts für schwache Nerven.

☛ NICHTS WIE HIN! *Starten Sie in Moustiers Sainte-Marie (Westen) oder Castellane (Osten). In der Schlucht: Wandern, Rafting oder Kajak.*

180 Fort Amber

QUINTESSENZ RAJASTHANS

Jaipur, INDIEN // In Fort Amber ist der Geist Rajasthans in einem Bauwerk konzentriert: Mit seinem romantischen Durcheinander aus Zinnen und Bastionen auf einem Bergkamm in der Wüste gleicht das Fort eher einem Schloss als einer Burg. Der gigantische Bau war der persönliche Spielplatz des Rajas Man Singh, der es als einer der Lieblingsgeneräle des Großmoguls Akbar zu Macht und Reichtum brachte. Innerhalb der grimmigen Festungsmauern prägen feinste Schnitzereien, Intarsien und kunstvolle Marmorgitter das Bild. Auch wenn einem die Besucherscharen wie das Heer des Großmoguls vorkommen, hat sich das Fort seit der Zeit Akbars kaum verändert – bis auf die Tatsache, dass das heutige Heer nur mit Kameras bewaffnet ist. Aber das alles ist vergessen, wenn man durch das Sonnentor (Suraj Pol) in die luxuriösen Innenhöfe und damit in ein Märchen aus 1001 Nacht eintritt.

NICHTS WIE HIN! ***Das Fort liegt in Amber, 11 km von Jaipur. Vergessen Sie die Elefantenritte, fotografieren Sie die Dickhäuter lieber.***

181 Snowdonia

LEGENDÄRE WALISISCHE BERGE

WALES // Schönheit und Mythos prägen den Snowdonia-Nationalpark. Der Snowdon selbst ist ein Berg für jedermann: Man kann mit dem Zug hinauffahren, Wanderer freuen sich über klar ausgezeichnete Wanderwege, Abenteurer bewegen sich abseits der Trails. Aber der Park im Norden von Wales bietet noch mehr Highlights: Nach einer erfrischenden Kletterpartie zum Gipfel des Tryfan kann man an dessen Spitze zwischen den Felsen Adam und Eve hin und her springen (das soll Glück bringen), und um den Cadair Idris ranken sich Legenden von Riesenhunden und unendlich tiefen Seen. Wer Action sucht, findet Sandstrände und eine breite Palette von Abenteuersportarten: Snowdonia trumpft mit der längsten Seilrutsche Europas auf und seit 2015 mit einer hochmodernen künstlichen Surfwelle.

NICHTS WIE HIN! ***Busse sind nützlich – der Snowdon Sherpa verbindet die Startpunkte der Wanderwege – und Züge fahren bis zur Llanberis Junction. Am besten aber ist ein eigenes Auto.***

182

Vulkan-Nationalpark

Gorillas im Nebel

↓

RUANDA // Nichts lässt sich vergleichen mit dem Gefühl, einem Gorilla in die Augen zu schauen und zu sehen, wie er diesen Blick mit derselben Neugier erwidert. Und nirgends kann man diese Erfahrung besser machen als in Ruandas Vulkan-Nationalpark.

Die Ausmaße des Parks sind eindrucksvoll: Fünf steile, regenwaldbewachsene Vulkankegel ragen aus dem ostafrikanischen Tiefland. Durch dichtes Buschland gelangen Sie zu den zehn Gorilla-Clans, die an den zerklüfteten Hängen der Virunga-Vulkane leben.

☛ NICHTS WIE HIN! ***Startpunkt: Musanze (Ruhengeri), zwei Autostunden von Kigali entfernt.***

184

185

183

Xochimilco

VENEDIG MEXIKOS

MEXIKO // Eine Zugstunde südlich von Mexico City löst sich das urbane Durcheinander in einem Netz von Wasserwegen auf. Es sind die letzten Überbleibsel der Kanäle und schwimmenden Gärten von Tenochtitlán, der aztekischen Stadt, die die spanischen Eroberer als „Venedig der Neuen Welt" bezeichneten. Begleitet von Mariachi-Klängen schippern bunte Boote Ausflügler durch die Kanäle. Nach dem lärmenden Zentrum Mexico Citys versteht man, warum dies ein beliebter Rückzugsort ist.

NICHTS WIE HIN! *Metro Línea 2 bis Tasqueña, dann Tren Ligero bis Xochimilco. Für eine Kanaltour chartern Sie eine* trajinera.

184

Glen Coe

HERRSCHER DER GLENS

SCHOTTLAND // Glen Coe mag nicht sehr malerisch sein, nur ein karges, einsames, trostloses Tal, voll Heidekraut und Disteln – aber die spektakulär zerklüftete Felslandschaft ist in Westeuropa einzigartig. Schneebedeckte Hügel ragen erdrückend steil in den Himmel, eine Warnung an alle, die auf den sumpfigen Wegen des Tals wandern. Die Geschichten über Highland-Clans, die an diesem gottverlassenen Ort bis zum letzten Atemzug kämpften, dürfen Sie sich auf keinen Fall entgehen lassen!

NICHTS WIE HIN! *Einen der besten Blicke auf Glen Coe hat man vom Buachaille Etive Mor aus, der Aufstieg ist allerdings sehr steil.*

185

Mont Blanc

TANZ MIT DER DAME IN WEISS

FRANKREICH // Von Nid D'Aigle wandern Sie zum Refuge de Tête Rousse, schaffen es lebend durch den „Todeskorridor" (Couloir du Goûter) und klettern hinauf zum Refuge du Goûter. Mit Klettereisen und Eispickel geht es den nächsten Kilometer steil nach oben, und endlich sind Sie am Grat, wo links Frankreich und rechts Italien liegt. Es sind -15°C, der 4810 m hohe Gipfel ist in Sicht, und Kopf und Magen drehen sich. Aber es gibt keinen Ort auf der Welt, an dem Sie jetzt lieber wären.

NICHTS WIE HIN! *Von Chamonix aus geht es ins Mont-Blanc-Massiv. Engagieren Sie einen ausgebildeten Bergführer.*

186

Karnak

EIN HEILIGTUM AUF STEROIDEN

ÄGYPTEN // Das nahe Luxor gelegene Karnak war einst als Ipet-Sut, „erwähltester aller Orte", bekannt – und das, obwohl es Abu Simbel und die Pyramiden von Gizeh gibt! Für die alten Ägypter war dieser enorme Tempelkomplex mit seinen 25 Kapellen, unzähligen Obelisken und einer einst 3 km langen Sphinx-Allee der Sitz des Gottes Amun. Alles hier ist gigantisch – besonders die 134 Papyrussäulen in der Säulenhalle. Gedopte Architektur, die noch nach 3500 Jahren Staunen provoziert.

NICHTS WIE HIN! ***Karnak ist von 6.30 bis 17.30 (Winter) oder 18 Uhr (Sommer) geöffnet. Abends mehrmals Licht- und Soundshows.***

187

Gardens by the Bay

BOTANISCHER GARTEN DER ZUKUNFT

SINGAPUR // Dieses 101 ha große Fantasieland aus futuristischen Biokuppeln und skurrilen Skulpturen ist Singapurs botanische Sensation: der Flower Dome mit trockenem Mittelmeerklima unter der Glaskuppel, der Cloud Forest mit Wasserfall und die alles übertrumpfenden vertikalen Gärten der Supertrees. Sechs davon sind mit Brücken verbunden, von denen aus man einen tollen Blick auf die Stadt hat. Die bewachsenen Säulen funkeln in der nächtlichen Licht- und Soundshow Garden Rhapsody.

NICHTS WIE HIN! ***Die Gärten liegen hinter Marina Bay Sands (Bayfront MRT/Metro-Station) und sind frei zugänglich.***

188

iSimangaliso Wetland Park

AFRIKAS FABELHAFTE FEUCHTGEBIETE

SÜDAFRIKA // iSimangaliso bedeutet „Wunder" – ein treffender Name für diese spektakuläre Feuchtlandschaft, die sich über 220 km von der Grenze zu Mosambik bis zur Südspitze des St.-Lucia-Sees zieht. Neben dem Artenreichtum machen die attraktiven Meeresstrände die Magie dieses Ortes aus und ziehen je nach Saison Reiter, Taucher, Hochseefischer, Kajak- oder Bootfahrer in das Herz des Parks. Wo sonst findet man Wale und Nashörner in einem Nationalpark vereint?

NICHTS WIE HIN! ***Der Haupteingang zum Park ist bei der Kleinstadt St. Lucia, Lodges und Campingplätze liegen weit verstreut.***

191

189 Münster von York

MÄRCHEN VON ALT-YORK

ENGLAND // Das mächtige mittelalterliche Münster (das größte Nordeuropas) ist der beste Startpunkt, um York zu erkunden: Eine moderne Krypta führt durch 2000 Jahre Geschichte, von den Überresten römischer Kasernen bis zum Fundament des normannischen Münsters selbst. Steigen Sie nun wieder hinauf und sehen Sie sich den Orb an, wo Meisterwerke aus Buntglas zu sehen sind, und steigen Sie schließlich hoch zum Hauptturm der Kathedrale mit ihrem herrlichen Blick über Yorkshire.

NICHTS WIE HIN! *Die Eintrittskarten sind ein Jahr lang gültig.*

190 Van-Gogh-Museum

AUF DEN SPUREN DES GEQUÄLTEN KÜNSTLERS

NIEDERLANDE // Er ist der Archetyp des verarmten, unbeachteten Künstlers, und doch war Vincent van Gogh, der Zeit seines Lebens nur ein einziges Bild verkaufte, der größte niederländische Maler des 19. Jhs. Das Museum in Amsterdam besitzt die weltweit größte Sammlung seiner Werke, unter anderem aus seiner Anfangszeit in den Niederlanden und der letzten Jahre in Frankreich. Lassen Sie sich von den lebhaften Gelbnuancen und den tiefen Lila- und Blautönen in Bildern wie *Sonnenblumen* und *Die Kartoffelesser* verzaubern.

NICHTS WIE HIN! *Mit Onlinetickets können Sie die Warteschlangen umgehen.*

191 Sigiriya-Felsen

SRI LANKAS MEGAMONOLITH

SRI LANKA // Wie ein Riese ragt der malerische Sigiriya aus der flachen Landschaft Sri Lankas. Über den fast senkrechten Felswänden thront ein Plateau mit den Schnitzereien und Wandmalereien einer uralten Zivilisation. Seinen Namen verdankt Sigiriya, der „Löwenfels", den riesigen Löwentatzen, die den Eingang des einstigen Palastes zieren. Der Ausblick auf die umliegende Landschaft – Gräben voller Seerosen, Wassergärten und stille Schreine – trägt zur Magie dieses Ortes bei.

NICHTS WIE HIN! *Sigiriya liegt östlich von Inamaluwa. Zu den Gärten fahren Busse. 1200 Stufen führen hinauf zum Hochplateau.*

192

Minakshi-Tempel

Treffen mit 10 000 Göttern

↓

Madurai, INDIEN // Der Tempel zu Ehren der dreibrüstigen Göttin Minakshi gilt als Krönung der südindischen Baukunst und ist für den Süden Indiens das, was für den Norden das Taj Mahal ist. Wer die vor Gottheiten und Dämonen überbordenden zwölf *gopurams* (Tempeltürme) genau unter die Lupe nimmt, findet hier so gut wie alle Helden und Schurken des Hinduismus wieder – in Farbe! Die hiesigen Priester und Pilgerströme machen den Tempel zu einem lebendigen Ort des Glaubens.

☛ NICHTS WIE HIN! ***Der Tempel steht im Herzen Madurais. Keine kurzen Hosen und nackten Schultern beim Besuch.***

195

193
Altstadt von Tiflis

IM HERZEN EURASIENS

GEORGIEN // Zu Füßen der Festung Nariqala aus dem 4. Jh. erstrecken sich Gassen, Holzhäuser, Plätze und Kirchen, die die Altstadt von Tiflis zu einer der schönsten Ecken des Kaukasus machen. Die entzückenden Jugendstil-Häuser sind so schief, dass es ein Wunder ist, dass sie noch stehen. Da das Geld für ihre Rettung fehlt, werden es einige wohl nicht mehr lange machen. Schnappen Sie sich in einem der Cafés ein heißes Käsebrot und genießen Sie den Anblick, solange es noch geht.

NICHTS WIE HIN! *Ein orthodoxer Gottesdienst in einer der Kirchen der Altstadt ist eine Erfahrung, die demütig macht.*

194
Changdeokgung-Palast

SEOULS KÖNIGLICHE GEMÄCHER

SÜDKOREA // Die Architektur dieses Palastes aus der Joseon-Dynastie ist von Feng Shui geprägt. Nachdem das Original um 1590 von den Japanern zerstört wurde, ließ sich die koreanische Königsfamilie hier nieder. Der von Bergen und einem Fluss umgebene Palast ist ein Tor zum 14. Jh. Die Raffinesse dieser Epoche sieht man besonders gut im Biwon (Versteckter Garten), wo die Adligen ihre Gedichte schrieben. Erstaunlich, wie etwas so Zerbrechliches im Großstadtchaos von Seoul überleben kann.

NICHTS WIE HIN! *Die Metro-Linie 3 fährt zur nahe gelegenen Anguk-Station. Nehmen Sie Ausgang 3.*

195
Koreas DMZ

DER GEFÄHRLICHSTE ORT DER WELT?

NODKOREA/SÜDKOREA // Um das totalitäre Nordkorea zu erleben, reicht ein Besuch in der Demilitarisierten Zone (DMZ). Die 240 km lange, streng bewachte, landminengesäumte Pufferzone teilt die Halbinsel. Von Seoul führen Touren in die Joint Security Area – ein surreales Erlebnis: drei schwer bewachte blaue Baracken, in deren Innerem die Grenze zu Nordkorea verläuft. Mit einschüchterndem Blick starren einen hier nordkoreanische Soldaten durchs Fernglas an.

NICHTS WIE HIN! *Empfohlen sind die Reiseanbieter Panmunjom Travel Center und USO (United Services Organizations).*

196

Bodhnath-Stupa

DREH- UND ANGELPUNKT IN KATHMANDU

NEPAL // Vor dem Erdbeben von 2015 war der Bodnath-Stupa der elektrisierende Dreh- und Angelpunkt des Lebens in Kathmandu. Tausende Menschen begannen und beendeten ihren Tag mit einer rituellen Umrundung des größten buddhistischen Stupas Nepals. Das Bauwerk wurde bei dem Beben nur beschädigt, aber das Ritual wurde bis auf Weiteres eingestellt. Aber es besteht Hoffnung, dass sich eines Tages wieder die Gebetsmühlen drehen.

NICHTS WIE HIN! *7 km vom Zentrum Kathmandus entfernt, viele Pensionen.*

197

Rynek Główny

TROMPETER VON KRAKAU

Krakau, POLEN // Fast 800 Jahre alt ist der von historischen Gebäuden umringte Rynek Główny, der Marktplatz Krakaus. Reges Treiben herrscht auf dem Platz mit den vielen Geschäften und Cafés. Im Turm der Marienkirche öffnet sich ein Fenster, und ein Trompeter spielt eine traurige Melodie, die zum Innehalten bewegt. Unvermittelt bricht sie ab, als wäre der Trompetenspieler von einem mongolischen Pfeil getroffen worden – was ebenfalls auf eine 800 Jahre alten Legende zurückgeht.

NICHTS WIE HIN! *Auf dem Rynek Główny kann es im Winter sehr kalt werden.*

198

Mògāo-Grotten

FELSENROMANTIK AN DER SEIDENSTRASSE

CHINA // Bei aller Romantik, die Seidenstraße war ein gefährliches Pflaster. Ein Grund mehr, bei den Mògāo-Grotten Halt zu machen, um für eine sichere Reise zu beten. Das Labyrinth aus 492 Höhlen und Kammern wurde im 4. Jh. gegraben und dann aufgegeben ... bis im 20. Jh. Forscher einen der größten Schätze buddhistischer Kunst fanden. Faszinierende Wandmalereien und ein Buddha in Hochhausgröße erzählen von einem Volk, das in der trostlosen Wüste Gobi ein Denkmal der Schönheit schuf.

NICHTS WIE HIN! *Per Bus oder anstrengender Radtour. Eintritt nur mit organisierter Tour.*

196

199

Wat Phou

LAOS' ANTWORT AUF ANGKOR

LAOS // Laos ist eher als chilliges Urlaubsparadies bekannt als für historische Ruinen, aber in Wat Phou bekommen Sie beides. Der Tempelkomplex aus der Khmer-Zeit versteckt sich im unberührten Dschungel von Südlaos am Ufer des Mekong. Die zerfallenden Pavillons, die anmutigen buddhistischen und hinduistischen Schnitzereien und die hohen Bäume machen seine Magie aus. Auch heute noch ist er ein Ort des Glaubens; eine friedliche Version des Tempels aus *Apocalypse Now*.

NICHTS WIE HIN! *Die nächste Stadt ist Pakse, die Hauptstadt von Champasak; zum Tempel geht's per Boot oder mit dem Motorrad.*

200–
299

200 Île de Gorée

INSEL DER ERINNERUNG

SENEGAL // Eine gespenstige, nachdenklich stimmende Stille liegt über Gorée. Bougainvilleas säumen die Gassen der autofreien Insel, deren strahlende Kolonialbauten stumme Zeugen des Sklavenhandels sind. Das Sklavenhaus mit der aufs Meer blickenden „Tür ohne Wiederkehr" ist ein berührendes Mahnmal. Wie viele Sklaven von hier aus verschifft wurden, ist umstritten, die traurige Symbolkraft des Ortes aber ist unzweifelhaft.

NICHTS WIE HIN! *Gorée liegt 3,5 km vor der Küste Dakars. Fähren verbinden fahren alle ein bis zwei Stunden in 20 Minuten zur Insel.*

201 Mont-Saint-Michel

HISTORISCHER PILGERORT

FRANKREICH // Der Mont-Saint-Michel verdankt seinen Platz in dieser Liste ausschließlich der Nebensaison, wenn auf der Klosterinsel in der Normandie Ruhe einkehrt. Ohne Menschenmassen kann man bei Ebbe barfuß über den Sand schlendern, dann wandelt man auf den Spuren einstiger Pilger durch Jahrhunderte Geschichte. An der Spitze angelangt, ist man fast enttäuscht – aus der Ferne wirkt die Insel romantischer.

NICHTS WIE HIN! *Die nächste Stadt, Pontorson, liegt 9 km südlich. Sie benötigen ein Auto, packen Sie Cidre und Snacks in Ihren Picknickkorb.*

202 Blue-Mountains-Nationalpark

NEBLIGE BERGE AUSTRALIENS

AUSTRALIEN // Dass die Blue Mountains unser drittliebster australischer Nationalpark sind, liegt einfach daran, dass die Messlatte hoch hängt. Der Park besticht durch die Schönheit seiner Natur und die Nähe zu Sydney. Wer am Wochenende genug von Strand und Meer hat, verschafft sich bei Wanderungen durch die Eukalyptuswälder Abwechslung. Den Ausdünstungen der Bäume, die in einem feinen Ölnebel über den Bergen schweben, verdanken die Blue Mountains ihren Namen.

Der Park liegt auf einem 1100 m hohen Sandsteinplateau, zerfurcht von bewaldeten Schluchten. Die steilen Auf- und Abstiege sind anstrengend, aber belohnt werden Sie durch die Düfte (Teebäume, Eukalyptus) und Klänge (Kakadus, Kookaburras) der australischen Wildnis. Die meisten Attraktionen wie die Felsformation Three Sisters liegen nahe den Städtchen Katoomba und Leura, aber je weiter man sich von den Parkplätzen entfernt, desto ruhiger wird es. Im Besucherzentrum von Katoomba gibt es eine Wanderkarte mit Wegen für jede Konditionsstufe.

NICHTS WIE HIN! ***Katoombal iegt rund 90 Autominuten von Sydney entfernt. Meiden Sie die Hitze und Brandgefahr der Sommermonate.***

203

Ilha de Moçambique

LEBENDIGE GEISTERSTADT

MOSAMBIK // Seit Vasco da Gama 1498 auf der winzigen, aber einflussreichen Insel landete – jahrhundertelang war sie die Hauptstadt Portugiesisch-Ostafrikas –, begeistert der Flecken alle Besucher. Europäische Eroberer und arabische Kaufleute sieht man heute nicht mehr, aber die Geschichte ist allgegenwärtig, etwa im Fort São Sebastião aus dem 16. Jh. Die Netze der Fischer, die heute hier leben, trocknen an herrlichen Stränden, die jeden barfüßigen Abenteurer begeistern.

NICHTS WIE HIN! ***Nächster internationaler Airport: Nampula, 180 km entfernt.***

204

Erg-Chebbi-Dünen

GOLDENE GIPFEL DER SAHARA

MAROKKO // Die wilden rotgoldenen Sandmassen, die sich im Erg Chebbi aufgetürmt haben, sind so bedrohlich, dass sogar sanderprobte Marokkaner sie manchmal als Strafe Gottes sehen. Der Wind hat den Sand zu 150 m hohen Wellen aufgepeitscht, die sich 50 km entlang der marokkanisch-algerischen Grenze erstrecken. Diese *Star-Wars*-ähnliche Landschaft ist der Inbegriff der Sahara.

NICHTS WIE HIN! ***Von Merzouga aus geht es in die Dünen. Meiden Sie Juli und August, denn dann wird es unerträglich heiß.***

Erg-Chebbi-Dünen

Die Wanderdünen der Saharab lockten mich lange, bevor ich es schließlich nach Erg Chebbi schaffte. Durch ein stilles Örtchen mit Ausblick – nun ja, eher ein Loch in der Klowand – erhaschte ich einen ersten Blick auf die Dünen, die menschenleeren Weiten, die sich in orangefarbenen Wellen dahinzogen. Das Ende der Welt? Ein bizarres Gänsehautgefühl. Aber das war erst der Anfang. Es folgte das einzigartige Erlebnis, ins Nichts zu treten, gepaart mit der Verheißung arabischer Abenteuer, deren Flüstern in der Leere verhallte. Die Stille der Wüste war ohrenbetäubend. Nachdem unsere Kamelkarawane im Beduinenlager ankam und wir im Kerzenlicht Lieder, Speisen und Jasmintee genossen hatten, gipfelte die Stille in einem heulenden Wind, den ich niemals vergessen werde und der jeden Gedanken an Schlaf unmöglich machte. Die Nacht senkte sich, und der Tumult meiner Gedanken wurde davongetragen wie die Sandkörner im Wind.

Lorna Parkes, Redakteurin Nordafrika

204

205 Historisches Zentrum von San Gimignano

ITALIENS ERSTE WOLKENKRATZER

ITALIEN // Der Mensch möchte immer eine Nasenlänge voraus sein, also etwa den Nachbarn mit einem dicken Auto ausstechen – in San Gimignano setzte man auf Türme. Jahrhundertelang bauten rivalisierende Familien immer höher, um zu zeigen, wer Herr im Hochhaus ist. Entstanden ist so ein Garten von Himmelsstürmern, die über der kornfeldfarbenen Toskanastadt und der hügeligen Ackerlandschaft emporragen.

Hier finden Sie also Türme zum Besteigen, freskenstrotzende Kirchen, herrliche alte Plätze, historische Stadtmauern und Straßen-Trattorien, die köstliche lokale Weine ausschenken. Diesen Inbegriff Italiens genießen Sie am besten an einem verträumten Frühsommertag, wenn die Landschaft sich von ihrer besten Seite präsentiert.

Wie die gesamte Toskana ist auch San Gimignano von unsagbarer Schönheit – aber auch unsagbar überlaufen. Wer hier übernachtet, kann die Stille der frühen Morgen- oder der späten Abendstunden genießen, wenn die Straßen in magisches Licht getaucht sind.

NICHTS WIE HIN! *Übernachten ist am besten, aber es sind auch Tagesausflüge von Sienna möglich; Busse verkehren über Poggibonsi.*

206

Vasa-Museum

EINST VERSUNKENER STOLZ SCHWEDENS

SCHWEDEN // Als das mächtige Schlachtschiff Vasa auf seiner Jungfernfahrt 1628 wegen eines Konstruktionsfehlers im Stockholmer Hafen sank, war das eine Blamage. Als die Vasa geborgen und restauriert wurde, wurde sie zum Stolz des Landes. Das glorreiche Symbol des schwedischen Imperiums beeindruckt allein durch seine Größe und Verzierungen. Neben Untergang und Bergung der Vasa werden auch die Bemühungen um den Erhalt dieses Stücks schwedischer Geschichte beleuchtet.

NICHTS WIE HIN! *Das Vasa-Museum liegt auf der Stockholmer Insel Djurgården und ist von Juni bis August stark besucht.*

207

Portmeirion

DIE VERRÜCKTE WELT VON NUMMER 6

WALES // Wer die TV-Serie *Nummer 6* aus den 1960er-Jahren kennt, hält in Portmeirion, dem Hauptdrehort der Kultserie, unweigerlich Ausschau nach hüpfenden Riesenbällen. Die farbenfrohen, italienisch angehauchten Häuser entwarf der walisische Architekt Sir Clough Williams-Ellis. Auch eine Fabrik für blumenverziertes Keramikgeschirr, Portmeirion Pottery, hatte hier ihren Sitz. Einen derart bezaubernden und zugleich schrulligen Ort kann es nur in Großbritannien geben.

NICHTS WIE HIN! *Portmeirion liegt knapp 4 km östlich von Porthmadog; beste Anreise ist mit einem Taxi.*

208

Times Square

DIE HELLEN LICHTER VON NEW YORK

New York, USA // Es gibt nur zwei Möglichkeiten: Entweder man liebt den Times Square – oder man hat noch nicht gelernt, ihn zu lieben. Die Kreuzung von Broadway und 7th Avenue hält mehr New-York-Momente bereit als jeder Woody-Allen-Film – und weil man den Times Square schon tausendmal gesehen hat, ist eine erste echte Begegnung fast unwirklich. Das spielt aber alles keine Rolle mehr, sobald das Blau der Neonreklamen sich im grellen Farbenrausch mit dem Gelb der Taxis vermischt.

NICHTS WIE HIN! *Steigen Sie an der belebten Subway-Station Times Square-42nd Street aus, an der mehrere Linien zusammenlaufen.*

209 Bacuit-Archipel

UND WELCHE IST IHRE TRAUMINSEL?

PHILIPPINEN // Wer auf den Philippinen nach der perfekten Mischung aus Sand, Palmen und Korallen sucht, hat bei 7107 Inseln die Qual der Wahl. Wir wollen es Ihnen mal leicht machen: Vom entspannten Taucherparadies El Nido aus kann man ein ganzes Wunderland kleiner dschungelbewachsener Karstinseln in einer perfekten türkisfarbenen Bucht erkunden. Der Bacuit-Archipel trumpft mit versteckten Stränden, verborgenen Höhlen, vergessenen Lagunen, archäologischen Stätten und spektakulären Tauchplätzen auf. Hier kann man mit Walhaien, Manta-rochen, Seekühen und anderen Meeresbewohnern schwimmen und findet die letzten wirklich entspannten Inseln der Tropen. Herrlich romantisch ist das Auslegerkanu, aber Sie können den Archipel auch per Kajak oder mit Schnorchel und Flossen erkunden. Starten Sie zum Insel-Hopping oder chartern Sie ein Boot und lassen Sie sich auf einem einsamen Eiland aussetzen. In jedem Fall werden Sie spüren, wie Südostasien-Reisen einmal waren – und immer noch sein sollten.

☛ NICHTS WIE HIN! *El Nido ist der Startpunkt in den Bacuit-Archipel. Der Ort ist selbst schon ganz schön paradiesisch; Flüge von Manila.*

211

210

Robben Island

AUF DEN SPUREN MANDELAS

SÜDAFRIKA // Ein Gefängnis ist ein eher ungewöhnliches Reiseziel, aber Robben Island ist das Synonym für den Kampf gegen die Apartheid. Nelson Mandela, der 18 Jahre lang Insasse war, schrieb hier heimlich an seinen unter dem Titel *Der lange Weg zur Freiheit* veröffentlichten Memoiren. Weniger prominente Ex-Insassen führen heute durch die ehemalige Haftanstalt und machen eine Besichtigung zu einem sehr persönlichen Erlebnis, das bedrückend und beflügelnd zugleich ist.

NICHTS WIE HIN! *Rundgang: vier Stunden; Die Fähre aus Kapstadt legt tgl. beim Uhrturm der Victoria & Albert Waterfront ab.*

211

Borgarfjörður Eystri & Seyðisfjörður

FJORDTASTISCH!

ISLAND // Fjordliebhaber, Sie werden dieses Paradies im Osten Islands anbeten! Im atemberaubenden Seyðisfjörður, der inmitten von Bergen und Wasserfällen in einem tiefen Tal liegt, werden Besucher für ihre (manchmal strapaziöse) Anreise reich belohnt. Kajakfahrer, Mountainbiker und Wanderer sind im Himmel, Letztere vor allem in der Nähe von Borgarfjörður Eystri, wo spektakuläre Wege abseits der Massen zu einem Juwel des nachhaltigen Tourismus' führen.

NICHTS WIE HIN! *Per Fähre von Dänemark durch den 17 km langen Fjord bis Seyðisfjörður; Borgarfjörður zwei Autostunden nördl.*

212

Sossusvlei

BERGE AUS GEFORMTEM SAND

NAMIBIA // Die Namib ist die älteste Wüste der Welt, und die gigantischen Dünen des Sossusvlei im Namib-Naukluft-Nationalpark sind atemberaubend. Bis zu 380 m erheben sie sich über die Salz-Ton-Pfannen, und die vom Wind parabelförmig aufgetürmten Dünen werden von scheinbar rasiermesserscharfen Kämmen gekrönt. Die auf- und untergehende Sonne verwandelt die Landschaft in eine Kontrastaufnahme aus orangerotem Licht und pechschwarzem Schatten.

NICHTS WIE HIN! *365 km von Windhoek auf malerischer Straße. Sonnenauf- oder -untergang live nur bei Übernachtung im Park.*

215

213

Salzbergwerk Wieliczka

GEWÖLBE AUS SALZ

POLEN // Tief unter der Erde liegt das ungewöhnliche Museum mit seinen architektonischen, künstlerischen und sakralen Meisterwerken aus Salz. Wieliczka wurde mehr als 700 Jahre als Mine betrieben. In Tiefen von bis zu 327 m erstrecken sich 287 km Tunnel, die heute ein Bergbaumuseum, Skulpturen und eine riesige Kapelle mit (Salz-)Lüstern beherbergen. Hier gibt es zudem einen unterirdischen See und eine Wellnessoase: Das Mikroklima soll heilende Wirkung haben.

NICHTS WIE HIN! ***Wieliczka liegt 14 km von Krakau entfernt. Egal wie warm es oben ist, in 135 m Tiefe ist es ziemlich kühl.***

214

Nationalpark Nahuel Huapi

ALPINER PUBLIKUMSLIEBLING

ARGENTINIEN // Die Lockrufe von Nahuel Huapi hallen von den Gipfeln der verschneiten Berge hinab zu den Tiefen des riesigen Gletschersees. Kein Wunder, dass dies einer der meistbesuchten Nationalparks Südamerikas ist, in dessen Zentrum sich das malerische Bariloche befindet. Der florierende Ferienort liegt in herrlicher Kulisse, und im Winter wie im Sommer sind die Freizeitangebote unwiderstehlich: von Wandern über Fischen, Radfahren und Klettern bis zu Skifahren und Raften.

NICHTS WIE HIN! ***Bariloche ist südwestlich von Buenos Aires – mit dem Flugzeug ein Katzensprung, mit dem Bus eine sehr lange Reise.***

215

Quallensee

MAGISCHE MEDUSENWELT

PALAU // Die 21 Mio. sanft pulsierenden Quallen im mikronesischen Palau, die seit mehreren Tausend Jahren in einem vom Meer abgeschnittenen Salzwassersee gefangen sind, sind ein Wunder der Evolution. Gänsehaut statt (nicht vorhandener) Giftnesseln: Fahren Sie mit dem Boot auf eine der unbewohnten Inseln des Sees, wandern Sie durch den Dschungel, schnappen Sie sich Schnorchel und Maske, tauchen Sie ins warme Wasser und lassen Sie sich mit den marinen Wundern treiben.

NICHTS WIE HIN! ***Die Chelbacheb-Inseln liegen 7500 km südwestlich von Hawaii. Der See ist beliebt, kommen Sie früh!***

216
Vigelandpark

SKULPTUREN IM ADAMSKOSTÜM

Oslo, NORWEGEN // Der norwegische Bildhauer Gustav Vigeland war von seltenem Talent, und hier manifestiert sich sein Schaffensdrang. Im Vigelandpark tummeln sich Statuen in allen Situationen des menschlichen Lebens – lieben, zärtlich sein, kämpfen, philosophieren. Sie alle haben eines gemeinsam: die Nacktheit. Bei Fotografen am beliebtesten sind das zornige Kleinkind und die surreale, gottgleiche Figur, die Kinder von den Gliedmaßen zu schütteln scheint. Stufen führen zur berühmtesten Skulptur des Parks, dem Monolithen, einer 14 m hohen Säule, an der sich in orgiastischer Pose 121 Menschenleiber hinaufwinden. Einige sehen darin ein Symbol des ewigen Ringens des Menschen; andere einen Riesenphallus. Aber entscheiden Sie selbst.

NICHTS WIE HIN! ***Der Park liegt in Laufweite der Metro-Station Majorstuen, an der Buslinie 20 und der Tramlinie 12. Eintritt frei.***

217

216

217
Sommer-palast

SOMMERSITZ DES CHINESISCHEN IMPERIUMS

CHINA // Für Kaiser und Hofleute war Pekings prächtiger Sommerpalast eine im wahrsten Sinne des Wortes erfrischende Abwechslung zur brütenden Hitze der einstigen Kaiserstadt. Der Palast mit seinem großen See und den umgebenden Bergen entführt einen in die herrlichen Landschaften traditioneller chinesischer Malereien – ein Muss für jeden Peking-Reisenden. Er wurde zweimal von feindlichen Truppen heimgesucht und unter kommunistischer Herrschaft wiederaufgebaut. Er ist ein pompöses Sammelsurium an Tempeln, Gärten, Pavillons, Brücken und Tortürmen, die im 18. Jh. von 100 000 Arbeitern unter Kaiser Qiánlóng erbaut wurden. Kommen Sie im Sommer: Die Einheimischen strömen dann in Scharen herbei, um spazieren zu gehen, Boot zu fahren und beim *shāokǎo* (Grillen) das eine oder andere Bierchen zu zischen.

NICHTS WIE HIN! ***Der Palast liegt an den Bezirken Hǎidiàn und Wǔdàokǒu. Besuchen Sie den Biergarten nahe der Metro-Station Wǔdàokǒu.***

219

218

Altstadt von Québec

THE NEW WORLD'S ELDERLY EXCEPTION

KANADA // „Alt" ist in Nordamerika relativ, was das historische Herz von Québec umso besonderer macht. Die 1608 gegründete Stadt ist die einzige des Kontinents, deren Stadtmauern, Tore und Bastionen noch erhalten sind. Innerhalb der Mauern liegen verwinkelte Gassen und holprige Pflasterstraßen aus dem 17. und 18. Jh., und die Häuser sehen nach Frankreich aus. Besonders authentisch: im Straßencafé bei einem *vin rouge* und einem Teller *poutine* (Pommes, Käse und Bratensoße) sitzen.

NICHTS WIE HIN! ***Unter www.quebecregion.com findet man Rundgänge mit Karten, Tipps und Hintergrundinformationen.***

219

Kathedrale

HEIMAT DER ANGLIKANISCHEN KIRCHE

Canterbury, ENGLAND // Nachdem 1170 vier Ritter Thomas Becket, den Bischof von Canterbury, im Streben um die Gunst Heinrichs II. ermordeten, avancierte der bis dahin schon wichtige Ort des Glaubens zu einem im ganzen Christentum verehrten Wallfahrtsort. Und auch heutige Pilger enttäuscht die Kathedrale nicht: Ihre Größe – von der gotischen Vorhalle bis zum bemerkenswert modernen Altar – passt perfekt zu ihrer Funktion als Haupsitz der Anglikanischen Kirche.

NICHTS WIE HIN! ***Eintritt £ 10,50 (außer für Besucher der Messe); montags bis samstags gibt es regelmäßige Führungen.***

220

Karthago

AFRIKAS ALTE PUNISCHE HAUPTSTADT

TUNESIEN // Die Überreste der glorreichen punischen Stadt liegen verstreut über einen Vorort von Tunis am Meer. Die Ausgrabungen des Herrscherviertels Byrsa zeigen, wie das Leben in der Hauptstadt ausgesehen haben muss. Steigen Sie auf den Byrsa-Hügel – vorbei am Forum, das die Römer nach der Niederlage Karthagos im Dritten Punischen Krieg errichteten. Die einstige Supermacht, die durch Handel reich wurde, ist ein Sinnbild dafür, wie Imperien fallen können.

NICHTS WIE HIN! ***Mit der TGM-Zuglinie, die zwischen den Stationen Tunis Marine und Hannibal-Carthage verkehrt.***

221 Reichstag

TEUTONISCHER FORMWANDLER

DEUTSCHLAND // Von der Glaskuppel blickt man über Berlin, und die darunterliegenden Mauern sind ein Symbol des Auf und Ab der deutschen Geschichte seit der Gründung der Nation im Jahr 1871. Der Grundstein des Neorenaissance-Baus am Spreeufer wurde 1884 gelegt. Seit 1916 prangen die bedeutsamen Worte „Dem Deutschen Volke" auf dem Giebel über der Hauptfassade, zum Unmut Kaiser Wilhelms II., der nach dem Ersten Weltkrieg abdankte. Danach rief Philipp Scheidemann von einem Balkon des Gebäudes die Republik aus. Der bei den Nazis unbeliebte Bau hat in der Schlacht um Berlin im Jahr 1945 schwer gelitten (heute noch sieht man Worte wie „Hitler kaputt", von russischen Soldaten an die Wände geschrieben). Im Kalten Krieg geriet der Reichstag an der Grenze zwischen Ost- und Westberlin erneut ins Fadenkreuz. Mit der Errichtung der Berliner Mauer wurde er 1961 geschlossen. Als die Mauer fiel, erabeitete Norman Foster ein neues Design, heute kann man hier den Bundestag bei der Arbeit beobachten.

NICHTS WIE HIN! *Besichtigung von Kuppel und Dachterrasse kostenlos, jedoch nur mit vorheriger Anmeldung: www.bundestag.de.*

222 Virupaksha-Tempel

URALTER HEILIGER WOLKENKRATZER

INDIEN // Der Virupaksha-Tempel und die herrlichen Altstadtruinen von Hampi waren bis vor Kurzem religiöser Mittelpunkt eines umtriebigen Dorfes. Doch dann ließ die indische Regierung Hampi Bazaar räumen, sodass die dravidischen Wolkenkratzer heute meist in aller Stille dastehen – die Mondlandschaft mit ihren gigantischen Felsbrocken wirkt seltsam unwirklich. Der Virupaksha ist so etwas wie das Herz und die Seele der Anlage, denn er ist der einzige Tempel in Hampi, in dem noch laufend gebetet wird. Der fast 50 m hohe, reich geschmückte *gopuram* (Torturm) ist ein herrliches Beispiel typisch südindischen Tempelbaus. Fertiggestellt wurde er im Jahr 1442, da ist es kein Wunder, dass ihm der Zahn der Zeit zugesetzt hat. Die dünne Rußschicht tut der Faszination jedoch keinen Abbruch, im Gegenteil: Sie verleiht dem Urgroßvater aus dem dravidischen Reich in der Hauptstadt des letzten Hindu-Königreichs Vijayanagar umso mehr Charakter. Daher hat noch jeden, der hier eintrat, die Ehrfurcht gepackt.

☛ NICHTS WIE HIN! ***Flughäfen in Bangalore und Goa, Bahnverbindung zum nahen Hospet; übernachten in Virupapur Gaddi.***

223 224 225

223 Malecón

HAVANNAS KULTIGE KAIMAUER

KUBA // Die 8 km lange Uferstraße ist Havannas pulsierende Verkehrsschlagader und Kuba in Reinkultur. Seit ihrer Fertigstellung Anfang des 20. Jhs. hat sich von Liebespaaren über Philosophen bis hin zu Straßensängern und Anglern wohl schon alles auf der salzverkrusteten Promenade getummelt. Auf dem Malecón trifft sich die Stadt, man verabredet sich, plaudert oder streitet, während alte Buicks und Chevrolets versuchen, den auf die Straße schwappenden Wellen auszuweichen.

NICHTS WIE HIN! ***Suchen Sie sich ein gemütliches Plätzchen am Ufer und beobachten Sie den Sonnenuntergang.***

224 Brú na Bóinne

MYSTISCHE PRÄHISTORISCHE GRÄBER

IRLAND // Stonehenge (S. 78) in England ist zwar berühmter, wenn es um hoch aufragende historische Steinblöcke geht, aber Irlands Brú na Bóinne in der Grafschaft Meath ist noch 1000 Jahre älter. Der Anblick der gigantischen neolithischen Nekropolis mit flachen, runden Grabhügeln inmitten saftiger Grasflächen ist beeindruckend. Bis rund 4000 Jahre später die ersten anglo-normannischen Burgen gebaut wurden, waren diese mystischen Schmuckstücke die größten Bauten Irlands.

NICHTS WIE HIN! ***Anreise mit dem Bus von Dublin über Drogheda, Zutritt nur mit geführten Touren. Exakt 750 Tickets täglich.***

225 Prado

HEIMAT GROSSER MEISTERWERKE IN MADRID

SPANIEN // Das Museum eröffnet uns einen tiefen Blick in die historischen Abgründe der spanischen Seele, gebieterisch wie die königlichen Gemälde Velázquez' und finster wie Goyas Las Pinturas Negras. Die Sammlung spanischer Meister von El Greco bis Francisco de Zurbarán katapultiert den Prado in die Liga der sehenswertesten Gemäldegalerien Europas, dazu kommt aber noch die imposanten Schätzen aus dem restlichen Europa – von Rembrandt bis Rubens, Brueghel bis Bosch.

NICHTS WIE HIN! ***Zum Prado kann man von den meisten Hotels aus zu Fuß gehen. Online-Tickets vermeiden Warteschlangen.***

226

Atitlán-See

DAS HERZ DES GUATEMALTEKISCHEN HOCHLANDES

GUATEMALA // Umgeben von Vulkanen, am Ufer kleine Maya-Dörfer, ist der weite See eine unwiderstehliche Einladung, zu genießen. In San Pedro La Laguna gibt es viele Spanisch-Sprachschulen, Bars und gute Unterkünfte: Er eignet sich also hervorragend zum Ausspannen. Besteigen Sie den Vulkan von San Pedro aus, fahren Sie Kajak und genießen Sie die herrliche Landschaft bei frisch gebrühtem Espresso. Immerhin sind Sie hier mitten in einer der Kaffeehochburgen Guatemalas.

NICHTS WIE HIN! *2,5 Stunden mit dem Bus von Antigua bis zum Ausgangsort Panajachel.*

227

Gunung-Leuser-Nationalpark

EIN PARADIES FÜR ORANG-UTANS

INDONESIEN // Dass die Urwälder des Gunung-Leuser-Nationalparks zu den letzten Orten der Welt gehören, an denen man Orang-Utans in freier Wildbahn beobachten kann, ist eine traurige Tatsache. Außer unseren rot gelockten Vettern gibt es hier auch noch Tiger, Nashörner und Elefanten. Obwohl er eins der wichtigsten Naturreservate der Welt ist, hat der Gunung-Leuser-Nationalpark nur wenig Gäste. Lust auf Dschungelbuch-Romantik? Dann schwingen Sie hier mal vorbei.

NICHTS WIE HIN! *Perfekte Basis ist Ketambe, das Tor zum Park Medan in Aceh.*

228

Alcatraz

LEGENDÄRER GANGSTERKNAST

San Francisco, USA // Alcatraz. Der Name sorgt selbst bei Unschuldigen für Angstschweiß. „The Rock" hat viel gesehen: Er war Gefängnis im Bürgerkrieg, Strafanstalt für Top-Gangsterbosse (auch Al Capone war auf einen Kurzbesuch da) und umstrittenes Territorium zwischen amerikanischen Ureinwohnern und dem FBI. Ach ja, und Schauplatz eines Clint-Eastwood-Films. Seine Glanzzeit als ausbruchssichere Festung endete 1963, als er den Vögeln als Nistplatz überlassen wurde.

NICHTS WIE HIN! *Tickets Wochen vorher kaufen, wenig los auf erster und letzter Fähre.*

227

229

Piazza del Campo

Wilde Jagd auf historischer Bühne

↓

Siena, ITALIEN // Aus der Luft sieht der Platz aus wie ein mächtiger Krater mitten in der zauberhaften toskanischen Stadt. Die abschüssige Piazza, gesäumt von mehrstöckigen Häusern und einem mittelalterlichen Palazzo, ist seit dem 12. Jh. Sienas Herz. Studenten und Touristen picknicken auf ihrem Pflaster – außer es ist Zeit für den Palio! Das berühmte Pferderennen, das aus dem Mittelalter stammt, dauert gerade mal eine ekstatische Minute – aber das reicht völlig, um einem vor Spannung die Haare zu Berge stehen zu lassen.

NICHTS WIE HIN! *3,5 Stunden mit dem Bus von Rom, der Palio ist im Juli und August.*

230

Postojna & Predjama

BURG- & HÖHLEN-KOMBI

SLOWENIEN // Postojna ist eine Wundertüte für Touristen, und extrem beliebt. Da ist zuerst einmal die spektakuläre Höhlenburg von Predjama, die uneinnehmbar in eine klaffende Felsgrotte in einer 123 m hohen Steilwand eingekeilt wurde. Eine Zugbrücke? Gibt's! Ein feuchtes, finsteres Verlies? Auch da! Wertvolle Beutestücke? Jawohl! Und weniger als 10 km weiter verschlingt in Postojna das atemberaubende 20 km lange und vor 2 Mio. Jahren entstande Höhlensystem Scharen von Besuchern.

NICHTS WIE HIN! *In einer Stunde mit dem Bus ab Ljubljana. Im Juli findet im Schloss das mittelalterliche Erasmus-Turnier statt.*

231

Kloster Rila

GEBETE IM GEBIRGE

BULGARIEN // Das Kloster Rila, Weltkulturerbe und heiliges Symbol nationaler Identität schon seit osmanischer Herrschaft, taucht aus den Wäldern des Rila-Gebirges auf wie eine göttliche Erscheinung. Wenn Sie der Anblick des Bergpanoramas, der eleganten Kreuzgänge, der Fresken in den Prunkräumen oder des 220 Jahre alten Rila-Kreuzes – hölzernes Meisterwerk mit feinsten Bibelgravuren – nicht atemlos macht, wird es der Aufstieg zum Grabmal des hl. Iwan Rilski, dem Gründer des Klosters.

NICHTS WIE HIN! *Ab Sofia mit öffentlichen Verkehrsmitteln, Übernachtungen in spartanischen Mönchszellen ebenfalls möglich.*

232

Bund

HISTORISCHE UFERPROMENADE

CHINA // Der Bund ist Sinnbild für das Erbe der Kolonialzeit in Shanghai, wichtigstes Wahrzeichen der Stadt und so etwas wie ihre Wall Street, wo Vermögen ebenso schnell gewonnen wie verloren wurde. Früher nur ein schmaler Pfad für Lastkähne voll Reis, ist der Bund seit über 100 Jahren erster Anlaufhafen für Besucher. Heute sind es die vielen Läden, Bars und Restaurants, und vor allem der beeindruckende Blick auf Pudong (das moderne Shanghai), die die Massen anlocken.

NICHTS WIE HIN! *Der Bund Sightseeing Tunnel verläuft unter dem Huangpu-Fluss und verbindet den Bund mit Pudong.*

233

233 Rijksmuseum

DIE SCHATZTRUHE DER NIEDERLANDE

Amsterdam, NIEDERLANDE // Das Rijksmuseum, weltweit eine der ersten Kunstadressen, hortet auf mehr als 1,5 km Ausstellungslänge Meisterwerke in Hülle und Fülle. Die Menschentrauben drängen sich meist um Rembrandts monumentale *Nachtwache* und Vermeers *Dienstmagd*. Zu Recht! Ersteres ist ein Meilenstein des Goldenen Zeitalters und Letzteres so verträumt, dass es auch nach Jahrhunderten das Zeug zum Hollywoodstar hat. Doch entdecken Sie auch die Schätze der 100 anderen Räume: antike Schiffsmodelle, barbarisch wirkende Schwerter, Kristallbecher und *laternae magicae* aus dem 17. Jh., als die Holländer von ihren Weltreisen massenhaft Reichtümer mitbrachten. Man kann Delfter Keramik bewundern oder antike Puppenhäuser mit so edler Ausstattung, dass sie wohl teurer waren als ein echtes Haus. Es dauert Tage, all diese herrlichen und kuriosen Exponate zu studieren – und wenn Sie nur lange genug stöbern, werden Sie auch über Werke von van Gogh oder der Künstlergruppe CoBrA aus dem 20. Jh. stolpern.

☛ NICHTS WIE HIN! ***Das Rijksmuseum liegt im Stadtteil Oud-Zuid und ist leicht mit der Straßenbahn erreichbar. Buchen Sie Online-Tickets!***

234 Pont du Gard

RÖMISCHES INGENIEURSWUNDER

FRANKREICH // Diese Römer! Irgendwie hatten sie ein Händchen für Riesenbauwerke. Der Pont du Gard etwa, das dreistöckige Aquädukt in Südfrankreich, das früher Teil eines 50 km langen Kanalsystems war. Der Anblick des 275 m langen und mit 35 begehbaren Bögen geschmückten Riesen macht atemlos: Der Pont du Gard ist fast doppelt so hoch wie sein spanischer Cousin in Segovia (S. 281). Mit den Stränden am Fluss und einem Wanderweg ist er ein beliebtes Ausflugsziel.

☛ NICHTS WIE HIN! *Die abends beleuchtete Brücke liegt ganz in der Nähe von Avignon.*

235 Real Alcázar

ANDALUSISCHE ARCHITEKTUR IN PERFEKTION

Sevilla, SPANIEN // Weil jahrhundertelang sowohl unter islamischer als auch christlicher Herrschaft an ihm gebaut wurde, ist der Alcázar von Sevilla fast perfekt. Unbedingt sehenswert: die Stuckarbeiten im Mudéjar-Stil und die *artesonado*-Täfelung in der Sala de Justicia, die künstlerischen Details des Palacio de Don Pedro, die eleganten Bogengänge, die verzierten Decken, lebhaften Kachelbilder oder kunstvollen Schnitzereien der verschachtelten Paläste, Innenhöfe und grünen Oasen.

☛ NICHTS WIE HIN! *Mit dem Zug in zwei Stunden von Madrid. Im Sommer sehr heiß!*

236 Zoo von Singapur

WO SICH WILDE TIERE TUMMELN

SINGAPUR // Der Zoo von Singapur folgt dem Konzept der „offenen Tierhaltung" mit Lebensräumen humaner Größe (in einer Stadt, die ansonsten nicht für große humane Lebensräume bekannt ist). Elf Klimazonen, einschließlich der Arktis und des australischen Outback, bieten den Tieren ein natürliches Umfeld. Von Affe bis Zebra, alle wirken hier wesentlich entspannter als die meisten Singapurer. Kommen Sie bei Dunkelheit, wenn der Zoobesuch zur Nachtsafari wird.

☛ NICHTS WIE HIN! *U-Bahn-Station Ang Mo Kio; nach der Nachtsafari am besten per Taxi.*

234

237

237

Wadi Rum

MAJESTÄTISCHE WÜSTENLANDSCHAFT

JORDANIEN // T. E. Lawrence bezeichnete diesen Wüstenabschnitt als „weitläufig, einsam und gottähnlich", und seitdem hat die wilde, raue Landschaft nichts von ihrer Schönheit eingebüßt. Schroffe Felstürme säumen ein Sandplateau, dessen Farbspektrum von pink über orange bis gelb reicht. Nach Sonnenuntergang wird die Wüste zum Ort der Stille und ein Bett unter den gigantischen Felsformationen und dem sternenübersäten Himmel zum Ehrfurcht gebietenden Ort.

☛ NICHTS WIE HIN! *Busse fahren von Akaba (eine Stunde) und Petra (zwei Stunden). Besichtigungen im Besucherzentrum buchen.*

238

Tempel von Luxor

HEIMSTÄTTE ANTIKER GÖTTER

ÄGYPTEN // Hoch über den Ufern des Nils, im Herzen der modernen Stadt Luxor, thronen die schlanken Säulen, erbaut von den Pharaonen des neuen Reichs, Amenophis III. und Ramses II. Sie umschließen das Heiligtum des Gottes Amun, dessen Reliefs, Statuen, Obelisken und Altäre die Macht und den Reichtum der Pharaonen zeigen. Kommen Sie nachmittags, wenn die Mauern der Gemächer und Höfe im glänzenden Licht erstrahlen, oder nachts, wenn die Säulen beleuchtet sind.

☛ NICHTS WIE HIN! *Flüge von und nach Luxor aus Kairo und Europa, Zugverbindungen nach Luxor ab Kairo bzw. ab Assuan.*

Natural History Museum

Fossilien, Skelette … nicht mein Ding. Dachte ich jedenfalls. Aber da lag ich völlig daneben. Meine Liebe für dieses Museum ist stark jahreszeitlich geprägt: Fasziniert war ich das erste Mal, als London gerade Weihnachten feierte. Ich war verzaubert, als der Sonnenuntergang das terrakottafarbene Gebäude in strahlendes Licht tauchte und die Menschen auf dem nahen Eislaufplatz golden schimmern ließ. Ich habe fotografiert wie eine Verrückte, um den Moment festzuhalten. Als ich dann in den Hintze-Saal kam, lief die Kamera erst recht heiß, so begeistert war ich von der Architektur. Den Sommer liebe ich hier, weil der Wildlife Garden und die Schmetterlinge mich an das ländliche England erinnern. Das Museum beeindruckt nicht nur durch das Bewahren der Vergangenheit, sondern verzaubert auch die Gegenwart, mit Faltern, die sich einem auf die Nase setzen, während Honigbienen vorbeisummen.

Karyn Noble, Chefredakteurin

239

Natural History Museum

AUSSTELLUNGEN & ARCHITEKTUR ZUM STAUNEN

ENGLAND // 80 Mio. Exponate, Milliarden Jahre Erdgeschichte – das Londoner Museum quetscht ganze Zeitalter in seine eindrucksvollen Räumlichkeiten. Hier lernen Sie alles über Dinosaurierknochen und Schmetterlinge, Blauwale und Menschenbabys, Vulkane und den Urknall. Der Fundus an Wissen, Forschung und Kostbarkeiten liegt in einem herrlichen Gebäude von 1881 – ein Paradebeispiel deutscher romanischer Baukunst, mit tierähnlichen Wasserspeiern und Reliefs.

NICHTS WIE HIN! *Das Museum liegt fünf Gehminuten von der Subway-Station South Kensington. Eintritt zur Dauerausstellung frei.*

240

Altstadt von Delhi

WUNDERSAMER WIRRWARR DES LEBENS

INDIEN // Das Motorrad-Chaos, der ohrenbetäubende Lärm, die scharfen Aromen und schreienden Farben: die Altstadt von Delhi – ein Angriff auf die Sinne! Das mittelalterliche Viertel rund ums Rote Fort ist ein Netz schmaler Gassen und Tempel mit geschäftigen Basaren, die die Geschichte der Hindus, Sikhs und Muslime atmen, auch wenn man sich nach außen modern und hauptstädtisch gibt. Das alles ist schwindelerregend und voller Bilder, die Sie nie vergessen werden!

NICHTS WIE HIN! *Top-Aussichtspunkt ist das Minarett der Jama-Masjid-Moschee. Die größte Moschee Delhis bietet etwas Ruhe.*

241

Cinque Terre

GESCHICHTSTRÄCHTIGE KLIPPENDÖRFER

ITALIEN // Sollte Ihnen das Leben je langweilig werden, kommen Sie nach Cinque Terre. Der Anblick der fünf mittelalterlichen Fischerdörfer, die dort mitten an der schroffen Steilküste kleben, erweckt garantiert sämtliche Lebensgeister. Entlang der Küste schlängeln sich schmale Wanderwege an Burgen, Kirchen und Steilgärten vorbei, eine Bahnlinie aus dem 19. Jh. transportiert Touristen von einem Dorf ins nächste. Autos? Nein danke! Die wurden schon vor mehr als 10 Jahren verbannt.

NICHTS WIE HIN! *Züge nach Cinque Terre an die Riviera fahren täglich ab Genua. Kommen Sie im Sommer besser per Boot.*

Die Tempelanlage von Borobudur aus dem 9. Jh vor dem Hintergrund des Merapi-Vulkans.

242 Borobudur

BUDDHAS TEMPELRIESE

INDONESIEN // Jeder, der schon mal Bilder von Indonesien gesehen hat, kennt vermutlich Borobudur. Das Trio aus Angkor Wat in Kambodscha, Bagan in Myanmar und diesem gigantischen buddhistischen Tempel auf der Insel Java stellt alle anderen Sehenswürdigkeiten Südostasiens in den Schatten. Das quadratische, pyramidenartige Bauwerk mit seinen glockenähnlichen Aufbauten trotzte den Ausbrüchen des Merapi-Vulkans, terroristischen Bombenangriffen und dem Erdbeben von 2006 – und blieb so schön und rätselhaft wie vor 1200 Jahren. Auf den Terrassen erzählen an die 1500 Reliefs von den Lehren und Legenden des Buddhismus und 432 Buddha-Statuen hocken meditierend in ihren Nischen. Das Umland des Monuments wird als „Garten von Java" bezeichnet, denn die von Reisterrassen, traditionellen Dörfern und Vulkanen geprägte Landschaft ist wunderschön. Da kommt man für ein, zwei Tage aus dem Staunen nicht heraus!

NICHTS WIE HIN! ***Der Ausgangsort Yogyakarta liegt eine 1¼-stündige Busfahrt entfernt. Am ruhigsten und fotogensten ist Indonesiens Touristenattraktion Nr. 1 zwischen Sonnenaufgang und 6 Uhr. Ca. 100 m südlich des Tempels liegt ein Hügel, von dem man die Anlage studieren kann.***

243

Nebelwaldreservat von Monteverde

WOLKENKUCKUCKSHEIM

COSTA RICA // Schon der Name dieses ersten von zwei costa-ricanischen Naturparks auf unserer Liste ist magisch: Der Nebelwald „Grüner Berg" steckt voll verborgenem Leben. Die Bäume sind so von Epiphyten umschlungen, dass Waldboden und Blätterdach praktisch ineinander übergehen. Im scheinbar undurchdringlichen Unterholz wachsen Orchideen und Bromelien, Tropfen fallen aus Blättern, die tiefe Stille wird vom metallischen Ruf des Dreilappen-Glockenvogels unterbrochen. Monteverde liegt auf der Kontinentalen Wasserscheide und ist Heimat Hunderter Tierarten. Seine einzigartige Aura verdankt es dem pulsierenden Leben und den geheimnisvoll wirbelnden Nebelschwaden.

NICHTS WIE HIN! ***Der Haupteingang ist 6 km südlich von Santa Elena. Am wenigsten regnet es von Dezember bis April.***

244

Manuel-Antonio-Nationalpark

PERFEKTES TROPENPARADIES

COSTA RICA // Der kleinste Park des Landes umfasst nur 20 km², aber jeder noch so kleine Fleck ist reinster Genuss. Markierte Wege schlängeln sich durch den Regenwald, wo immer wieder Vögel kreischen und Affen vorbeiturnen. Die Pfade münden in palmengesäumte Traumstrände mit atemberaubendem Blick auf das türkisfarbene Meer. Auf kleinen Felsinseln nisten Weißbauchtölpel und Braunpelikane. Der Park ist also das tropische Paradies schlechthin – da das jedoch längst kein Geheimnis mehr ist, werden Sie die Idylle wohl mit 600 anderen Besuchern genießen. Dennoch findet man auch Einsamkeit. Man muss nur bereit sein, ein paar Schritte weiter zu wandern. Es lohnt sich!

NICHTS WIE HIN! ***Der Park befindet sich 7 km von Quepos, an seinem Rand liegt der Ort Manuel Antonio. Trockenzeit: Februar bis April.***

245
Mailänder Dom

MAILANDS KREATIVITÄT & EHRGEIZ

ITALIEN // Ein Gebäude, an dem fast 600 Jahre gebaut wurde, muss etwas Besonderes sein – der Mailänder Dom wird Ihre Erwartungen nicht enttäuschen. Der Traum in rosafarbenem Candoglia-Marmor ist das Herz der einstigen Hauptstadt des Weströmischen Reiches und steht für die Liebe zu Macht und Schönheit, die bis heute die Stadt antreibt. Die 1387 in Auftrag gegebene Kirche ist mit 135 Fialen und 3200 Statuen geschmückt, den riesigen Innenraum dominieren großflächige Bleiglasfenster. In der Krypta finden sich die sterblichen Überreste des hl. Karl Borromäus und im Battistero di San Giovanni antike Ruinen. Vom Dach aus können Sie an klaren Tagen sogar die Alpen erkennen.

NICHTS WIE HIN! ***Wie ein Spinnennetz gehen die Straßen vom Dom aus. Erkunden Sie im Norden den atmosphärischen Stadtteil Brera.***

246
Burj Khalifa

DEMONSTRATION DER MACHT

DUBAI // Von der höchsten Aussichtsplattform der Welt meint man fast, die Kondensstreifen der Flugzeuge berühren zu können. Der schwindelerregende Ausblick vom Burj Khalifa demonstriert eindrücklich, wie ehrgeizig man hier ist. 828 m ist das spitz zulaufende architektonische Meisterwerk hoch, und somit das höchste Gebäude der Welt (im Moment). Der mehrfache Rekordhalter ist mit 28 000 Glaspaneelen verkleidet, ein absolutes Muss ist die raketenartige Fahrt mit dem Aufzug auf die 148. Etage (555 m). Wer das Gefühl, hoch über Dubais Skyline aus futuristischen Wolkenkratzern zu thronen, noch länger auskosten möchte, setzt sich ins Bar-Restaurant auf der 122. Etage.

NICHTS WIE HIN! ***VIP-Tickets mit festem Besuchstermin für die oberen beiden Aussichtsplattformen online ab 30 Tage vor Ankunft.***

247
Große Moschee von Djenné

MÄRCHENHAFTE MOSCHEE AUS LEHM

MALI // Die unvergleichliche Große Moschee von Djenné ist das größte Lehmgebäude der Welt. Sie erhebt sich am Ufer des Bani-Flusses wie eine kindliche Fantasieerscheinung, gilt als Höhepunkt der Sahel-Lehmziegel-Architektur und steht als Symbol für eine Zeit, in der Mali eines der wichtigen kommerziellen und kulturellen Drehkreuze Afrikas war. Wie im 13. Jh. geplant, besteht das Gebäude auch heute noch aus unzähligen Türmen, Türmchen und Holzstreben. Letztere stützen die Querplanken und Leitern, die für Reparaturen mit bis zu 4000 freiwilligen Helfer aus der Region benötigt werden. Immer montags geht es hier ebenfalls zu wie in einem Bienenstock – dann ist nämlich Markttag.

NICHTS WIE HIN! ***Busse nach Djenné fahren ab Bamako und schneller über Mopti, am besten am Markttag. Achten Sie auf Ihre Sicherheit!***

248 Naoshima

RÜCKZUGSORT KUNSTINSEL

JAPAN // Die winzige, beschauliche Insel Naoshima liegt im Seto-Binnenmeer, fernab der lärmenden Pachinko-Spielhallen und dröhnenden Kaufhausohrwürmer Tokios. Die einstige Fischergemeinde steht heute für eine eindrucksvolle zeitgenössische Kunstsammlung. Arbeiten von Claude Monet, Yukinori Yanagi, James Turrell, Tadao Ando, Yves Klein, Andy Warhol und Hiroshi Sugimoto finden sich in Hotels und Galerien. Aber auch während man über die weißen Sandstrände oder durch die bewaldeten Hügel wandert, steht man plötzlich vor Kunstexponaten. Und am äußersten Ende einer Mole hockt Yayoi Kusamas imposante Skulptur eines gelben Riesenkürbisses, das Wahrzeichen von Naoshima.

NICHTS WIE HIN! ***Auf Naoshima landen die Fähren, die auf dem Festland in der Nähe des Bahnhofs Uno ablegen (JR-Uno-Linie), in Miyanoura. Neben Tagesausflügen sind Übernachtungen im Boutiquehotel Bennesse House oder in einer mongolischen Jurte am Strand möglich.***

251 Bwindi-Impenetrable-Nationalpark

AFFENTHEATER

UGANDA // Fast die Hälfte der Berggorillas weltweit lebt in diesem Unesco-Weltnaturerbe, einem der bekanntesten und bedeutendsten Nationalparks in Ostafrika. Der „undurchdringliche Regenwald" *(impenetrable forest)* erstreckt sich über eine Fläche von 331 km² und bietet geschätzten 360 Gorillas Unterschlupf. Der unwegsame Berggregenwald überstand die letzte Eiszeit (vor 12 000 bis 18 000 Jahren) und ist somit einer der ältesten Lebensräume der Welt. Dieser Umstand sowie die großen Höhenunterschiede (1160–2607 m) haben eine unvergleichliche Vielfalt an Flora und Fauna hervorgebracht. Die Bezeichnung Regenwald ist hier übrigens mehr als angebracht: Jährlich fallen hier mehr als 2,5 m Niederschlag. Denken Sie sich jetzt noch 120 Säugetierarten und 360 Vogelspezies hinzu und Sie ahnen, welche perfekte Mischung aus Naturschönheit und Artenvielfalt Sie hier erwartet.

NICHTS WIE HIN! ***Anreise über Safari-Anbieter; Genehmigungen erforderlich. Vermeiden Sie März bis Mai und September bis November.***

249 Tajik-Nationalpark

DACH DER WELT

TADSCHIKISTAN // Die spärlich bevölkerte Wildnis mit ihrer immensen Ausdehnung von 2,5 Mio. ha umfasst den Pamir, eine schroffe zentralasiatische Gebirgslandschaft mit alpinen Wüsten, tiefen Seen und Gletschertälern, und ist das dritthöchste Gebirgsökosystem der Welt. Unbändige tektonische Kräfte falteten das mächtige Massiv zeitgleich mit den anderen höchsten Gebirgsketten – dem Himalaya und dem Karakorum – auf.

Der Tajik-Nationalpark ist ein stilles Land, wo Sibirische Steinböcke und Yaks grasen, Schneeleoparden umherstreifen und kleine Dörfer in spektakulären Gebirgstälern liegen. Wer hierher vordringt, übernachtet in Privatunterkünften oder Jurten (Touristen wohnen hauptsächlich in den Dörfern Badakhshan, Khorog und Murgab). Bei den Einheimischen ist das Gebiet auch unter dem Namen Bam-i-Dunya („Dach der Welt") bekannt, und mit seiner Höhe von über 3000 m raubt Ihnen das Bergplateau im wahrsten Sinne des Worts den Atem.

NICHTS WIE HIN! ***Für einen Besuch des Pamir-Gebirges brauchen Sie eine Genehmigung. Ein Trip hierher muss gut geplant sein.***

250 Silfra

EINTAUCHEN, WO DIE KONTINENTE SICH TEILEN

ISLAND // Bei diesem Abenteuer fühlt sich alles irgendwie falsch an: Bei knapp über Null soll man ins Wasser springen, das noch kälter ist, nur um in einer Felsspalte zu schwimmen, die zwischen der Nordamerikanischen und der Eurasischen Platte liegt, die sich etwa 2 cm pro Jahr auseinanderbewegen. Das kann es nur in Island geben. Die Spalte ist mit Gletscherschmelzwasser gefüllt, das jahrzehntelang durch Lavagestein gefiltert wurde und daher in makellosem Kristallblau schimmert. Die Sichtweite unter Wasser beträgt unglaubliche 100 m.

Trotz der Kälte ist es höchst verlockend, einen Tauch- oder Schnorchelgang zwischen den Kontinenten zu unternehmen und durch die türkis und saphir- bis tintenblau schimmernde Unterwasserwelt mit ihren mal aufragenden, mal zerbröckelten Gesteinsformationen zu schweben. Ein Trockentauchanzug, bei dem nur das Gesicht frei bleibt, hält während des Tauchgangs (einigermaßen) warm. Es ist das Wissen, dass man zwischen zwei Kontinenten treibt, das für Gänsehaut sorgt.

NICHTS WIE HIN! ***Silfra liegt im Þingvellir-Nationalpark (eine Stunde Fahrt von Reykjavík). Die Wassertemperatur beträgt stets 2–4°C.***

252

Zitadelle La Ferrière

VERLASSENE BERGFESTUNG

HAITI // Obwohl sie zu den bedeutendsten historischen Stätten Nord- und Südamerikas zählt, ist die monumentale Anlage längst nicht so berühmt, wie sie es sein sollte. Und kaum erforscht – weil sie in Haiti liegt. Vor fast 200 Jahren wurde sie als Wahrzeichen für die Unabhängigkeit des Landes und der Gründung der ersten schwarzen Republik errichtet. Heute thront die Zitadelle mit ihren 160 Kanonen auf einem Bergfelsen und schützt eine Versaille-ähnliche Palastruine.

☛ NICHTS WIE HIN! *Lage: eine Stunde von der nordhaitianischen Stadt Cap-Haïtien.*

253

Friedhöfe von Gallipoli

BEWEGENDE MAHNMALE DES KRIEGES

TÜRKEI // Die Halbinsel Gallipoli ist ein Ort der Erinnerung an die dortigen Schlachten des Ersten Weltkriegs: Der neunmonatige Feldzug kostete eine halbe Million Menschen das Leben. Die überall auf der Halbinsel angelegten Friedhöfe zeugen von dem Einsatz und Heldentum der Soldaten, die auf beiden Seiten kämpften. Sowohl für Türken als auch für Ausländer ist dies ein wichtiger Pilgerort, und die heitere Umgebung macht den Anblick von Tausenden Gräbern nur noch eindrucksvoller.

☛ NICHTS WIE HIN! *Für eine Besichtigung quartieren sich die meisten Besucher in Eceabat oder Çanakkale ein.*

256

254

Dawit Garedscha

KLOSTER AM ABGRUND DER WELT

GEORGIEN // Von den Mongolen 1265 zerstört, 1300 wieder aufgebaut, von Tamerlan geplündert und 1615 erneut zerstört, als die Soldaten von Schah Abbas 600 Mönche töteten: Das Kloster am Berg Udabno hat alles überstanden. Von seinen 15 Höhlenkomplexen ist nur noch einer, die sogenannte Lawra, bewohnt. Die farbenprächtigen Fresken am Hang sind – obwohl sie von den Sowjets als Ziel für Schießübungen benutzt wurden – immer noch ein herrlicher Anblick.

NICHTS WIE HIN! ***Weniger als ein Tag von Tiflis; Besichtigung von Lawra und Udabno etwa drei Stunden. Verpflegung mitbringen!***

255

Altstadt von Rhodos

FACETTENREICHE FESTUNG

GRIECHENLAND // Vergangene Epochen und versunkene Reiche füllen jeden Winkel der Altstadt von Rhodos, die geprägt ist von klassischer, mittelalterlicher, byzantinischer und osmanischer Architektur. Atmosphärisch sind sie, die Gassen der Hafenfestung mit schwarz gekleideten 80-Jährigen und dem Duft nach Leder und Bougainvilleen. Sich zu verirren, gehört zum Vergnügen: Starten Sie beim Fußweg am Wallgraben, Navigationskrisen lindern Sie durch Shoppen und Restaurantbesuche.

NICHTS WIE HIN! ***Rhodos gehört zur den Dodekanes-Inseln. Die Neustadt im Norden bietet alle Annehmlichkeiten samt Strand.***

256

Grabeskirche

HEILIGES SCHWERGEWICHT

ISRAEL // Die Grabeskirche in Jerusalem wird als der Ort verehrt, an dem Jesus von Nazareth gekreuzigt und begraben wurde. Für das Christentum ist sie eines der größten Heiligtümer überhaupt und zieht seit vielen Jahrhunderten Pilger aus aller Welt an. Der Streit um ihre Verwaltung reicht wahrscheinlich noch länger zurück. Sie ist etwas Besonderes, selbst in einer Stadt, die mit Sehenswürdigkeiten übersät ist, und ihre intensive Wirkung steht im Verhältnis zu ihrer Anziehungskraft.

NICHTS WIE HIN! ***Die Kirche liegt im christlichen Viertel der Altstadt. Kleiden Sie sich schlicht und geben Sie Almosen.***

257 Registan-Platz

PRUNKPLATZ AN DER SEIDENSTRASSE

USBEKISTAN // Der Registan-Platz in Samarkand sucht auch unter den Bauwerken des Islam seinesgleichen. Die Ansammlung majestätischer *madrasas* (islamische Schulen) und Moscheen – ein Überfluss aus Majolika-Fliesen, azurblauen Mosaiken und weiten, schön angelegten Freiflächen – macht ihn zur großartigsten Sehenswürdigkeit Zentralasiens. Die betagten Meisterwerke sind von der Zeit und von Erdbeben gezeichnet, aber ihre außergewöhnlich kunstfertige Bauweise und die Restaurierung unter sowjetischer Herrschaft haben sie vor dem Verfall bewahrt. Wer Symmetrie liebt, wird begeistert sein, wie exakt die Gebäude an drei Seiten eines Platzes angeordnet sind, der im Mittelalter als Basar diente. Die Ulugbek-Madrasa im Westen war der erste, 1420 fertiggestellte Bau. Gegenüber liegt die Sher-Dor-Madrasa (etwa: „den Tiger enthaltend", 1636), dekoriert mit Abbildern brüllender Raubkatzen, dazwischen die Tilya-Kori-Madrasa (1660) mit einer Moschee, die zum Zeichen des Reichtums in Samarkand üppig vergoldet war.

NICHTS WIE HIN! ***Besuchen Sie die Ausstellungen der Tilya-Kori- und der Ulugbek-Madrasa mit den Abbildungen des alten Samarkand.***

258 Tor des Itsukushima-Schreins

HIMMELSTOR

JAPAN // Am Ufer der heiligen Insel Miyajima steht ein auf Pfählen erbauter Schrein. In der Bucht davor ragt ein zinnoberrotes *torii* (Eingangstor) 16 m in die Höhe, das im Dunkeln orange leuchtet wie ein Leuchtturm, der den Seefahrern den Weg anzeigt. Bei Flut scheint das Tor auf dem Wasser zu treiben – ein sehr beliebtes Fotomotiv. Bei Ebbe, wenn das *torii* im Schlick steckt, ist es zwar weniger romantisch, aber Sie können das riesige Bauwerk aus nächster Nähe bewundern.

Wenn man direkt davor steht, kann man sich gut ausmalen, wie es für einfache Bürger früher gewesen sein muss, als sie die heilige Insel Miyajima nicht betreten durften und mit dem Boot auf die ausladende Öffnung zusteuerten. Es zahlt sich aus, über Nacht auf der Insel zu bleiben. So entkommt man den Menschenmassen und erlebt, wie das Tor bei Sonnenuntergang und in der Nacht leuchtet.

NICHTS WIE HIN! ***Bequeme Tagesreise mit Zug und Fähre von Hiroshima, die direkte Hochgeschwindigkeitsfähre benötigt nur 30 Minuten.***

258

259

259 Lincoln Memorial

BELIEBTESTES DENKMAL DER USA

Washington, D.C., USA // Es ist schon ein besonderes Gefühl, wenn man die Stufen des klassischen Tempels mit seinen dorischen Säulen zu Abraham Lincoln hinaufsteigt, dort in seine würdevollen Augen blickt und von der „Wiedergeburt der Freiheit" aus der Rede von Gettysburg liest. Geschichte wird noch einmal lebendig, wenn man sich an jenen Ort mit der berühmten Aussicht stellt, wo Martin Luther King Jr. seine legendäre „I have a dream"-Rede hielt (auf der 18. Stufe von oben befindet sich eine Markierung). Die Popularität des Denkmals zu Ehren des 16. Präsidenten der Vereinigten Staaten ist ungebrochen: Jedes Jahr kommen 6 Mio. Besucher. Gesicht und Hände Lincolns sind besonders gut getroffen, da sie sich auf Abgüsse stützen, die wenige Jahre vor seinem Tod angefertigt wurden. Bei Sonnenaufgang ist es nirgendwo schöner als hier – deshalb ist das Lincoln Memorial ein beliebter Ort für Heiratsanträge.

NICHTS WIE HIN! ***Am westlichen Ende der National Mall; die nächste U-Bahn-Station ist Foggy Bottom-GWU. Rund um die Uhr geöffnet.***

260

260 Château de Chenonceau

LEGENDÄRES PARTYSCHLOSS

FRANKREICH // Die Türmchen … die anmutigen Bögen, die sich über den Fluss erstrecken … die herrlichen Gartenanlagen … diesen Ort als wunderschön zu bezeichnen, wäre eine profane Untertreibung, denn Chenonceau gehört zu den elegantesten und außergewöhnlichsten Schlössern im mittelfranzösischen Loire-Tal. Sein Ursprung geht zurück auf das 16. Jh., seitdem haben etliche Mitglieder des französischen Königshauses, Caterina de' Medici eingeschlossen, hier so manche wilde Party gefeiert.

Dem Zauber der märchenhaften Architektur und der prächtigen Umgebung kann man sich nicht entziehen. Das Kernstück des Schlosses ist die 60 m lange, mit Fenstern versehene Grande Galerie quer über den Fluss Cher. Während des Zweiten Weltkrieges verlief hier die Linie zwischen dem besetzten und dem freien Frankreich. Gerüchten zufolge wurde die Galerie in jener Zeit für viele Flüchtlinge des Nazi-Regimes zur Fluchtroute.

☛ NICHTS WIE HIN! ***Von Chenonceaux, der angrenzenden Stadt, braucht man 25 Minuten mit dem Zug nach Tours.***

261 South-Luangwa-Nationalpark

GUT GEHÜTETES SAFARI-GEHEIMNIS

SAMBIA // Dieses Land ist Weltmeister im „Ball-flach-halten". Wie sonst ist es zu erklären, dass der South-Luangwa-Nationalpark nicht als einer der Top-Safariparks in Afrika gefeiert wird? South Luangwa ist nämlich in puncto Landschaft, Artenvielfalt, Erreichbarkeit und Unterbringung der beste Park Sambias und einer der majestätischsten von ganz Afrika ist. In Wäldern, an Flussschleifen oder auf weiten Grasebenen leben in großer Zahl wilde Tiere aller Größen und Arten, von gewaltigen Elefanten bis zu flinken Löwen.

Einen besonderen Reiz haben die „Walking Safaris" zwischen Juni und September, denn sie schärfen die Sinne – und jagen den Puls in die Höhe. Die größte Attraktion im South-Luangwa-Nationalpark ist aber wohl einfach der authentische Ruf der Wildnis. Hier kann man noch ohne Besuchermassen ungezähmte Landschaften erforschen und die riesigen Wildtiere aus nächster Nähe beobachten, ganz, wie man möchte. Das ist einzigartig auf der Welt.

☛ NICHTS WIE HIN! ***Ein Safarianbieter erspart viel Mühe. Regenzeit ist von Dezember bis April, internationaler Ankunftsort Lusaka.***

262 Valle de la Luna

AUSGEDÖRRTE MONDLANDSCHAFT

CHILE // Willkommen am trockensten Ort der Erde! Wenn man auf einer riesigen Sanddüne im „Mondtal" inmitten der Atacamawüste steht, wird einem schlagartig klar, was das heißt. Diesen Landstrich lediglich als dürr und karg zu bezeichnen, würde den vor Hitze flirrenden Sandtälern und staubigen Felsformationen nicht gerecht. In diesem Gebiet regnet es nämlich kaum mehr als 1 mm pro Jahr, manche Winkel haben noch nie einen Tropfen Niederschlag gesehen.

Planen Sie Ihren Besuch bei Sonnenuntergang, damit Sie erleben können, wie die Vulkanformation am Horizont, die Wellen der Cordillera de la Sal und die surreale Mondlandschaft des Tales plötzlich in purpur-, pink- und goldfarbene Lichtstrahlen getaucht werden. Das Wüstendorf San Pedro de Atacama bietet Touristenunterkünfte und geführte Touren an.

NICHTS WIE HIN! *Nächste größere Fernverkehrsverbindung in Calama in Nord-Chile; alternativ Flug von Santiago.*

263 National September 11 Museum & Memorial

ERGREIFENDES EHRENDENKMAL AM GROUND ZERO

New York, USA // Millionen Menschen wurden an den TV-Bildschirmen Zeuge, wie am 11. September 2001 die Twin Towers des World Trade Center zusammenbrachen und sich die Welt für immer änderte. Nachdem der Schutt weggeschafft war, war man sich einig, dass ein Denkmal für die Opfer des Anschlags der einzig angemessene Weg sein würde, die klaffende Leere zu füllen. Das Museum und die Gedenkstätte stiegen genau zehn Jahre nach 9/11 wie Phönix aus der Asche und würdigen auch die Opfer des Bombenanschlags auf das WTC von 1993.

Die beiden spiegelnden Wasserbecken des Denkmals tragen den Titel „Reflecting Absence". Sie symbolisieren Hoffnung und Erneuerung, erinnern aber auch an die Tausenden, die dem Terrorakt zum Opfer fielen. Nebenan befindet sich das moderne Memorial Museum, das auf eindrucksvoll ernste Weise die tragischen Ereignisse und Folgen jenes Tages dokumentiert.

NICHTS WIE HIN! *Museum und Memorial liegen in Lower Manhattan. Laden Sie sich die 9/11 Memorial Guide App auf Ihr Smartphone.*

264
Perito-Moreno-Gletscher
GLETSCHERSCHAUSPIEL

ARGENTINIEN // Der Perito Moreno, 80 km westlich von El Calafate im Parque Nacional Los Glaciares in Patagonien, zählt zu den dynamischsten und zugänglichsten Gletschern der Welt. Seine blau schimmernde Gletscherzunge ist 30 km lang, 5 km breit und 60 m dick, aber noch beeindruckender ist seine Fließgeschwindigkeit von bis zu 2 m pro Tag. Die ständige Bewegung führt zu spektakulären Szenen, wenn der Gletscher kalbt und haushohe Eisberge in den Lago Argentino stürzen.

NICHTS WIE HIN! *Per Boot oder über ein Netzwerk von Stahlstegen und Plattformen kommt man ganz nah ans Geschehen heran.*

265
Ningaloo Marine Park
LEBEN UNTER WASSER

AUSTRALIEN // Das Great Barrier Reef zieht zwar die Aufmerksamkeit auf sich, anspruchsvolle Unterwasserforscher lockt es jedoch westwärts, in die Gewässer von Ningaloo, wohin auch die mächtigen Walhaie von März bis Juli wandern. Man kann das Riff von Ningaloo direkt von den idyllischen Stränden des Cape-Range-Nationalparks aus mit Schnorchel und Taucherbrille erkunden – gemeinsam mit Riesenschildkröten, majestätisch schwebenden Mantarochen, Seekühen, Delfinen und winzigen, extravagant gefärbten Wasserschnecken.

NICHTS WIE HIN! *Ausgangspunkt für Trips nach Ningaloo ist Exmouth.*

266
Reisterrassen von Longji
SPEKTAKULÄRER DRACHENRÜCKEN

CHINA // Über Hunderte von Jahren blieben die 1000 m hohen Terrassenfelder Touristen verborgen, bis schließlich in den 1990ern ein Fotograf namens Li Yashi hierher übersiedelte. Seine atemberaubenden Bilder machten Longji („Drachenrücken") zum Touristenziel. Wie Wellen fließen die Felder die Hügel hinunter, da und dort hocken winzige Dörfer, zu denen man wandern kann. Zusätzlich gibt es eine Seilbahn, die die wichtigsten Aussichtspunkte miteinander verbindet.

NICHTS WIE HIN! *Startpunkt ist die Stadt Guìlín. Die Dörfer Píng'ān, Dàzhài und Tiántóuzhài haben die spektakulärste Aussicht.*

267

267 Mt. McKinley (Denali)

ALASKAS ANTWORT AUF DEN EVEREST

USA // Eine Tatsache vorab: Obwohl der Everest der höchste Berg der Welt ist, ragt der Denali (6190 m) in Alaska eigentlich 1800 m höher in den Himmel, weil seine Basis tiefer liegt. Die schiere Größe dieser Masse aus Fels, Schnee und Eis lässt Betrachter vor Ehrfurcht (zu Stein) erstarren. Im Zusammenspiel mit dem Denali-Nationalpark ist dieser Gipfel einer der schönsten der Welt, vor allem, wenn Sie dazu einen Elch aufs Foto bekommen. Falls nicht, reichen auch ein paar Wolken.

NICHTS WIE HIN! ***Zwei Stunden südlich von Fairbanks. Am spannendsten ist die Anreise mit der Alaska Railroad.***

268 Athabasca-Gletscher

FROSTIGES ABENTEUER

KANADA // Wasserfälle, Seen und Berge blitzen am Wagenfenster vorbei, wenn man auf dem Icefields Parkway im kanadischen Teil der Rocky Mountains in Alberta unterwegs ist. Aber die wahren Stars der Strecke sind Gletscher wie der Athabasca, der von allen am besten zugänglich ist. Sie können ihn aus der Distanz betrachten oder im „Snocoach", der mit seinen Jumborädern über die schrundige Oberfläche poltert. Ganz Verwegene schnallen Steigeisen an und gehen mit Guide aufs Eis.

NICHTS WIE HIN! ***Der Athabasca liegt 105 km südlich von Jasper. Der nächste Flughafen ist Edmonton, 450 km weiter östlich.***

269 Ruinen von Timgad

ROM IN AFRIKA

ALGERIEN // Die Ruinen der Stadt Timgad sind das Musterbeispiel für eine römische Militärkolonie, die Wohn- und Badehäuser, Kapellen und Säulengänge liegen allerdings weit verstreut. Die quadratisch angelegte Stellung galt zu ihrer Hochzeit im 2. und 3. Jh. als Symbol römischer Vorherrschaft in Afrika, obwohl es darin auch ein byzantinisches Fort gab. Das beeindruckendste unter den erhaltenen Bauwerken ist der Trajansbogen, eine Wageneinfahrt, die sich aus den Trümmern erhebt.

NICHTS WIE HIN! ***Timgad liegt im Aurès-Gebirge, Ausgangspunkt ist das 40 km entfernte Batna. Besuchen Sie auch das Museum!***

272

270 Wildreservat Selous

IM WILDEN HERZEN AFRIKAS

TANSANIA // Das Selous-Reservat mit seiner üppigen Tropenvegetation ist eines der größten und am meisten unterschätzten Wildreservate Afrikas. Auf einer Boots-Safari über den Rufiji-Fluss gleitet man an Palmyrapalmen, Nilpferden und Elefanten vorbei, und doch hat man nur einen winzigen Bruchteil der Wildnis gesehen, die sich über 5% der tansanischen Landesfläche erstreckt. Zusätzliche Highlights: die Vogelvielfalt, die Flussdelfine und beinahe ein Fünftel aller in Afrika lebenden Löwen.

NICHTS WIE HIN! ***Per Flugzeug oder mit dem Auto von Dar es Salaam oder Morogoro. Regenzeit März–Mai, viele Camps geschlossen.***

271 Vulkan Arenal

VULKANISCHE AUSSICHTEN

COSTA RICA // Der mächtige Vulkan ist allgegenwärtig. Ob Sie durchs Lavagestein wandern, auf dem Arenal-See surfen oder mit dem Mountainbike unterwegs sind, der Vulkan wird Ihre Kulisse sein. Seine nächtlichen Feuerwerke mit Lavafontänen und glühenden Gesteinsbächen, die früher an seinen Flanken herabflossen, hat der Arenal seit 2010 eingestellt. Was bleibt, ist ein schlafender, immer noch rauchender Gigant, umgeben von tierreichen Wäldern, Wasserfällen und heißen Quellen.

NICHTS WIE HIN! ***Der wichtigste Ausgangspunkt zum Volcán Arenal ist La Fortuna. Die Trockenperiode dauert von Februar bis April.***

272 Asa Wright Nature Centre

KARIBISCHES VOGELRESERVAT

TRINIDAD & TOBAGO // Die Vielfalt in diesem 80 ha großen Vogelreservat wird auch jene umhauen, die Papageien nicht von Wellensittichen unterscheiden können. Früher befand sich hier eine Kaffee- und Kakao-Plantage, heute steigen der Blauscheitel-Motmot, der Fahlkopfspecht oder der Dottertukan aus der üppigen Vegetation entlang der Wanderwege auf. Dazu gibt es noch ein Naturschwimmbad und eine Lodge, die Rum Punch serviert – Öko-Urlaub vom Feinsten, *caribbean style*.

NICHTS WIE HIN! ***Ca. 90 Autominuten von Port of Spain. Tagesausflüge sind möglich, aber warum übernachten Sie nicht einfach?***

273

Nationalpark Picos de Europa

HEAVEN FOR HIKERS

SPANIEN // Fährt man von der spanischen Nordküste landeinwärts, werden die Straßen schnell schmaler und winden sich steil empor, vorbei an schwindelerregenden Abgründen und malerischen kleinen Dörfern. Willkommen in den Picos, einer zerklüfteten Gebirgskette, die sich über den Südosten Asturiens, den Südwesten Kantabriens und den Norden von Kastilien-León erstreckt.

Die Picos haben mit den üblichen Spanienklischees nichts zu tun: Hier trinkt man Sagardo statt Sangria und in den Dorfstraßen begegnet man Kühen statt Touristenkarawanen. Und dennoch: Das Gebirge und mit ihm der Nationalpark erfreuen sich wachsender Beliebtheit. Der Grund dafür ist einfach: In dem 647 km² großen Parque Nacional de los Picos de Europa finden sich einige der schönsten Wanderrouten Spaniens, darunter mit der Ruta del Cares wohl einer der bekanntesten Wanderwege im ganzen Land. Dieser 11 km lange Pfad führt quer durch die Garganta del Cares, eine Kalksteinschlucht, die mitten durch die Picos schneidet.

Außer wandern kann man hier auch raften, Kajak fahren oder mit dem Mountainbike auf Off-Road-Tour gehen.

NICHTS WIE HIN! *Flug nach Bilbao, dann 3 Std. nach Westen. Zwischensaison mit weniger Besuchern und mehr freien Unterkünften ist im Mai/Juni und September/Oktober.*

3

274

Angel Falls

Unerreichbares Waserfallwunder

↓

VENEZUELA // Vergessen Sie Iguaçú und Victoria! Gewinner der Kategorie „höchster Wasserfall" sind die Angel Falls. Mit einer Höhe von 979 m sind sie 16 Mal höher als die Niagara-Fälle (S. 110) und im Gegensatz zu ihren Geschwistern finden Sie hier weder Zufahrtsstraße noch Hotelburgen. In dieser unwegsamen Wildnis nähert man sich den Wasserfällen mit dem Boot und übernachtet in Camps in Hängematten. Der Kanutrip ist dabei so einprägsam wie der Anblick des Wassers, das in den Devil's Canyon stürzt.

☛ NICHTS WIE HIN! *Kurzer Flug von Ciudad Bolívar zum Parque Nacional Canaima (oder 9 Std. per Bus von Caracas).*

277

275

Insel Yakushima

WANDERN UNTER SUGI-BÄUMEN

JAPAN // Wenn es irgendein Ort mit dem Fangorn-Wald aus *Herr der Ringe* aufnehmen kann, dann ist es der urzeitliche, moosüberwucherte Wald von Yakushima mit den berühmten *yakusugi*-Bäumen, die dank ihrer verdrehten Silhouetten ganz schön Furcht einflößend wirken. Die feuchte, wilde Landschaft ist bei Wanderern ebenso beliebt wie bei Meeresschildkröten, die zur Eiablage hierherkommen. Heiße Quellen *(onsen)* am Meer und schöne Sandstrände locken ebenfalls.

☛ NICHTS WIE HIN! ***Fähren und Flüge von Kagoshima. Während der japanischen Ferien ist die Insel im Südwesten Japans überlaufen.***

276

Whakarewarewa

DAMPFENDE ERDE

Rotorua, NEUSEELAND // Die Kombination authentischer Maori-Kultur und geothermaler Spektakel macht diesen Ort auf der Nordinsel zum Erlebnis besonderer Art. In der Maori-Siedlung, wo die *tangata whenua* („Menschen des Landes") seit Jahrhunderten zu Hause sind, zeigt Mutter Natur mit dampfenden Wutausbrüchen, blubbernden Schlammtöpfen und launischen Geysiren Präsenz. Man fühlt die Hitze und lässt sich von Guides alte Geschichten erzählen oder traditionelle Maori-Kunst zeigen.

☛ NICHTS WIE HIN! ***Rotorua liegt drei Stunden von Auckland am Thermal Explorer Hwy, der zu vielen Highlights der Nordinsel führt.***

277

Szoborpark

FRIEDHOF DES SOZIALISMUS'

UNGARN // Den Park in Budapest kann man als einen hübsch aufgeputzten Schrottplatz der Geschichte bezeichnen – oder als sozialistisches Disneyland. Hier begegnet man etwa 50 alten Statuen, Büsten und Ehrentafeln namhafter Kommunisten, Lenin und Marx inbegriffen, aus allen Teilen der Stadt. Zu bewundern gibt es auch Stalins Stiefel – einziges unversehrtes Überbleibsel der monumentalen Statue, die das Volk während des Ungarnaufstands 1956 von ihrem Sockel kippte.

☛ NICHTS WIE HIN! ***Der Park befindet sich im südlichen Teil von Buda. Shuttlebus aus dem Zentrum (Fahrpreis im Ticketpreis enthalten).***

278

Death-Valley-Nationalpark

LAND DER EXTREME

USA // Muss man einen Ort mit einem solch Unheil verkündenden Namen nicht unbedingt besuchen? Die Sicherheit einzutauschen gegen diesen lebensfeindlichen Landstrich, aus dem sogar die Steine zu fliehen versuchen, hat paradoxerweise etwas Erbauliches und Lebensbejahendes.

Der zwischen Kalifornien und Nevada liegende Death-Valley-Nationalpark ist ein Land der Extreme: die höchste je gemessene Temperatur (57° C), der niedrigste Punkt Nordamerikas (Badwater, 86 m unter Meeresniveau) und mit 13 000 km² der größte Nationalpark außerhalb Alaskas. Death Valley ist kein Tal im eigentlichen Sinn, sondern eine Senke, die entstand, als ein langgezogenes Stück Erdkruste zwischen zwei Brüchen eingekeilt und von tektonischen Kräften nach unten gedrückt wurde. Außerdem ist das „Death Valley" alles andere als tot. Hier leben viele endemische Tierarten und wenn das Wetter mitspielt, erblühen die Frühlingsblumen in spektakulärer Pracht.

Weitere Naturschauspiele im Death Valley sind schwindelerregende Canyons, singende Sanddünen und die bereits erwähnten „Wandernden Felsen", die sich wundersamerweise über die Oberfläche der Racetrack Playa bewegen. Einer der verrücktesten Orte überhaupt, wenn man ihn nur besichtigen will. Zum Leben aber ist er eher nicht: Das beweisen die Überreste jener Dinge, die Bergbaupioniere zurückgelassen haben, als sie eines Tages die Flinte ins Korn warfen.

☛ NICHTS WIE HIN! ***Hochsaison ist im Winter und Frühling. Bei einem Besuch im Sommer bleiben Sie während der heißesten Zeit am Pool oder in den Hügeln, wo es nicht kühler ist.***

3653

279

280

279 Ko Phi-Phi

PERLE DER ANDAMANENSEE

THAILAND // Als *The Beach* 2000 in die Kinos kam, schnellte Phi-Phi Island schlagartig auf Platz Eins der Backpacker-Destinationen. Das azurblaue Meer der Maya Bay auf Ko Phi-Phi Leh, gekrönt von urwaldbewachsenen Kalksteinfelsen, gehört zu den schönsten – wenn auch überfüllten – Reisezielen in Thailand. Abends pilgern die Tagesausflügler zurück nach Phi-Phi Don (auf Leh gibt es keine Übernachtungsmöglichkeit), wo faule Tage auf strahlend weißen Sandstränden langsam in schwüle Nächte mit rammelvollen Bars, markerschütternden Beats und Cocktails übergehen. Klettern Sie hoch zum 300 m über der schmetterlingsförmigen Insel liegenden Aussichtspunkt oder fahren Sie mit dem Langboot aufs tiefblaue Meer. Phi-Phi ist immer noch toll zum Tauchen, weil der Tsunami 2004 nur minimale Schäden angerichtet hat.

NICHTS WIE HIN! ***Von November bis April ist es auf Phi-Phi voll und heiß, aber am schönsten. Mai-Oktober regnet es häufig.***

280 Waitomo Caves

GLOWWORM-GALAXIE

NEUSEELAND // Die Höhlen sind der Beweis, dass nicht nur im All außerirdische Landschaften liegen. Es gibt verschiedene Eingänge in die Unterwelt unter neuseeländischen Äckern: In der Ruakuri-Höhle schraubt sich eine futuristische Wendeltreppe tief hinunter in ein labyrinthartiges System aus Gängen und Höhlen. Gleich nebenan liegt die „Glowworm Cave" mit ihrer schönen Akustik, wo bei einer Bootsfahrt ein „Sternenhimmel" aus unzähligen leuchtenden Mückenlarven wartet. Geologisch ist die Aranui-Höhle mit ihren Kalksteinformationen und Tausenden Stalaktiten, die aussehen wie Drachenzähne, am beeindruckendsten. Bei einem „Black Water Rafting"-Trip in den (Unter-)Weltraum treiben Sie im Neoprenanzug auf einem Reifen durch das System der unterirdischen Wasserwege – die ultimative Erkundungsreise!

NICHTS WIE HIN! ***Waitomo liegt ca. drei Stunden südlich von Auckland, nicht weit von Rotorua, Taupo und dem Tongariro-Nationalpark.***

282
Kizhi Pogost

HOLZKUNSTWERKE IM FERNEN RUSSLAND

RUSSLAND // Die Menge historisch wertvoller Bauwerke in Russland ermüdet auch den größten Architektur-Freak. Aber für die zwischen dem 18. und 19. Jh. erbaute Anlage, die malerisch auf einer Insel im Onegasee thront, lohnt es sich sogar, einen Fluss (samt giftiger Schlangen) zu überwinden. Höhepunkt ist die Verklärungskirche, die mit ihren sage und schreibe 22 Zwiebeltürmen und einer Höhe von 37 m angeblich einer der höchsten Holzbauten der Welt ist. Es heißt, der Baumeister habe nach Vollendung der Arbeiten seine Axt weggeworfen, da er – nicht zu Unrecht – überzeugt war, dass dieses Gebäude nicht zu überbieten sei. Für den Bau wurden unzählige Baumstämme verwendet – und, erstaunlich, aber wahr, nicht ein einziger Nagel.

☛ NICHTS WIE HIN! *Eine Tagesreise von Petrozavodsk und 425 km nördlich von St. Petersburg. Mai bis September tgl. Tragflügelboote.*

281
Eden Project

DAS PFLANZENLEBEN DER ERDE UNTER FRISCHHALTEFOLIE

Cornwall, ENGLAND // Was tun mit einer gigantischen Tongrube ohne Ton? Man karrt ein paar Bananenpalmen an und baut einen Ballon drumherum: Das Eden Project ist ein riesiger Garten. Was anderswo Gewächshaus heißt, ist hier ein „Biom", hohe Plastikkuppeln, die aussehen wie außerirdische Riesenkäfer und ganze Pflanzenkontinente beinhalten. Egal, wie übel draußen das englische Wetter wütet, im Regenwald-Biom gedeihen üppig grüne Tropenpflanzen von der Kaffeestaude bis zum Kapokbaum. Das mediterrane Biom hingegen beheimatet Kakteen, Agrumen und Olivenbäume. Hinter dem Projekt steckt aber weit mehr, nämlich eine gemeinnützige Stiftung, ein Pflanzenschutz-, Forschungs-, Kulturzentrum für Musik, Lesungen, Ausstellungen – und ein Eislaufplatz. Ein bunter, kreativer Nährboden, auf dem immer Neues wächst!

☛ NICHTS WIE HIN! *Eden ist 5 km entfernt vom Bahnhof St Austell. Von dort verkehrt die Buslinie 101. Wer öffentlich fährt, erhält Ermäßigung.*

283 Kailash

DER HEILIGSTE BERG DER WELT

TIBET // Der Kailash (6638 m) ist nicht irgendein Berg, denn mit seinem glatten, pyramidenartigen Gipfel aus schwarzem Fels dominiert er sowohl die Landschaft von West-Tibet als auch den Glauben einer Milliarde Menschen. Auf Tibetisch nennt man ihn Kang Rinpoche, „Kostbarer Edelstein aus Schnee". Der Berg ist in der asiatischen Mythologie so tief verwurzelt, dass er der heiligste Ort der Welt sein könnte: Im Hinduismus liegt am Kailash das Haus von Shiva (er soll hier Yoga praktizieren) und uralte Legenden erzählen, dass an dieser Stelle die Welt geboren wurde. Trotz des religiösen Schwergewichts ist der Tourismus am Kailash noch relativ verhalten – weil der Berg schwer zu erreichen ist. Doch verbesserte Infrastruktur, neu gebaute Straßen und ein nur wenige Stunden entfernter Flughafen könnten dies bald ändern. Wenn Sie sich an seinem ehrwürdigen Anblick sattgesehen haben, umrunden Sie den Fuß des Bergs in einer dreitägigen *kora*. Diese Pilgerreise durch eine kahle, kalte Landschaft werden Sie nie wieder vergessen.

NICHTS WIE HIN! ***Der Ort Darchen, Ausgangspunkt für die*** **kora***,* ***liegt einsame 1200 km von Lhasa entfernt.***

284

Rainbow Reef

Psychedelische Korallenwälder

↓

FIDSCHI // Für Taucher ist das Rainbow Reef das Paradies. Starke Gezeitenströme drücken Tiefseewasser durch die Somosomo-Straße, so werden die Weichkorallen und Meeresfächer laufend mit frischen Nährstoffen versorgt und bilden dichte, bunte Unterwasserwälder. Strömungstauchgänge führen zu Highlights wie der leuchtenden Great White Wall und Annie's Brommie – ein Korallenfelsen, an dem es vor lauter Fischen nur so wimmelt.

NICHTS WIE HIN! ***Flüge gehen nach Taveuni, von dort ist das Riff leicht zu erreichen. Meiden Sie Januar/Februar.***

285 Te Papa Tongarewa

EIN MUSEUM FÜR JEDES ALTER

NEUSEELAND // Wer das neuseeländische Nationalmuseum besucht, merkt gar nicht, wie viel lernt, so viel Spaß macht der Besuch. Der „Schatzbehälter“ ist das bunte architektonische Herzstück am Ufer der Hauptstadt Wellington. Die Ausstellung ist interaktiv, voller digitaler Animationen, Knöpfe und guter, alter analoger Spielereien. Im Mittelpunkt des Museums steht die Geschichte Neuseelands, von Dinosauriern bis zu Vulkanen, einem geschnitzten Versammlungshaus der Maori und Beispielen des sprichwörtlichen neuseeländischen Erfindungsreichtums. Die nationale Kunstsammlung voll verrückter Dinge wie einem Blauwalherz, durch das man klettern kann, oder einem in Formaldehyd eingelegten Riesentintenfisch ist ein würdiger Abschluss des lustig-freundlichen, multikulturellen Museums – das damit ganz so ist, wie die Neuseeländer sich selbst gerne sehen.

NICHTS WIE HIN! *Das Museum erreichen Sie zu Fuß von den anderen wichtigsten Sehenswürdigkeiten der Hauptstadt, wie der City Gallery, Cuba Street, der Seilbahn oder dem Botanischen Garten.*

286

285

286 Ross-Schelfeis

EISWAND AM ENDE DER WELT

ANTARKTIS // Eis, so weit das Auge reicht. Das Ende der Welt? Sieht jedenfalls verdammt danach aus! Mit einer Fläche von 520 000 km² ist das Ross-Schelfeis immerhin fast so groß wie Frankreich. Als Kapitän James Clark Ross die Schelfeisplatte 1841 entdeckte, nannte er sie zunächst Victoria Barrier (Königin Victoria zu Ehren). „Barriere“ beschreibt die gigantische Tafel übrigens äußerst passend, denn aus der Nähe wirkt sie wie eine natürliche Festung, die praktisch „Halt! Stehenbleiben!“ ruft. Stellenweise ist das Eis bis zu 1000 m dick. Und es ist flink: Es bewegt sich mit der unglaublichen Geschwindigkeit von 1100 m pro Jahr. Die Platte gleitet auf dem Wasser und kalbt jedes Jahr 150 km³ Eisberge. Wäre das jetzt eine Episode *Game of Thrones*, würden wir uns fragen, was auf der anderen Seite der Mauer lauert …

NICHTS WIE HIN! *Antarktis-Touristen kommen meist per Schiffsgruppenreise. Abfahrtshafen ist dabei oft Ushuaia in Argentinien.*

287
Ras al-Jinz

GEBURTENSTATION FÜR SCHILDKRÖTEN

OMAN // Der wilde Strand von Ras al-Jinz, östlichster Ausläufer der Arabischen Halbinsel, ist eine wichtige Niststätte für 20 000 Exemplare der gefährdeten Grünen Meeresschildkröte. Jahr für Jahr kehren sie zurück, um ihre Eier abzulegen. Oman nimmt den Schutz der Tiere sehr ernst, und man kann dabei zusehen, wie die sanften, gepanzerten Riesen sich in finsterster Nacht über den Strand kämpfen. Ein magischer Anblick, auch wenn man sich bisweilen wie ein Eindringling fühlt.

NICHTS WIE HIN! ***Der einzige Weg, Ras al-Jinz zu besuchen, ist abends oder früh morgens vom nahen Sur. Beste Zeit: Juli.***

288
Anse Vata

STADTSTRAND DER SPITZENKLASSE

NEUKALEDONIEN // Es gibt nicht viele Hauptstädte, die mit einem solchen Spitzenstrand glänzen können. Die Einwohner von Noumea jedenfalls können dankbar sein für diesen scheinbar endlosen Sandstreifen. An windigen Tagen ziehen Kite- und Windsurfer die Bucht auf und ab, an ruhigeren Tagen bauen die Kinder Sandburgen. Einheimische wie Touristen stecken ihre Füße in den weißen Sand, planschen im türkisfarbenen Meer und tummeln sich in den Restaurants und Bars.

NICHTS WIE HIN! ***Neukaledonien ist eine zu Frankreich gehörende Inselgruppe im Pazifik. Flüge nach Tontouta, 45 km von Noumea.***

289
Kilwa Kisiwani

HAFENRUINEN DER SWAHILI

TANSANIA // Zu ihrer Blütezeit im 13. Jh. war Kilwa Kisiwani Sitz des Sultans und Zentrum der Handelswege, die die alten Königreiche der Shona und die Goldfelder Simbabwes mit Persien, Indien und China verbanden. Angesichts dieser Historie ist es kaum nachvollziehbar, dass hier heute nur ein stiller Fischerort in der Sonne brütet. Dennoch kann man noch immer den Goldstaub auf den zerbröckelnden Swahili-Palästen und Moscheen erkennen, die vom Ruhm vergangener Zeiten erzählen.

NICHTS WIE HIN! ***Kilwa Kisiwani liegt nur einen kurzen Segeltrip entfernt von Kilwa Masoko an der Ostküste. Guides sind obligatorisch.***

291

290

Insel Sokotra

GALAPAGOS OHNE MENSCHENMASSEN

JEMEN // Kennen Sie die unwirklichste Landschaft im Nahen Osten? Bitteschön: die Insel Sokotra. Struppige, kuppelhäuptige Drachenbäume ragen aus einer felsigen Sci-Fi-Landschaft, die einer der artenreichsten Orte der Welt ist. Mit etwa 700 einzigartigen Spezies sollte Sokotra mit den Galapagos-Inseln (S. 39) in einem Atemzug genannt werden, aber die politische Instabilität der Region hält Touristen fern. Für Unerschrockene ist das exzentrische Naturwunder eine Offenbarung.

NICHTS WIE HIN! *Yemenia Airways fliegt Sokotra von Dubai und Sana'a an. Veranstalter von Öko-Reisen bieten Führungen an.*

291

Altstadt von Dhaka

DAS PULSIERENDE HERZ VON BANGLADESCH

BANGLADESCH // Egal, woher Sie kommen, Dhaka wird Sie mit seiner Intensität überwältigen und unvergessliche Eindrücke hinterlassen. Die Stadt ist ein Irrgarten voll bunter Fotomotive: Basare im Räucherstäbchendunst, überfüllte Gassen, marode Baudenkmäler. Durch das Stadtzentrum fließt der Buriganga-Fluss, Lebensader von Dhaka und idealer Ausgangspunkt für eine Rundfahrt, auf der man das echte Bangladesch beobachten kann, wie es leibt und lebt.

NICHTS WIE HIN! *Nur wenig Hotels in der Altstadt, Billigunterkünfte nehmen keine Ausländer auf. Besser im Stadtzentrum wohnen.*

292

Underwater Sculpture Park

KUNST(G)RIFF

GRENADA // Kunstgalerien sind alle gleich? Weit gefehlt! Diese hier liegt schon mal 2 m unter der Meeresoberfläche. Die Idee dahinter: ein künstliches Riff gegen Sturmschäden zu schaffen. Die Werke? Ein Kreis von Frauen, die sich an den Händen halten, ein Mann am Schreibtisch, ein einsamer Mountainbiker – die alle von Korallen überzogen werden. Ein gespenstischer Anblick, wie die verankerten, lebensgroßen Skulpturen langsam vom Meer vereinnahmt werden.

NICHTS WIE HIN! *Nördlich von St. George, der Hauptstadt von Grenada, liegt die Molinière-Bucht mit dem Skulpturenpark.*

293

Pulau Sipadan

BORNEOS TAUCHPARADIES

MALAYSIA // Der Superstar im Semporna-Archipel ist die 36 km südöstlich von Sabah gelegene Insel Sipadan. Der elliptische Winzling sitzt auf einem erloschenen Vulkankegel, umringt von nahezu vertikal abfallenden Felswänden, bedeckt mit fast unwirklich bunten Korallen. Hier begegnen Sie Barrakudas, Papageienfischen und Walhaien (März–Mai). Wasserschildkröten und Riffhaie stehen fast bei jedem Tauchgang auf dem Programm, mit etwas Glück entdeckt man auch Mantas, Adlerrochen, Oktopusse oder Bogenstirn-Hammerhaie. Bei Redaktionsschluss waren Nachttauchgänge bis auf Weiteres gestrichen, aber wir fressen einen Schnorchel, wenn Sie hier das Tauchen am Tag nicht umhaut. Vergessen Sie nur nicht, im Voraus zu buchen – jeden Tag werden für Sipadan nur 120 Pässe (zum Tauchen und Schnorcheln) ausgegeben.

NICHTS WIE HIN! *Die nahegelegene Insel Mabul ist der perfekte Stützpunkt, eine Übernachtung auf Sipadan ist nicht möglich.*

293

294

294

St. Davids Cathedral

MEDIEVAL MIRACLE

WALES // Purpur ist eine eigenwillige Farbwahl für eine Kathedrale, aber so zeigt sich der walisische Sandstein nun mal, aus dem St. Davids erbaut wurde. Was als Nächstes auffällt – abgesehen von der tollen Lage am idyllischen Ufer des Alun-Flusses, inmitten der wilden Küstenlandschaft von Pembrokeshire, wo Wales über die Keltische See nach Irland schaut – ist die gewaltige Größe der Kirche im Vergleich zu ihrer Heimatstadt. Pembrokeshire ist schließlich die kleinste Stadt im Vereinigten Königreich! Doch dank der Wunder des hl. David, eines Einheimischen, der hinter dem Hochaltar bestattet wurde, ist die Kirche zu einem der bedeutendsten Gotteshäuser des Christentums geworden. Gebaut wurde sie im 12. Jh. an der Stelle, wo im 6. Jh. Davids Kloster stand. Spätestens seit Papst Calixtus II. verfügte, dass zwei Pilgerfahrten nach St. Davids einer Reise nach Rom entsprächen – und drei einer nach Jerusalem – gab es hier stets mehr Touristen als Einwohner.

NICHTS WIE HIN! *St Davids liegt zwei Autostunden von Cardiff.*

295 Totes Meer

UNTERGEHEN VERBOTEN

JORDANIEN/ISRAEL/PALÄSTINA // Das Tote Meer gehört zum Great Rift Valley, einem gigantischen Riss in der Erdkruste, und ist mit 412 m unter dem Meeresspiegel der niedrigste Punkt der Welt. Der Grund, warum man darin nicht untergeht, ist der mit mehr als 20 % ungewöhnlich hohe Salzgehalt des Wassers. Sobald Sie reinsteigen, haben Sie das Gefühl, in Fruchtsirup zu waten. Lassen Sie sich fallen, und die Magie setzt ein: Mühelos treiben Sie auf der Wasseroberfläche; Sie können sich hinsetzen, herumrollen, Arme und Beine in die Luft strecken – das Tote Meer lässt Sie nicht im Stich. Das blau glitzernde Wasser, die blendend weißen Salzablagerungen und steilen, zerklüfteten Berge sind die Kulisse für einen der spektakulärsten Orte, um ein Bad zu nehmen.

☛ NICHTS WIE HIN! ***Zugang zu den Stränden des Toten Meeres über Jordanien, Israel oder das palästinensische Westjordanland.***

296

295

296 Kilimanjaro

VON DER HITZE ZUR SPITZE

TANSANIA // Allein, dass man drei Breitengrade südlich des Äquators über einen Gletscher wandert, ist erstaunlich, aber der Kilimanjaro steckt voller weiterer Überraschungen – und Gegensätze. So wird die Euphorie, die einen beim Blick vom Gipfel auf den Sonnenaufgang über den endlosen Ebenen Tansanias packt, gefolgt von Übelkeit: Höhenkrankheit! Und zwar dann, wenn man jene der insgesamt sechs Aufstiegsrouten zum Uhuru Peak wählt, die weniger als vier Tage dauert (durch fünf Klimazonen von der Savanne bis ins Hochgebirge). Mit seinen 5895 m ist der Kili der höchste allein stehende Berg der Welt – und oft sind es gerade die fittesten Bergsteiger, die bei einem zu schnellen Aufstieg aufgeben müssen. Also hören Sie auf die Warnung Ihrer Guides – *„pole, pole"* („langsam, langsam") – und Sie können das Dach von Afrika erreichen.

☛ NICHTS WIE HIN! ***Moshi und Arusha sind die Ausgangspunkte für eine Besteigung, wählen Sie Bergführer und Route sorgfältig aus.***

297

Kölner Dom

GOTISCHES KÖNIGREICH

DEUTSCHLAND // Die Türme des spektakulären Kölner Doms recken sich weit in den Himmel: eine perfekte Navigationshilfe, weshalb sie wahrscheinlich bei den Luftangriffen im Zweiten Weltkrieg nicht beschädigt wurden. Oder aber die Piloten brachten es einfach nicht übers Herz, eines der wunderbarsten gotischen Bauwerke der Welt zu zerstören. 1248 begonnen, blieb der Dom im Mittelalter unvollendet. Erst 60 Jahre vor Ausbruch des Zweiten Weltkrieges wurde er fertiggestellt.

☛ NICHTS WIE HIN! *Steigen Sie die 509 Stufen zur Aussichtsplattform und genießen Sie die tolle Aussicht über das weite Rheinland.*

298

Amphitheater Drakensberg

LAND DER KLIPPEN & SCHLUCHTEN

SÜDAFRIKA // Hinter dem Namen steckt dichterische Freiheit: Dieses Amphitheater ist kein römisches Bauwerk, sondern eine natürliche Felsarena, in der die Tugela Falls in fünf Stufen 850 m in die Tiefe stürzen (die oberste Stufe kann im Winter gefroren sein). Die 8 km lange Wand aus Klippen und Schluchten ist von unten beeindruckend und, wenn man oben steht, spektakulär. Sie ist die Krönung des 8000 ha großen Royal-Natal-Nationalparks mit Campingplätzen, Wanderrouten und Reitwegen.

☛ NICHTS WIE HIN! *Der Nationalpark liegt in der Drakensberg Range an der Grenze zu Lesotho (ca. drei Autostunden von Durban).*

299

Nationalpark Cotopaxi

FEURIG-VULKANISCHE AUSSICHTEN

ECUADOR // Machen Sie sich bereit für eine Welt aus Feuer und Eis. Der schneebedeckte Gipfel des höchsten aktiven Vulkans der Welt ist das Glanzstück in Ecuadors beliebtestem Nationalpark. Seit Mitte des 19. Jhs. hat er mehr als 50 Mal Feuer gespuckt. An den tieferen Hängen finden sich die Überreste von Inkastätten, Gletscher und ein stiller, einsamer See mit dem Spiegelbild des 5897 m hohen Bergs. Ein Meisterwerk – inklusive mühsam-magischem 6-h-Gipfelsturm.

☛ NICHTS WIE HIN! *Donnerstag bis Sonntag: Bahn zwischen Quito und dem Nationalparkseingang. Achten Sie auf das Wetter.*

300–399

300

Chatuchak-Wochenendmarkt

THAILÄNDISCHER KONSUMTEMPEL

THAILAND // Auf Bangkoks größtem Marktplatz wird gefeilscht auf Teufel komm raus. Kaufen kann man hier fast alles, vom Hundebaby über den Kampfhahn bis zu Vintage-Schuhen und Stammeskunst. Tausende Kauflustige strömen am Wochenende hierher und verschwinden in den verschlungenen, scheinbar systemlosen Eingeweiden des Marktes, aus dem es kein Entrinnen zu geben scheint. All das könnte äußerst kraftraubend sein – gäbe es nicht die vielen Street-Food-Stände.

NICHTS WIE HIN! *Chatuchak liegt am nördlichen Stadtrand und ist mit der U-Bahn erreichbar. Beste Zeit: frühmorgens.*

Chatuchak-Wochenendmarkt

Wer den herrlich hektischen Markt besucht hat, ist leicht zu erkennen. Erster Hinweis: Essstäbchen aus marmoriertem Palmenholz, die man gleich neben Seidenservietten und fein gearbeiteten Schüsselchen für Sojasoße oder *nam phrik* (Fischsoße mit Chili) findet. Als ich nach meinem ersten Besuch des Chatuchak nach Hause zurückkehrte, verwandelte sich meine Wohnung über Nacht in ein Thai-Restaurant. Erst nach zwei oder drei weiteren Besuchen legte sich meine anfänglich wahllose Begeisterung und meine Einkaufstrips wurden selektiver. Wenn ich heute dort bin, steuere ich geradewegs auf den Antiquitätenteil im Herzen des Marktes zu, um mich mit Chinalack-Gefäßen und Opiumgewichten für meine Sammlung einzudecken. Und jedes Mal muss Zeit sein für eine Schale scharfe Tom-Yang-Suppe, eine Flasche frisch gepressten thailändischen Orangensaft von Uncle Add und einen herzhaften Cocktail im Viva 8.

Joe Bindloss, Redakteur Südostasien

301

Nationalpark Tortuguero

SCHILDKRÖTENINSELN

COSTA RICA // Hier fühlt sich der Küstenregenwald an wie die tiefste Dschungelwildnis im Amazonas: feucht, voller Geräusche und Leben. In Lagunen lauern Krokodile und schwimmen Otter, Faultiere hocken auf Bäumen und Brüllaffen lärmen mit Hunderten Vögeln um die Wette. Beobachten Sie Meeresschildkröten bei der Eiablage – und die frisch geschlüpften Jungen, wie sie ins Meer wuseln. In Tortuguero, auf einem dunklen Streifen Sand, werden Sie Zeuge des Kreislaufs des Lebens.

NICHTS WIE HIN! *Tortuguero ist idealer Ausgangspunkt für den Nationalpark. Brutzeit der Schildkröten: März bis Oktober.*

303

Capri

TUMMELPLATZ DER STARS

ITALIEN // Bereits Kaiser Augustus machte diesen 3 x 6 km großen Fels im Meer vor der Halbinsel von Sorrent im 1. Jh. vor Chr. zu seinem privaten Rückzugsort. In den 1950ern und 1960ern kam dann der internationale Jetset, von Elizabeth Taylor über Greta Garbo bis Clark Gable. Heute ist Capri touristisch überlaufen – schließlich wollen wir ja alle ein Stück Dolce Vita, oder? –, aber trotzdem geben uns die malerischen Piazze, winzigen Bars, Sandbuchten, Aussichtspunkte und die berühmte Blaue Grotte einen kleinen Eindruck davon, wie sich das Leben der Promis anfühlt.

NICHTS WIE HIN! ***Fähren verkehren ganzjährig von Neapel und Sorrent.***

302

Nationalpark Andringitra

UNBERÜHRTES EINSAMKEIT

MADAGASKAR // Das Besondere an diesem Nationalpark? Hier werden Sie kaum einer Menschenseele begegnen! Andringitra besteht aus einer majestätischen Gebirgskette mit zwei Tälern voller Seen, Lemuren und malerischen Dörfern, überragt von drei beeindruckenden Gipfeln. Die Zweitagestour auf dem Imarivolanitra Trail führt längs durch den Park und direkt über den Gipfel des Pic Boby. Wegen seiner unberührten, herrlichen Natur ist Andringitra schlicht Weltklasse.

NICHTS WIE HIN! ***Beide Eingänge liegen drei Autostunden von Ambalavao entfernt. Januar bis März ist der Park geschlossen.***

306

304

Bamburgh Castle

MÄRCHENSCHLOSS MIT MEERBLICK

ENGLAND // Das mächtige Bamburgh Castle wacht hoch über einem der schönsten Strände Englands und dominiert die Küste Northumberlands. Viele Briten trotzen hier seit Generationen jedes Jahr steifen Nordsee-Brisen und lassen sich, gestärkt von Krabbenbrötchen, beim Bau ihrer Sandburgen vom großen Vorbild inspirieren. Die beste Aussicht auf die Burg hat man vom Meer aus. Oder Sie genießen von den Mauern einen einzigartigen Blick auf die Farne Islands und die Cheviot Hills.

☛ NICHTS WIE HIN! *Erkunden Sie die Küste per Rad auf der Coast and Castles Route. Alternative: der Bus von Berwick-Upon-Tweed.*

305

Genfersee

WEINSELIGES SEELEBEN

SCHWEIZ // Der größte See Westeuropas erstreckt sich wie ein Spiegel entlang der französisch-schweizerischen Grenze. An das besonders verführerische eidgenössische Ufer schmiegen sich die elegante Studentenstadt Lausanne, malerische Örtchen und die spektakulären Weinberge von Lavaux, wo man bei einem Spaziergang die guten Tropfen auch probieren kann. Den See schmücken Märchenschlösser, luxuriöse Ansitze und kleine Strände, und alles vor klassischer Bergkulisse.

☛ NICHTS WIE HIN! *Am Genfersee im Südosten der Schweiz bietet ein Regionalpass freie oder ermäßigte Fahrten in Bus und Bahn.*

306

Cu-Chi-Tunnel

KRIEGSWIRREN

VIETNAM // Aus diesem drei Stockwerke tiefen Netz von Menschenhand gegrabener Gänge aus, das sich von Ho-Chi-Minh-Stadt bis Kambodscha erstreckt, griffen die Vietcong amerikanische Soldaten an. Tausende Vietnamesen lebten und starben dort, in den überfüllten unterirdischen Gängen wurde entbunden und geheiratet. Heute kann man Teile des Tunnelsystems besichtigen (nichts für Klaustrophobiker!), das eindrucksvoll die vietnamesische Beharrlichkeit beweist.

☛ NICHTS WIE HIN! *Touren von Ho-Chi-Minh-Stadt zu den Tunneln von Ben Dinh und Ben Duoc. Letzterer ist weniger besucht.*

307

307 Art Institute of Chicago

STERNE AM GEMÄLDEHIMMEL

USA // Bei diesem Kunstmuseum steht einem vor Staunen der Mund offen. In den endlosen Marmorfluren stoßen Sie auf Grant Woods *American Gothic* (für das seine Schwester und sein Zahnarzt Modell standen). Gleich um die Ecke hängt Edward Hoppers *Nighthawks*, ein Stück weiter täuscht Georges Seurats pointilistischer *Sonntagnachmittag auf der Insel La Grande Jatte* die Augen. Es folgen Monets *Getreideschober*, van Goghs *Schlafzimmer*, Picassos *Der alte Gitarrenspieler* – und so setzt sich die Parade der großen Namen fort. Die Sammlung impressionistischer und postimpressionistischer Werke ist die sehenswerteste außerhalb Frankreichs; die vielen Surrealisten begeistern. Und dabei haben Sie ja noch nicht einmal die japanischen Drucke, griechischen Urnen und Rüstungen gesehen! Im Untergeschoss liegen Räume mit Miniaturen – z. B. ein winziges französisches Boudoir ca. anno 1740 – und 800 edelsteinbesetzten Briefbeschwerern aus Glas. In den Gärten stehen Skulpturen und architektonische Reliquien.

NICHTS WIE HIN! ***Das Museum liegt in Downtown Chicago. Nahverkehrszüge halten nur einen Block entfernt. Kaum Warteschlangen!***

308

Gros Piton

Klettern auf Karibisch

↓

ST. LUCIA // Die zwei steinernen Wolkenkratzer sind die Tourismus-Pin-up-Stars von St. Lucia. Wie Haizähne ragen sie aus dem Meer, und die Aussicht von ihren Gipfeln ist so beeindruckend, wie der Moment, in dem man sie zum allerersten Mal sieht. Der Gros Piton (797 m) ist leichter zu erklettern als der Petit Piton (749 m) – aber die Tour über ein Auf-und-Ab aus Stufen im Vulkangestein ist nichts für Zartbesaitete. Die Mühe wird mit einem sagenhaften Panoramablick und einem kühlen Piton-Bier nach dem Abstieg belohnt.

☛ **NICHTS WIE HIN!**
Beste Kletterzeit: Dezember bis April. Führungen sind obligatorisch und starten in Soufrière.

309
Louisiana Museum of Modern Art

SCHNITTIGES SCHNITTCHEN

DÄNEMARK // Das langgestreckte weiße Gebäude – an sich schon ein Meisterwerk moderner dänischer Kunst der 1950er-Jahre – hat es wegen seiner inneren und äußeren (!) Werte auf die Liste geschafft.

Das Museum liegt nördlich von Kopenhagen an der Küste von Øresund und überblickt einen Hain aus Windrädern. Wenn Sie eine der bedeutendsten Sammlungen Moderner Kunst (nach 1945) in Skandinavien mit Werken von Pablo Picasso, Yves Klein und David Hockney genügend bewundert haben, gehen Sie nach draußen. Dort erwartet Sie ein Skulpturenpark voll versteckter Winkel und Kunst von Meistern wie Henry Moore. Oder stecken Sie einfach die Zehen ins Meer. Wie das Museum of Old and New Art (S. 40) in Tasmanien, wenn auch nicht ganz so trendig, besticht auch das Louisiana durch seine einmalige Lage.

NICHTS WIE HIN! *Ab Kopenhagen erreichen Sie Humlebæk in 35 Minuten per Bahn. Vom Bahnhof gehen Sie zu Fuß zum Museum.*

310
Nationalpark Unterer Sambesi

SAFARI, EINMAL DUCRHGESCHÜTTELT

SAMBIA // Die meisten Dinge sind einfach lustiger, wenn Wasser dabei ist – auch Safaris. Deshalb ist der Nationalpark Unterer Sambesi so besonders. Hier beschränken sich die Ausflüge nicht auf die üblichen Tiersafaris mit dem Jeep, man kann auch in ein Kanu klettern und geräuschlos den gigantischen Sambesi-Fluss hinabpaddeln, vorbei an badenden Elefanten oder im Wasser treibenden Nilpferden und Nilkrokodilen. Ohne das Wummern eines Motors wird die Safari zu einem sehr intimen Erlebnis, bei dem man die Tiere auf Augenhöhe beobachtet. Und weil die meisten Lodges ohnehin direkt am Ufer liegen, ist es nie weit zum nächsten großen Safariabenteuer. Alle, die überschüssige Energie haben, brechen mit Guides zur Wandersafari auf oder erklimmen das steile Sambesi-Ufer mit fantastischer Aussicht übers Flusstal.

NICHTS WIE HIN! *Ab Lusaka fliegt Proflight aus Sambia alle Landepisten des Parks an. Beste Reisezeit: Ende Mai bis Anfang Oktober.*

311
Temppeliaukio-Kirche

EIN MODERNES STÜCK VOM HIMMEL

FINNLAND // Täuschen mich meine Augen? Nein! Aus der Luft sieht die futuristische Felsenkirche in Helsinki aus wie ein Raumschiff, das mit der Erde kollidiert ist. Dass es derartige Kreativität gibt, sollte auch den größten Pessimisten trösten – so einzigartig ist diese, von Timo und Tuomo Suomalainen im Jahr 1969 geschaffene Kirche, eine der wichtigsten Sehenswürdigkeiten Helsinkis. Weil es in massiven Fels gehauen wurde, wirkt das Kircheninnere weniger wie ein Raumschiff als wie die finnische Idealvorstellung von Naturreligion. Und tatsächlich, man könnte glauben, auf einer steinernen Lichtung zu sein, gäbe es da nicht diese mit 22 km Kupferdraht ummantelte Dachkuppel mit einem Durchmesser von 24 m, die wie ein Fenster zum Himmel wirkt.

NICHTS WIE HIN! ***Dank der exzellenten Akustik finden hier häufig Konzerte statt. Kommen Sie besser unter der Woche.***

312
Petronas Towers

DIE GRÖSSTEN ZWILLINGE DER WELT

MALAYSIA // In Kuala Lumpur (KL) ziehen die 88 Stockwerke hohen Zwillingstürme Besucher verlässlich in ihren langbeinigen Bann, sobald sie am dunstigen Horizont auftauchen. Also, erklimmen Sie sie! Aber gleich am frühen Morgen, denn später verdampft die Aussicht buchstäblich im Smog der Stadt. Wandeln Sie durch die Luft auf der zweistöckigen Sky Bridge in der 41. und 42. Etage oder lassen Sie sich per Lift zum 86. Stock in 360 m Höhe schießen, wenn Sie noch mehr vom Goldenen Dreieck sehen möchten. KLs schönster Anblick ist jedoch immer *mit* den Türmen – etwa von der Sky Bar mit Pool im Traders Hotel, wo Sie die Aussicht auf die Zwillinge bei einem Drink genießen.

NICHTS WIE HIN! ***Tickets fürs Observation Deck ab 7 Uhr morgens erhältlich, sind aber schnell ausverkauft. Rund um den Unabhängigkeitstag am 16. September leuchten die Türme wie Raketen vor dem Start.***

311

313

313 Calakmul

DIE VERLORENE STADT VON YUCATÁN

MEXIKO // Die antiken Mayastädte Tulum und Chichén Itzá sind bekannter, Calakmul tief im Dschungel von Campeche aber ist imposanter. Wegen der vielen Kaan-Glyphen (Schriftzeichen mit Schlangenkopf) in den Kalksteinstelen ist die Stadt auch als Königreich der Schlangen bekannt – nur das guatemaltekische Tikal machte ihr die Vormachtstellung in der klassischen Epoche streitig. Die Estructura II, die größte bekannte Maya-Pyramide, ragt majestätisch aus dem Blätterdach des Urwaldes.

☛ NICHTS WIE HIN! *Calakmul liegt ca. 100 km von Xpujil (Tagestouren). Halten Sie Ausschau nach Tukanen, Affen und Jaguaren.*

314 Murchison Falls

DIE MACHT DES NILS

UGANDA // Murchinson Falls, der größte Nationalpark Ugandas, ist einer genialsten Orte für Tiersafaris mit dem Jeep oder auf Flussfahrten entlang des mächtigen Nils. Auf der Bootsfahrt werden Ihnen Nilpferde begegnen oder sie passieren eine Elefantenherde, die am Flussufer einen Spaziergang macht, während Sie langsam auf die tosenden Wasserfälle zusteuern. Der Fluss zwängt sich durch eine nur 7 m breite Felsspalte und stürzt mit gewaltiger Wucht 43 m in die Tiefe.

☛ NICHTS WIE HIN! *Mieten Sie ein Auto am besten in Kampala oder in der am Rand des Nationalparks liegenden Stadt Masindi.*

Murchison Falls

Als ich zum ersten Mal in den Murchison-Falls-Nationalpark kam, war ich noch ein staunender Teenager, den der Anblick all der komischen Tiere – freche Paviane mit roten Hinterteilen, fette, schaukelnde Nilpferde, riesige Krokodile, die wie Baumstämme tief im Wasser lauerten – an einen Comic erinnerten. Wir näherten uns flussaufwärts dem Wasserfall und kletterten das steile Flussufer hinauf. Nirgends war ein Geländer, nicht einmal an der höchsten Stelle, wo man den Eindruck hat, dass man beim kleinsten falschen Schritt auf den rutschigen Felsen in den wütenden Rachen des Nils stolpert. Ganz oben war der tosende Wasserfall so nahe, dass ich die Gischt spüren konnte, und der Glanz des weißen Wassers in der Äquatorsonne hatte die hypnotische Anziehung eines knisternden Lagerfeuers. Seither bin ich schon oft zurückgekehrt, die Begeisterung ist ungebrochen: Bei den Murchison Falls sorgt die Natur einen Moment lang für ganz großes Kino.

Jessica Cole, Leitende Redakteurin

315 Caernarfon Castle

SAGENHAFTES UNGETÜM

WALES // Als die imposante Burg von 1283 bis 1330 errichtet wurde, war sie, was Aussehen und Größe betraf, höchst außergewöhnlich: Ihr Bau wurde inspiriert vom *Mabinogion* (einem Werk mittelalterlicher keltischen Mythologie) und der Stadtmauer von Kostantinopel im 5. Jh. nachgebildet, mit farbig gestreiften Mauern und polygonalen statt der traditionellen runden Türme und Türmchen. Obwohl Caernarfon wie ein Märchenschloss aussieht, ist es eine militärische Festung, die König Eduard I. als Regierungssitz und Königspalast diente. Während des Englischen Bürgerkriegs überstand sie immerhin drei Belagerungen, bevor man sich 1646 Cromwells Armee geschlagen geben musste. Heute ist die Ruine immer noch relativ gut erhalten, und während man über ihre Mauern wandert, kann man sich lebhaft vorstellen, wie brutal es während der blutigen Schlachten zugegangen sein muss.

☛ NICHTS WIE HIN! ***20 Minuten mit dem Auto ab Bangor in Nordwales; auch Ausstellungen und ein Militärmuseum auf dem Gelände.***

315

316 Ben Nevis

EIN RUHENDER RIESE

SCHOTTLAND // Wie ein reuiger Radaubruder am Morgen nach *Hogmanay* (Silvester), hat Schottland seinen Ruf aufpoliert und sich vom Land des Golf, des Whisky und frittierter Schokoriegel zu einem Outdoor-Hotspot Europas (den Abenteurer bereits seit Jahrzehnten in aller Stille genießen) gemausert. Im Epizentrum dieser Action-Explosion ruht der Ben Nevis – mit seinen 1344 m der höchste Gipfel im Vereinigten Königreich – hoch über der Highlands-Stadt Fort William. Sowohl der Ben Nevis als auch der Aonach Mòr sind schon lange beliebte Ziele für erstklassige Wanderungen, Ski- oder Mountainbike-Touren. Am Ben Nevis gibt es alles von leichten Wanderwegen über die spektakuläre Gipfelbesteigung (die bei schlechtem Wetter tödlich enden kann) bis hin zum hochtechnischen Eisklettern.

☛ NICHTS WIE HIN! ***Als Ausgangspunkt eignet sich am besten Fort William – brechen Sie von hier aus auf und entdecken Sie!***

317 Chitwan-Nationalpark

TIGERTERRITORIUM

NEPAL // Der Chitwan-Nationalpark ist für alle, die im Vorgebirge des Himalaya einen Blick auf einhörnige Indische Panzernashörner oder Bengalische Tiger erhaschen möchten, die erste Adresse. Generationen von Trekkern haben ihre Reise zu den höchsten Gipfeln der Welt mit einer erholsamen Safari durchs Elefantengras entlang des Rapti-Flusses gekrönt. In dem Meer aus grünen Halmen verbirgt sich der größte Bestand an Nashörnern in Nepal – zuletzt exakt 503 – und eine Vielzahl Tiere aller Arten, die den Tigern von Chitwan als Fast Food dienen. Vom Rücken eines Arbeitselefanten aus, oder besser noch zu Fuß in Begleitung eines Guides, nach ihnen Ausschau zu halten, ist Safari pur: Nervenkitzel und Überraschung. Denn bei jedem Rascheln könnte es sich um ein banales Dschungelhuhn – oder einen majestätischen Bengalischen Tiger handeln.

☛ NICHTS WIE HIN! ***Der Haupteingang liegt bei Sauraha, wo es entlang des Rapti Dutzende rustikale Dschungel-Resorts gibt.***

318

Guggenheim-Museum

Atemberaubender Kunsttempel

↓

SPANIEN // Das Museo ist einer der größten architektonischen Hingucker der Welt und hat quasi im Alleingang die baskische Stadt Bilbao aus ihrem postindustriellen Tiefschlaf ins 21. Jh. geholt. Als Inspiration für das Gebäude dienten dem kanadischen Architekten Frank Gehry die traditionellen Wirtschaftszweige Schiffsbau und Fischfang: Der Einsatz fließender Dächer, steiler Klippen, Vorsprünge, Türme und Flossen ist unwiderstehlich. Allein am Gebäude gibt es so viel zu bestaunen, dass man fast die erstklassigen Ausstellungen im „El Goog" verpasst.

NICHTS WIE HIN!
Anreise mit dem Bus, Flugzeug oder Zug möglich.

320

319

Preikestolen

DIE BESTE AUSSICHT DER WELT

NORWEGEN // Der Preikestolen („Predigtstuhl") ist der höchste Punkt einer 604 m über einem der schönsten Fjorde Norwegens steil aufragenden Felskante und bietet den wohl spektakulärsten Panoramablick der Welt. Man erreicht ihn nach einer 3,8 km langen, zweistündigen Wanderung – und wird magisch vom Abgrund angezogen. Die Aussicht auf die in einem unwirklichen Licht leuchtenden Granitfelsen, die den 42 km langen Lysefjord („heller Fjord") säumen, ist unbeschreiblich schön.

NICHTS WIE HIN! ***Stavanger ist mit dem Flugzeug erreichbar, Ausflüge zum Predigtstuhl sind mit öffentlichen Verkehrsmitteln möglich.***

320

Bay of Fundy

GUTE GEZEITEN

KANADA // In der Bucht zwischen New Brunswick und Nova Scotia herrschen so große Gezeitenkräfte, dass das Gebiet wie zwiegespalten wirkt: Zwei Mal täglich fließen 160 Mrd. t Meerwasser in die 270 km lange Bucht hinein und wieder hinaus – eine Wasserstandsdifferenz von bis zu 15 m. Am besten lässt sich das Extrem an Bord eines Kajaks begreifen, wenn Sie durch Felsbögen und an Küstenabschnitten paddeln, die auf dem Hinweg noch komplett unter Wasser standen.

NICHTS WIE HIN! ***Checken Sie den Gezeitenkalender online. Walbeobachtung von Juni bis Oktober, beste Zeit im August.***

321

Schilfrohrinseln

SCHWIMMENDE EILANDE

PERU // Eine Begegnung mit dem Volk der Uros auf den Schilfrohrinseln des Titicacasees bringt einen ins Wanken: weil die Inseln, auf denen die Menschen leben, tatsächlich schaukeln, und weil ihre Lebensweise absolut einzigartig ist. Die Inseln, Häuser und Boote der Uros bestehen aus Totora-Schilf. Wenn dessen untere Schichten verrotten, werden oben neue hinzugefügt. Auf allen Inseln gibt es einen Wachturm (natürlich aus Schilf!), und wenn einst Gefahr nahte, konnten die Inseln wegtransportiert werden. Heute leben noch 300 Familien auf diese Art.

NICHTS WIE HIN! ***Ausgangspunkt ist Puno.***

323

322

Scheich-Zayid-Moschee

HAUS DER HEILIGEN

ABU DHABI // 17 Fußballfelder groß und Platz für 40 000 Gläubige: Die große Moschee in Abu Dhabi ist gerade mal die achtgrößte Moschee der Welt (in die Propheten-Moschee von Medina passen 900 000 Menschen). Aber immerhin hat sie den größten, 35 t wiegenden handgemachten Teppich der Welt. Im riesigen Innenhof findet sich ein unübertroffen schönes Marmormosaik. In der Architektur der Moschee vereinen sich arabische, persische, maurische und Mogulen Einflüsse.

NICHTS WIE HIN! ***In der Mitte von drei Brücken, die Abu Dhabi City mit dem Festland verbinden; mit Taxi oder Bus erreichbar.***

323

Cape Cod National Seashore

DÜNEN, WALE & AUSTERN

Massachusetts, USA // JFK sei Dank für diese intakte Landschaft der Salzwiesen und Wanderdünen, vor deren Stränden Wale schwimmen. Denn es war der Ex-US-Präsident, der 40 Meilen der Küste seines Heimatstaates schützen ließ. So gibt es hier auch heute nur Sand und Himmel für Strandgänger, Surfer und Wanderer. Malerische Ortschaften wie die Galerien-Stadt Provincetown oder das für seine Austern bekannte Wellfleet geben dem Ganzen den letzten Schliff.

NICHTS WIE HIN! ***Der Nationalpark ist 3,5 Autostunden von Boston entfernt. Hochgeschwindigkeitsfähren brauchen 90 Minuten.***

324

Isla de Ometepe

VULKANJUWEL IM NICARAGUASEE

NICARAGUA // Es gibt zwei offensichtliche Gründe, Ometepe, die größte Insel im größten See Mittelamerikas, zu besuchen: die Vulkane Maderas und Concepción. Anspruchsvolle Wanderungen führen durch Nebelwälder, in denen Brüllaffen leben, auf ihre Gipfel. In Ometepe gibt es Felsbilder, schöne Strände und herrliche Unterkünfte. Hier tummelten sich Piraten und Conquistadores, die Insel gilt auch als heiliger Ort. Aber beeilen Sie sich: Ein riesiges Kanalprojekt bedroht den Nicaraguasee.

NICHTS WIE HIN! ***Fähren gibt es von San Carlos, Granada und San Jorge. Anspruchsvolle Vulkanbesteigungen am besten mit Guide!***

325 Wat Pho

BUDDHISTISCHES TEMPELNIRVANA

Bangkok, THAILAND // Wen der riesenhafte Liegende Buddha nicht sofort in meditative Verzückung versetzt, der sollte im Tempel auf jeden Fall eine Thai-Massage ausprobieren. Denn Wat Pho ist nicht nur der größte Tempel im Land, sondern auch Sitz des Nationalen Zentrums für die Lehre und Bewahrung der traditionellen Thai-Medizin, zu der auch die Thai-Massage gehört. Innerhalb des Tempelkomplexes im Bezirk Ratanakosin stehen Pavillons, in denen die ungewöhnliche, aber ungemein entspannende Kombination aus Sightseeing und Wellness angeboten wird (Danke, Thailand!). Auch der Liegende Buddha ist ziemlich beeindruckend. Mit 46 m Länge und 15 m Höhe passt die Megastatue, die Buddhas Übergang ins Nirvana zeigt, kaum in den für sie vorgesehenen Raum. Sie leuchtet regelrecht vor Blattgold, die riesigen Füße sind geschmückt mit Perlmutt-Intarsien. Auch von außen kann sich Wat Pho sehen lassen, wo sich eine Reihe wunderschöner *chedis* (Stupas) und so mancher weiterer Buddha bewundern lassen.

NICHTS WIE HIN! ***Nehmen Sie frühmorgens das Chao-Phraya-Express-Boot nach Tha Tien. Direkt gegenüber: der Große Palast.***

326 Goldener Tempel

PUNJAB'S SPIRITUAL HOME

INDIEN // Der Goldene Tempel von Amritsar ist ein Wahrzeichen Indiens, ein Bild goldener Perfektion, gespiegelt im Wasser, das die Sikhs als Nektar der Unsterblichkeit verehren. Er ist Teil eines größeren heiligen Komplexes *(gurdwara)* mit riesigen Minaretten, monumentalen Bögen, Museen, sogar lärmende Speisesäle finden sich hier. Erbaut wurde Harmandir Sahib (oder „Gottestempel", wie er offiziell heißt) im 16. Jh. unter dem 5. der insgesamt elf Gurus der Sikhs. Dass er den Prinzipien der Gleichheit und der Kastenlosigkeit verpflichtet ist, symbolisieren die Tore des Tempels, die in alle Himmelsrichtungen geöffnet sind. Das heißt: Der Goldene Tempel ist der wohl toleranteste unter allen bedeutenden Andachtsorten der Welt ist. Jeder, ungeachtet seines Glaubens, ist eingeladen, im *langar* (Speisesaal) ein schlichtes Mahl einzunehmen, und Sikh-Pilger sind mehr als bereit, Besuchern ihre Religion darzulegen – Gespräche, die Sie möglichst im Schatten der marmornen Säulengänge führen, wo leise Gesänge sanft widerhallen.

☛ NICHTS WIE HIN! ***Der Flughafen in Amritsar ist ein Drehkreuz, Sie können aber auch mit dem Zug oder dem Bus anreisen.***

327

Central Kalahari Game Reserve

DIE WÜSTE LEBT

BOTSWANA // Das trockene Herz des trockenen Südens eines trockenen Kontinents hat riesige Ausmaße. Die glitzernde Welt aus Salzebenen und uralten, mit Wüstensand gefüllten Flusstälern erstreckt sich über 52 000 km². Die Kalahari ist die größte Sandfläche der Erde, aber in ihren überraschend vielen grünen Flecken wird sie zur Heimat für Schwarzmähnenlöwen, scheue Leoparden und ein paar echte Wüstenspezialisten wie die Oryxantilope oder den Löffelhund.

NICHTS WIE HIN! *Gaborone oder Maun sind die wichtigsten Ausgangsorte; Mietwagen oder Safari-Anbieter sind notwendig.*

328

Beit She'an

MOMENTAUFNAHME EINER RÖMISCHEN PROVINZ

ISRAEL // Die Zeit nach Jesus Christus war für die Römer in der israelischen Provinz eine Ära des Ruhms, des Selbstbewusstseins und der Dekadenz. Nirgends wird dies so deutlich wie in den außergewöhnlichen Ruinen von Bet She'an: säulengesäumte Straßen, ein Theater mit 7000 Sitzplätzen, das sich in den letzten 1800 Jahren kaum verändert hat, zwei Badehäuser. Riesige Säulen liegen immer noch dort, wo sie beim Erdbeben von 749 n. Chr. einstürzten, als die Stadt zerstört wurde.

NICHTS WIE HIN! *Mit dem Bus ab Jerusalem zwei Stunden. Nicht verpassen: das Multimedia-Spektakel nach Einbruch der Nacht.*

329

Jardin Majorelle

BOTANISCHER GARTEN IN REGENBOGENFARBEN

Marrakesch, MAROKKO // Das Paradies aus Palmen und Bambuswäldern ist mit seinen bonbonbunten Wegen und kobaltblauen Gebäuden eine schimmernde Fata Morgana. Der vom Künstler Jacques Majorelle angelegte Garten, der später Yves Saint Laurent gehörte, ist eine botanische Stiloase. Mehr als 300 Pflanzenarten werden hier gezüchtet, in Majorelles schillernd blauem Atelier befindet sich heute das Berbermuseum. Ein himmlischer Zufluchtsort vor Marrakeschs Trubel.

NICHTS WIE HIN! *Im Stadtteil Ville Nouvelle im Bezirk Guéliz. Von Djemaa el-Fna in 20 Minuten zu Fuß oder per Taxi.*

330

Leuchtende Buchten

FUNKELNDES MEERESPHÄNOMEN

PUERTO RICO // Wer hätte gedacht, dass Mikroorganismen – genauer: Dinoflagellaten – so schön sein können? Die berühmte Schwimmszene im Film *The Beach* zeigt, dass ein Ausflug zu diesen winzigen Lichtpünktchen regelrecht bewusstseinserweiternd ist: Hunderte Fische, kleine Haie und Rochen schleudern leuchtend grüne Funken an die Wasseroberfläche, während Sie mit dem Boot durch das tintenblaue Wasser des nächtlichen Meeres gleiten – eine Reise durch die Milchstraße!

NICHTS WIE HIN! ***Von drei biolumineszenten Buchten in Puerto Rico ist Mosquito Bay auf Vieques die berühmteste (Flüge von San Juan).***

331

Buddha von Tian Tan

BRONZENER GIPFELGIGANT

Hongkong, CHINA // Beim Anflug auf Hongkong erspäht man mit etwas Glück den riesigen Buddha am höchsten Punkt der Insel Lantau. Es gibt auf der Welt größere Buddhastatuen, aber keine wie dieses 202 t schwere und 23 m hohe Exemplar: in dieser Sitzposition unter freiem Himmel und gänzlich aus Bronze. Steigen Sie die 268 Stufen himmelwärts zum luftigen Thron der Statue und genießen Sie Lantau aus der Perspektive Buddhas: als saftig grüne, wunderschöne Insel.

NICHTS WIE HIN! ***Mit dem Bus, der U-Bahn oder der Fähre ab Hong Kong Island, Panorama-Seilbahn zur Aussichtsplattform.***

332

Makhtesh Ramon

DER GRAND CANYON ISRAELS

ISRAEL // Makhtesh Ramon einfach nur als Krater zu bezeichnen, tut dem 300 m tiefen, 8 km breiten und 40 km langen geologischen Phänomen aus buntem Sandstein, Vulkangestein und Fossilien Unrecht. Sie werden sich hier vorkommen wie ein Alien in einem Science-Fiction-Film. Die Landschaft gleicht einem Wüstenplaneten aus *Star Wars* und die unendlichen Weiten, fernab städtischer Lichtverschmutzung, beflügeln die Fantasie von Einsamkeitsfans und Adrenalinjunkies

NICHTS WIE HIN! ***Mitzpe Ramon, 136 km nördlich von Eilat, ist die beste Basis für Wanderungen, Autoausflüge oder Fahrradtouren.***

333

Höhle von Lascaux

RIESIGE PRÄHISTORISCHE GALERIE

FRANKREICH // Die Höhle von Lascaux ist eher Galerie als Höhle: Das Netzwerk aus Kammern, verziert mit den komplexesten prähistorischen Malereien, die je entdeckt wurden, wird auch Sixtinische Kapelle der Urgeschichte genannt. Berühmt wurden die 600 farbigen Tierbilder, weil sie so kunstvoll sind. Zwei Jahrzehnte nach ihrer Entdeckung in den 1940ern wurde die Originalhöhle gesperrt, um sie vor Schäden zu schützen. Heute besichtigt man eine absolut exakte Kopie.

NICHTS WIE HIN! *Lascaux liegt versteckt in den bewaldeten Hügeln bei Montignac in der französischen Region Dordogne.*

334

Jokhang-Tempel

SPIRITUELLES HERZ

TIBET // Eine Atmosphäre flüsternder Ehrfurcht herrscht in den finsteren, mittelalterlichen Gängen des 1300 Jahre alten Tempels. Der goldene Buddha in der Mitte ist der heiligste Tibets. Staunende Pilger schlurfen über die Treppen, vorbei an mittelalterlichen Durchgängen und tausend Jahre alten Wandbildern. Nur zum Auffüllen der Hunderte von flackernden Butterlampen legen sie eine Pause ein. Hier spürt man das spirituelle Herz Tibets schlagen. Willkommen im 14. Jh.!

NICHTS WIE HIN! *Der Tempel befindet sich in der tibetischen Hauptstadt Lhasa. Kommen Sie morgens mit dem Pilgerstrom.*

335

Kigali Memorial Centre

ERINNERUNG AN RUANDAS DUNKELSTE STUNDE

RUANDA // Die freundliche Atmosphäre Ruandas täuscht: Hier hat sich vor kaum mehr als 20 Jahren eines der grausamsten Massaker der Menschheitsgeschichte zugetragen, als etwa 1 Mio. Tutsi und gemäßigte Hutu von Miliz und Armee dahingeschlachtet wurden. Das Denkmal erinnert an die geschätzt 250 000 Menschen in den Massengräbern und versucht zu erklären, wie es zum Genozid kommen konnte. Eine eindrucksvolle Erinnerung an ein Verbrechen, das nie in Vergessenheit geraten darf.

NICHTS WIE HIN! *Im nördlichen Teil der Hauptstadt im Bezirk Kisozi, nur eine kurze Motorradfahrt vom Zentrum; freier Eintritt.*

336

Alfama von Lissabon

Herz der Stadt

↓

PORTUGAL // Egal ob sie sich von der kanariengelben Straßenbahn der Linie 28 die verwinkelten Straßen hochtragen lassen oder zu Fuß durch das Labyrinth aus Straßen und Gässchen schlendern, die Alfama zieht Sie in ihren Bann. Sie ist das Herz und die Seele von Lissabon. Am Tag flattert vor den Fenstern der Einheimischen die Wäsche und drängen sich die Menschen an den *miradouros*, um die Aussicht auf den Fluss Tejo zu genießen. Nachts, wenn der Klang des Fado die Bars erfüllt, ist die Stimmung sentimentaler.

☛ NICHTS WIE HIN! ***Sie werden sich in der Alfama verirren, aber das gehört dazu. Gehen Sie bei Nacht nicht allein!***

337

Museo del Oro

VERBORGENE SCHÄTZE HEBEN

KOLUMBIEN // Es ist dieses Indiana-Jones-Gefühl, das einen in Bogotás Goldmuseum mit voller Wucht trifft. Hier in Kolumbien hörten die Conquistadores zum ersten Mal von Eldorado, der legendären versunkenen Stadt aus Gold, die jahrhundertelang Entdecker und Goldsucher in ihren Bann zog. Und so ist die kolumbianische Hauptstadt einer der wenigen Orte auf der Welt, an dem man fühlen kann, was Schatzsucher bewegt. Eldorado wurde nie gefunden, es gab aber eine Menge anderer Beuteschätze, wie das Museo del Oro mit seinen mehr als 55 000 glitzernden Exponaten und anderen prähispanischen Kulturschätzen eindrucksvoll beweist. Wenn irgendetwas Sie dazu verführen kann, nach Ruhm und Reichtum im Dschungel zu suchen, dann dieses Museum.

NICHTS WIE HIN! ***Das Museo del Oro liegt im Stadtzentrum; eine Führung lohnt sich auf jeden Fall.***

338

MuseumsQuartier

WIENS KUNSTKNOTENPUNKT

ÖSTERREICH // Wenn nur alle europäischen Städte ihre besten Museen so ordentlich in ein Areal packen würden ... das Touristenleben wäre so viel einfacher! Das MuseumsQuartier in Wien ist eine tolle Sache: Es bietet jede Menge Kreativzonen im Freien, eindrucksvolle Sammlungen und viele quirlige Cafés, Bars und Restaurants – ein Nährboden für das kulturelle Leben in Wien. Mit einer Ausstellungsfläche von mehr als 60 000 m², einem Weltklasse-Kindermuseum und Wiens erstem Tanzzentrum zählt es zu den ambitioniertesten Kunstarealen der Welt. Highlights sind die weltweit größte Schiele-Sammlung im lichtdurchfluteten Leopold-Museum und das MUMOK, ein Museum, das sich mit moderner und zeitgenössischer Kunst auseinandersetzt und dessen Exponate mindestens so ernst sind wie die kantige Gebäudefassade aus dunkelgrauem Basalt.

NICHTS WIE HIN! ***Das MuseumsQuartier erschließt man sich am besten mit einem Kombiticket für alle Museen.***

340

339

798 Art District

INDUSTRIELLE KUNST

CHINA // Mao-Slogans und die Statuen hohlwangiger Arbeiter lassen keinen Zweifel: Pekings wichtigster Kunstbezirk ist stolz auf seine proletarische Herkunft. Die riesigen Hallen einer ehemaligen Elektronikfabrik sind der perfekte Schauplatz für ehrgeizige Projekte mit viel Platzbedarf und fester Bezugspunkt für Chinas bedeutendste Künstler. In nahen Cafés können Sie während des Ausstellungsmarathons, einem Wechselbad aus Irritation und Begeisterung, Luft holen.

NICHTS WIE HIN! *Im Bezirk Cháoyáng. Erkundung auf eigene Faust möglich, Infotafeln mit Wegweisern in englischer Sprache.*

340

D-Day-Strände

UNVERGESSENE KÜSTE

FRANKREICH // Wandert man bei Sonnenaufgang über diesen windgepeitschten Strandabschnitt der Normandie, herrscht gelassene Ruhe. Ganz anders am 6. Juni 1944, als bei der Operation Neptune 150 000 alliierte Soldaten den als Omaha Beach in die Geschichte eingegangenen Küstenstrich am Ärmelkanal stürmten. Der D-Day, die größte Invasion der Menschheitsgeschichte, änderte den Verlauf des Zweiten Weltkriegs. Die Bunker und Soldatenfriedhöfe zeigen das grausame Ausmaß, in dem sich Menschen hier geopfert haben.

NICHTS WIE HIN! *Die Strände liegen 24 km von Bayeux und ca. 90 Minuten von Le Havre.*

341

Białowieża-Urwald

URZEITLICHER BISONWALD

POLEN // Der saftig grüne Märchenwald ist der älteste Nationalpark Polens, der nur entstand, weil er früher das private Jagdgebiet für Könige und Zaren war. Ein Paradies für Waidmänner: Białowieża war die Heimat des Europäischen Bisons, des größten Säugetiers Europas. Zwar verschwand das Tier 1919 von der Bildfläche, wurde aber mit Erfolg neu angesiedelt. Einen Blick auf das Urtier zu werfen, rechtfertigt jeden Besuch, dazu gibt es viele Wander- und Radwege ins dichte Grün.

NICHTS WIE HIN! *Białowieża liegt in Ostpolen, 230 km von Warschau entfernt, und verläuft entlang der weißrussischen Grenze.*

342

N Seoul Tower

HEISS GELIEBTER AUSSICHTSTURM

SÜDKOREA // Er ist beinahe so kultig wie südkoreanisches *kimchi*: Der N Seoul Tower bietet hoch über Seoul (dunstige) Traumblicke auf die riesige Metropole. Der Turm ist die Hauptattraktion auf dem Berg Namsan, den Einheimische besuchen, um zu trainieren, Ruhe zu finden oder sich zu verabreden. Tausende Vorhängeschlösser am Geländer des Turms tragen die Namen von Liebespaaren. Oben im Turm gibt es verschiedene Restaurants, auf den Berg führt eine Seilbahn.

NICHTS WIE HIN! ***Namsan ist der zentralste Berg Seouls. Kommen Sie zum Sonnenuntergang, wenn in der Stadt die Lichter angehen.***

343

Manasarovar-See

HEILIGSTER ALLER HEILIGEN SEEN

TIBET // Es heißt, ein Teil von Mahatma Gandhis Asche wurde in den See, einer der schönsten und am meisten verehrten Tibets, gestreut. Für indische Pilger und tibetische Gläubige ist er ein heiliger Ort, ein wichtiger Teil vieler buddhistischer Legenden. Ein Spaziergang am Ufer, das mit buddhistischen Schreinen, Meditationshöhlen und dem herrlichen Kloster Chiu gesäumt ist, wird dank der schneebedeckten Bergwelt, die den See umgibt, zum ganz besonderen Erlebnis.

NICHTS WIE HIN! ***Manasarovar liegt in Westtibet. Bester Ausgangspunkt ist das malerische Dorf Chiu am Nordwestufer.***

344

Hochalpenstraße

ULTIMATIVER GROSSGLOCKNER-ROADTRIP

ÖSTERREICH // Neben Matterhorn (S. 103) und Mont Blanc (S. 118) gehört der Großglockner zu den beliebtesten Gipfeln Europas. Was den schneebedeckten Riesen aber extraspannend macht, ist die die 48 km lange Großglockner-Hochalpenstraße. Das Meisterwerk der Ingenieurskunst der 1930er-Jahre windet sich in 36 Serpentinen vom Salzburgerland nach Kärnten an smaragdfarbenen Seen, Bergwäldern und Gletschern vorbei. Anschnallen für eine der großartigsten Autorouten durch die Alpen!

NICHTS WIE HIN! ***Juli und August ist es hier sehr voll. Starten Sie frühmorgens und informieren Sie sich vorab über das Wetter.***

345

Pelourinho

GESCHICHTE MIT HÜFTSCHWUNG

BRASILIEN // Pelourinho ist das pulsierende Herz von Salvador, erste Hauptstadt Brasiliens, erster Sklavenmarkt der Neuen Welt und Schmelztiegel europäischer, afrikanischer und indianischer Kulturen. Trotz Hochglanzrestaurierung ist das Viertel immer noch cool: Die stuckverzierten Renaissancefassaden dienen als Hintergrund für wilde Festivals und umtriebige Freiluftbars; Capoeiratänzer lassen sich durch die Fenster der pastellfarbenen Kolonialbauten beim Training beobachten.

NICHTS WIE HIN! *Salvador liegt in Bahia, Nordostbrasilien, und verfügt über einen internationalen Flughafen.*

346

Glacier Skywalk

SCHWEBEN IN DEN ROCKIES

KANADA // Für einen Spaziergang über den Glacier Skywalk im Jasper-Nationalpark muss man sich schon einen Ruck geben, denn auf dem gläsernen Rundweg scheinen Sie auf Luft zu gehen. Das Multi-Millionen-Dollar-Ingenieurskunststück aus Glas, Stahl und Holz schwebt über dem Sunwapta-Tal. 30 m vor der Felskante genießen Sie das Panorama der schneebedeckten Berge und Gletschertäler auf ganz besondere Weise – und fühlen sich dabei sehr, sehr klein.

NICHTS WIE HIN! *Der größte Nationalpark der kanadischen Rocky Mountains liegt in der Provinz Alberta, acht Stunden von Vancouver.*

347

Spielbank Monte-Carlo

GLITZERNDER GLAMOUR UND HEDONISMUS

MONACO // Im superreichen Fürstentum von Monaco ist Haltung oberste Devise. Nirgends wird das deutlicher als in der legendären, marmor- und goldverzierten Spielbank von Monte-Carlo: Das Gebäude von 1910 und seine Atmosphäre sind eine Attraktion für sich. Hier zu spielen – oder die Pokerfaces zu beobachten – ist Pflicht für jeden Monaco-Reisenden. Besser als in diesen imposanten, reich geschmückten Sälen können Sie ihre James-Bond-Fantasien nicht ausleben.

NICHTS WIE HIN! *Der Eintritt ins Kasino ist ab 18 Jahren erlaubt. Ab 20 Uhr sind Jackett und Krawatte Pflicht.*

348

Festung von Lahore

STIMMUNGSVOLLER MOGULPALAST

PAKISTAN // Sind wenig Besucher da, verströmt das Fort von Lahore ein reizvolles Gefühl der Einsamkeit. Die heutige Form des Palastes, in dem einige der ältesten Teile der Altstadt liegen sollen, geht auf das 16 Jh. zurück, die Teilrestaurierung sorgt für eine immer noch stimmungsvolle Patina. Nicht ganz so kunstvoll wie die großen Mogul-Paläste von Delhi und Agra in Indien, ist die Festung mit ihren elegant verzierten Sälen und stillen Gärten doch ein vergleichbar glanzvolles Bauwerk, bei dem es viel zu entdecken gibt.

NICHTS WIE HIN! *Die Festung liegt im historischen Kern der pakistanischen Hauptstadt.*

349

Ishak-Pascha-Palast

TÜRKISCHER MÄRCHENPALAST

TÜRKEI // Wie aus 1001 Nacht thront der romantische Ishak-Pascha-Palast aus honigfarbenem Stein auf einem winzigen Felsvorsprung vor steilen Klippen. Der Palast diente einst kurdischen Stammesfürsten als Wohnstätte. In seinen weiten Innenhöfen und reich geschmückten Salons entfachen seldschukische, osmanische, persische, georgische und armenische Architekturstile ein dekoratives Feuerwerk. Die Aussicht auf die zerklüfteten Hänge des Ararat ist allein die Reise wert.

NICHTS WIE HIN! *6 km von der osttürkischen Stadt Doğubayazıt; vom Stadtzentrum mit Minibus oder Taxi zum Palast.*

350

Mo'orea

TROPISCHE POSTKARTENINSEL

FRANZÖSISCH-POLYNESIEN // Mo'orea ist so schön, dass Sie sich die Augen reiben werden, wenn Sie von Tahiti kommen. Allein die türkisfarbene Lagune, die im Katalog aussah, als hätte sie jemand gephotoshopt – ist im echten Leben noch schöner! Der Anblick der fast vertikalen smaragdgrünen Hänge, der glühenden Sonnenuntergänge und der lebendigen Unterwasserwelt mit ihren Riffen wird sie zum glücklichsten Menschen der Welt machen!

NICHTS WIE HIN! *Weniger als 20 km von Tahiti im Pazifik, per Flugzeug oder Boot erreichbar. Mai bis Oktober regnet es am wenigsten, Walbeobachtung von Juli bis Oktober.*

351

Snæfellsnes

Unheimliche Vulkankönigin

↓

ISLAND // Regennasse Schafe sind die Haupteinwohner der windgepeitschten Halbinsel Snæfellsnes, die jeden verzaubert, der sie besucht. Jules Verne etwa ließ seine *Reise zum Mittelpunkt der Erde* hier spielen. Die Halbinsel wird dominiert vom weißen Giganten Snæfellsjokull, einem gletscherbedeckten, aktiven Vulkan. Fahren Sie mit dem Schneemobil zum Gipfel und belohnen Sie sich mit der spektakulärsten Aussicht Islands: unendliche Strände, Gletscher, die am Horizont zusammenfließen und die gewaltigen Wassermassen des Atlantik. Und: keine Menschenseele weit und breit.

NICHTS WIE HIN! ***Die Hafenstadt Stykkishólmur ist eine gute Basis.***

352

Burg Himeji

FESTUNG DER SAMURAI

JAPAN // Ihre elegante Form und leuchtend weiße Fassade lassen die mehrstöckige Himeji-jō mehr nach Hochzeitstorte als nach einer Militärfestung für Samurais und Shogune aussehen. Japans prächtigste Burg ist unter den wenigen noch verbliebenen Originalburgen in Japan nach aufwendiger Restaurierung die schönste und sieht mit ihrem hübschen Bergfried, den Wassergräben und Wällen einfach zum Reinbeißen aus.

NICHTS WIE HIN! ***Himeji-jō thront oberhalb der Stadt Himeji, eine Zugstunde von Kyoto. Beste Zeit: Zur Kirschblüte (Anfang April) erstrahlt die Burg im Blumenschmuck.***

353

Sedletz-Ossarium

GOTHIC-SPUK IM KLOSTER

TSCHECHISCHE REPUBLIK // Das makabre Beinhaus (Ossarium) von Sedletz sprengt die Vorstellungskraft des kreativsten Horrorautors: Girlanden aus Totenköpfen baumeln vom Deckengewölbe des Klosters, Knochen schmücken den Altar und Skelette stapeln sich in den Kapellen. Alles die Arbeit eines Holzschnitzers, der 1870 den Auftrag bekam, mit den Gebeinen von 40 000 hier bestatteten Menschen das Kloster zu gestalten. Gruselig – aber auch zutiefst faszinierend.

NICHTS WIE HIN! ***Sedletz liegt in der mittelalterlichen Stadt Kutná Hora, eine Zugstunde östlich von Prag – idealer Tagesausflug.***

354

Aït Benhaddou

MAROKKANISCHE LEHMFESTUNG

MAROKKO // In Aït Benhaddou imitiert die Kunst das Leben. Der Ort am südlichen Fuß des Atlasgebirges wirkt wie eine Festung aus 1001 Nacht. Unzähligen Filmen (von *Lawrence von Arabien* bis *Gladiator*) diente die Kasbah aus roten Lehmziegeln als eindrucksvoll exotische Kulisse. Entstanden ist sie im 11. Jh. als Karawanserei, und wer heute dem Gewirr mittelalterlicher Gassen bis zum höchsten Punkt folgt, erlebt ein endloses Panorama aus Bergen, Palmenhainen und Wüstensand.

NICHTS WIE HIN! ***Aït Benhaddou liegt nur einen Katzensprung von Ouarzazate mit ausgezeichneten Verbindungen ins ganze Land.***

355 Fatehpur Sikri

HIMMLISCHE STADT DER HEILIGEN

INDIEN // Schon die hoch aufragenden Tore des Bergfrieds von Fatehpur Sikri sind für sich großartig, aber hinter ihnen liegt ein indoislamisches Meisterwerk. Die jahrhundertealte befestigte Stadt war im 16. Jh. für kurze Zeit Hauptstadt des Mogulreichs. Überlieferungen zufolge ließ Großmogul Akbar die prachtvolle Stadt dem in Sikri lebenden Sufi-Heiligen Scheich Salim Chishti zu Ehren erbauen, nachdem dieser Akbar einen Thronfolger geweissagt hatte, der prompt geboren wurde.

Ein überirdisch weiß leuchtendes Grabmal, das an den Heiligen erinnert, befindet sich in der riesigen Jama-Masjid-Moschee, einer der Hauptattraktionen der Stadt, die als einziger Teil noch aktiv genutzt wird. Betreten Sie die Stadt über die breite Steintreppe und das 54 m hohe Buland Darwaza (Siegestor) und Sie werden spüren, dass Sie auf den Spuren von Herrschern und Heiligen unterwegs sind. Der Rest des Ortes ist heute eine Geisterstadt, aber eine unglaublich schöne.

NICHTS WIE HIN! *Das 40 km westlich von Agra gelegene Fatehpur Sikri lässt sich bequem in einem Tagesausflug besichtigen. Bei Sonnenuntergang sind die roten Sandsteinmauern am stimmungsvollsten.*

356

Blyde River Canyon

DIE MACHT DES WASSERS

SÜDAFRIKA // Der von Strudeln und Wasserfällen geformte Canyon in Mpumalanga, der drittgrößte der Welt und eine von Südafrikas wichtigsten Naturattraktionen, ist ein überwältigender Anblick und erfreut sich immer größerer Beliebtheit. Eine Fahrt entlang der Felskante ist ein Erlebnis, das man nicht mehr vergisst, aber noch beeindruckender wird es, wenn man aussteigt und die imposanten Felsformationen und Schwimmstellen im umliegenden Nationalpark zu Fuß erkundet.

NICHTS WIE HIN! *Der Canyon liegt eine zweistündige Autofahrt vom Krüger-Nationalpark (S. 130).*

357

Antikes Persepolis

PERSIENS GLANZVOLLSTER AUGENBLICK

IRAN // Nur wenige antike Ruinenstädte betören so wie Persepolis. Das Weltkulturerbe war früher das Epizentrum der großen persischen Reiche, und die eindrucksvollen Treppenaufgänge und Torbögen zeugen von einstiger Macht. Gleichzeitig erzählen die zerstörten Säulen von ihrem tragischen und gnadenlosen Ende durch die Hand Alexanders des Großen. Das kunstvolle Basrelief am Apadana-Aufgang und die Überreste des Hundert-Säulen-Saales sind nahezu vollkommene Perfektion in Stein.

NICHTS WIE HIN! *Schiras ist ein praktischer Ausgangspunkt per Taxi oder Tagestour. Beste Zeit: frühmorgens.*

358

Ao Phang-Nga

LIZENZ ZUM STAUNEN

THAILAND // Mit den türkisfarbenen Buchten, Kalksteintürmen, blendend weißen Stränden und verfallenen Fischerdörfern ist Phang-Nga womöglich die schönste Ecke Thailands. Die von steilen Klippen umringte Traumbucht war einst Versteck von James Bonds Gegner Scaramanga *(Der Mann mit dem goldenen Colt)*. Ob Sie hier nun Kajak fahren, klettern, auf einer Jacht oder in einer Hängematte auf Ko Yao Noi oder Ko Yao Yai entspannen – leben Sie Ihre ganz persönliche Inselfantasie aus!

NICHTS WIE HIN! *November bis Februar: gutes Wetter, viele Touristen. März bis September: heißer, feuchter, günstiger und ruhiger.*

359

Der Große Geysir

EINE HEISSE SACHE

ISLAND // Der Große Geysir gehört zum „Golden Circle" der Naturwunder Islands. Klar, Gullfoss (S. 150) ist der unangefochtene König der Wasserfälle, sollten Sie aber Explosionen lieben, dann ist der Große Geysir Ihr absolutes Highlight: Hier schießt kochendes Wasser plötzlich und mit aller Kraft bis zu 70 m in die Höhe. Gefährlich ist das nicht, denn der Geysir tut das schon seit geraumer Zeit, 10 000 Jahre lang, um genau zu sein – trotzdem ein beeindruckendes Schauspiel.

NICHTS WIE HIN! *Regelmäßige Busverbindung von Reykjavik für Tagestrips im Sommer.*

360

Malawi-See

AFRIKANISCHE KÖNIGIN

TANSANIA // Ein netter Nachmittag: mit dem Kajak auf eine einsame Insel in einem See mitten in Afrika paddeln. Der Malawi-See (oder Nyasa) ist ein unter Wasser stehender Teil des Ostafrikanischen Grabenbruchs, der von David Livingstone „entdeckt" wurde. Also danken Sie dem britischen Forscher, wenn Sie bei einem Bananenbrot am Strand im freundlichsten Land Afrikas faulenzen. Dank des Fischreichtums und des glasklaren Wassers ist Schnorcheln und Tauchen hier ganz fantastisch.

NICHTS WIE HIN! *Entlang des 480 km langen Ufers gibt viele Lodges und Resorts.*

361

Teatre-Museu Dalí

DIE WUNDERSAME WELT VON DALÍ

Figueres, SPANIEN //Kein anderer als Salvador Dalí hätte diese Idee haben können: ein rotes, burgähnliches Gebäude, besetzt mit Rieseneiern und Oscar-ähnlichen Statuen, bewacht von mittelalterlichen Ritterrüstungen mit Baguettes auf dem Kopf – eine passende letzte Ruhestätte für den Meister des Surrealismus. Das „Theatermuseum" ist ein Ausflug in die mehr als lebhafte Vorstellungskraft des Künstlers, voller Überraschungen, Illusionen und einem großen Teil von Dalís Werken.

NICHTS WIE HIN! *Machen Sie am besten einen Tagesausflug von Girona oder Cadaqués.*

362

Burg Karlštejn

MITTELALTERLICHE FESTUNG AUF DEM HÜGEL

TSCHECHISCHE REPUBLIK // Mit einer Kutsche durch die steilen Gassen von Karlštejn hinauf zur Bilderbuchburg zu klappern, kommt einem ein bisschen vor wie Disneyland. Kein Wunder, dass dies das beliebteste Ausflugsziel der Prager ist. Das märchenhafte mittelalterliche Fort wurde 1348 als Aufbewahrungsort für die Kronjuwelen von Kaiser Karl IV. erbaut. Im Lauf der Jahrhunderte verfiel es zusehends, bevor es im 19. Jh. renoviert wurde und in alter Pracht wiederauferstand. Heute ist die Burg ein schwindelerregendes Erlebnis für all die Wochenendbesucher, die aus der Hauptstadt hierherpilgern und aus den obersten Stockwerken des großen Turms die tolle Aussicht auf die umliegenden Wälder auf sich wirken lassen.

NICHTS WIE HIN! *Karlštejn liegt 30 km südwestlich von Prag und ist mit dem Zug gut erreichbar. Unter der Woche ist weniger los, und um Warteschlagen zu umgehen, kaufen Sie Ihre Tickets online.*

363

362

363

Donaudelta

WASSERWELT DER ARTENVIELFALT

RUMÄNIEN // Auf den ersten Blick wirkt die Donau schön gemächlich, aber der Schein trügt: Ihr 4187 km² großes Delta aus Marschland, schwimmenden Schilfinseln und Sandbänken ist ein sich ständig wandelndes Netz aus Wasserstraßen und ein vor Leben strotzendes Ökosystem. Es ist ein Paradies für Tierliebhaber, Ornithologen und Angler, die in diesem Schutzgebiet 160 Fisch- und 300 Vogelarten vorfinden, einschließlich der größten Pelikankolonien Europas. Neben der Beobachtung von Zugvögeln und bedrohten Arten locken auch wunderschöne, versteckte Strände, breite Marschlandstreifen und stille Seen. Diese wollen zuerst erforscht werden, bevor Sie sich über die besten Meeresfrüchte von ganz Rumänien hermachen können.

NICHTS WIE HIN! *Das Donaudelta liegt im östlichsten Teil Rumäniens am Schwarzen Meer. Es gibt keine Bahnverbindung und nur wenige gepflasterte Straßen, also ist eine Fähre die beste Transportoption.*

364 Blue Ridge Parkway

STRASSE IN DEN HIMMEL

USA // 469 monumentale Meilen lang windet sich der Blue Ridge Parkway durch die sanfte Berglandschaft der Appalachen. Initiiert in den 1930ern zur Arbeitsbeschaffung in der Zeit der Wirtschaftskrise, brauchte die Königin der Panoramastraßen über 50 Jahre bis zur Fertigstellung. Heute zieht sie mehr als 15 Mio. Besucher im Jahr an, von Familien in Minivans bis zu bärtigen Bikern. Die Straße ist das ganze Jahr lang ein Hingucker: Im Herbst glüht das Laub, im Winter tragen die Gipfel Hauben aus Pulverschnee, im Frühling versinken die Berghänge in einem Blütenmeer und im Sommer sind die Baumkronen so üppig, dass sie ein schattiges Blätterdach bilden. Entlang der Strecke finden sich Wanderwege, historische Gehöfte, Farmen mit Obst und Gemüse zum Selberernten, Kunstwerkstätten, Badestellen und Campingplätze. Und als Sahnehäubchen liegt an jedem Ende der Route einer von Amerikas schönsten Nationalparks – der Shenandoah im Norden (Virginia) und der Great Smoky Mountains Nationalpark (North Carolina) im Süden.

NICHTS WIE HIN! ***Im Norden beginnt der Parkway in der Nähe von Waynesboro, Virginia. Das Südende ist bei Cherokee, North Carolina.***

367

365

Brecon Beacons

BERGE, DÖRFER & GESCHICHTE

WALES // Für die Höhe seiner Berge gewinnt der Brecon Beacons Nationalpark keinen Preis. Wozu auch, kann er doch mit einem Unesco-Weltkulturerbe (die Eisenhüttenstadt Blaenavon) und Tausenden ähnlicher Bauwerke aufwarten. In dem von 8000 Jahren Besiedlung geprägten Gebiet liegen römische Grabkammern, mittelalterliche Burgen, Wasserfälle, Höhlen und Wälder. Events wie das Literatur- und Kunstfestival in Hay führen das kulturelle Erbe der Beacons fort.

☛ NICHTS WIE HIN! *Züge fahren nach Abergavenny, Brecon oder Merthyr Tydfil. Ein Explore Wales Pass bietet Ermäßigungen.*

366

Kalemegdan

BELGRADS BLUTIGE BASTION

SERBIEN // Hoch über Belgrad thront mit der Burg Kalemegdan eine ruhmreich-blutrünstige Zeitmaschine. Die vor 1500 Jahren an der Mündung von Donau und Save erbaute Zitadelle war heiß umkämpft, von Kelten, Römern, Hunnen, Slaven, Byzantinern, Ungarn, Osmanen, Serben, k.-u.-k- und deutschen Truppen. Heute wird sie durch den Gegensatz von Gefängnistoren, Foltertürmen, Militärmuseum und neuem Vergnügungspark, Zoo und Bars zum faszinierenden Reiseziel.

☛ NICHTS WIE HIN! *Fragen Sie bei der Tourismusinformation nach einer Besichtigung der Tunnel, Kammern und Verliese.*

367

Punakha Dzong

WOW, WAS FÜR EIN(E) KLOSTER(BURG)!

BHUTAN // Warum durchströmen einen hier innerer Frieden und Harmonie? Vielleicht wegen des sanft gurgelnden Wassers der Flüsse Pho Chhu (Vater) und Mo Chhu (Mutter), die unterhalb der Klostermauern zusammenfließen. Es könnte aber auch an den zeitlosen Jacaranda-Bäumen liegen, die das Ufer im Frühling in ein malvenfarbenes Blütenmeer tauchen. Wie auch immer, die Erinnerung an diesen Besuch lohnt jeden Cent der überteuerten Tourismusabgabe für Bhutanreisende.

☛ NICHTS WIE HIN! *Für eine Besichtigung von Punakha müssen Sie eine organisierte Führung buchen.*

368

Glover's Reef

ROBINSONADE

BELIZE // Aus der Vogelperspektive wirkt das teils unter Wasser liegende Atoll (der östlichste Teil des geschützten Barriereriffs von Belize) wie eine grün-weiß gefleckte Perlenkette im endlosen Blau der Karibik. Bei allem Überfluss an paradiesischen Plätzen, auf die Belize zu Recht stolz ist, ist das Glover's Reef eine Klasse für sich. Verbringen Sie Ihre Tage mit Schwimmen, Schnorcheln oder Tauchen und feiern Sie das Leben mit Meeresfrüchten und tropischen Cocktails. Selbstverständlich ist das Riff der perfekte Ort, um einen neuen Weltrekord im Langstrecken-Hängemattenschnarchen aufzustellen. Das zauberhafte Atoll liegt etwas abgelegener, daher kann man hier seine persönlichen Robinson-Crusoe-Fantasien besser ausleben als anderswo.

NICHTS WIE HIN! *Glover's Reef erreicht man mit dem Boot von Dangriga, Hopkins und Sitter River. Der Transfer wird von den Resorts organisiert (Campingplätze oder Öko-Alternativunterkünfte).*

369

Treffen der Wasser

BUNTE MISCHUNG

BRASILIEN // *Encontro das Águas* (Treffen der Wasser) nennt sich ein Naturphänomen, das entlang des Amazonas öfter vorkommt, nirgends jedoch so eindrucksvoll ist wie nahe Manaus in Nordbrasilien. An dieser Stelle nämlich fließt der warme, dunkle Rio Negro in den kühlen, samtigen Rio Solimões (wie der Amazonas bis hierher heißt). Wegen verschiedener Faktoren (der Solimões etwa transportiert acht Mal mehr Sediment als der Rio Negro) vermischen sich die beiden nicht, sondern fließen 8 km lang Seite an Seite dahin. Eine verrückte Laune der Natur, die man mit eigenen Augen gesehen haben muss: Der Farbkontrast ist so stark, dass es den Anschein hat, als kollidierten zwei Wasserwelten miteinander so weit das Auge reicht.

NICHTS WIE HIN! *Das Treffen der Wasser findet bei Manaus statt, der größten Stadt im Amazonas. Sie können diesen Flecken Zivilisation in der Wildnis per Flugzeug erreichen, mit dem Schiff oder dem Bus.*

370 Baalbek

STADT DER SONNE

LIBANON // Die Ruinen eines der ambitioniertesten römischen Bauprojekte liegen nicht in Rom, sondern auf der Hochebene von Bekaa. Die kolossalen Tempel, die zusammen Heliopolis („Die heilige Stadt der Sonne") bildeten, stellen alle anderen Bauwerke des Römischen Reichs in den Schatten. Wenn Sie die Treppe zum Jupitertempel erklimmen, fühlen Sie sich zwischen den gigantischen Granitsäulen klein wie eine Ameise. Bestaunen Sie unter dem hoch aufragenden Eingangstor des Bacchustempels die üppigen Verzierungen und ruhen Sie sich auf einer der überdimensionalen Kalksteinplatten der Säulenhalle aus. Alles scheint hier für Riesen gemacht, aber warum die Römer das ehrgeizige Bauprojekt in einem so verschlafenen Winkel ihres Reiches verwirklichten, ist ein Mysterium. Die ausgezeichnet erhaltenen Ruinen, die Erdbeben, Plünderungen und Kriege überdauert haben, sind eine der faszinierendsten Sehenswürdigkeiten des Nahen Ostens und eine beeindruckende Demonstration antiker Ingenieurs- und Architekturkunst.

NICHTS WIE HIN! ***Baalbek liegt zwei Autostunden von Beirut. Informieren Sie sich unbedingt über die Sicherheitslage auf der Hochebene.***

371

Museu Picasso

PICASSO IN BARCELONA

SPANIEN // Pablo Picasso verbrachte seine prägenden Jahre in Barcelona – die 3500 Werke des Picasso-Museums sind ein würdiger Tribut. Seine fünf mittelalterlichen Steingebäude, die malerischen Innenhöfe, Arkaden und Treppen sind fast so reizvoll wie die darin gezeigten Kunstwerke. Die Ausstellung konzentriert sich auf die frühen Jahre des Künstlers, es gibt aber auch genügend spätere Werke zu sehen – ein vollständiges Porträt der Vielseitigkeit und Genialität des Malers.

☛ NICHTS WIE HIN! *Nehmen Sie sich zwei Tage Zeit und gehen Sie vom Stadtzentrum zu Fuß. Frühmorgens ist es nicht so voll.*

372

Mosteiro dos Jerónimos

ARCHITEKTONISCHER GARTEN EDEN

PORTUGAL // Das Kloster ist der Stoff, aus dem die Träume sind. Zu Ehren Gottes und mit den Einnahmen von König Manuel I. aus dem Gewürz- und Pfefferhandel mit der Neuen Welt erbaut, sollte das Gebäude der Welt die Entdeckung des Seewegs nach Indien durch Vasco da Gama 1498 verkünden. Die Kreuzgänge strotzen vor naturinspirierten Details, Wasserspeiern und fantastische Tierwesen. Einer von Lissabons absoluten Leckerbissen!

☛ NICHTS WIE HIN! *Das Mosteiro dos Jerónimos liegt im Stadtteil Belém, 6 km westlich des Stadtzentrums. Man erreicht es am besten mit einer der schnellen Straßenbahnen.*

373

Tintern Abbey

DIE MUSE AM WYE

WALES // Das sagenumwobene Zisterzienserkloster am Ufer des Flusses Wye wurde bereits 1131 gegründet. Bekannt wurde es aber erst Ende des 18. Jhs. durch die Gemälde von Turner und die Lyrik von Wordsworth – so fasziniert waren beide Künstler von dem märchenhaften Ort. Die von Flechten überrankte Ruine mit ihren Bögen und kunstvollen Ornamenten erhebt sich stolz vor grünen Hügeln und Feldern und ist so romantisch verfallen, dass man gleich losdichten möchte.

☛ NICHTS WIE HIN! *Tintern liegt unweit der A466, 6,5 km nördlich von Chepstow, Südwales. Die Abtei ist ganzjährig geöffnet.*

375

374

Nikkō Tōshō-gū

KUNSTVOLLER SHINTO-SCHREIN

JAPAN // Inmitten herrlicher Natur liegt der Nikkō Tōshō-gū, ein mit Blattgold kunstvoll geschmückter Schrein, der von Gottheiten beschützt und von Sagentieren durchstreift wird. Herausragend ist das Yōmei-mon, das „Tor des Sonnenlichts", mit seinen komplexen Schnitzereien und farbigen Abbildern von Blumen, Tänzern, Fabeltieren und Weisen. Hinter Toren und Innenhöfen liegt die jahrhundertealte Gebetshalle, auf deren Decke sich 100 gemalte Drachen schlängeln.

☛ NICHTS WIE HIN! *Der Schrein liegt oberhalb der Stadt Nikkō und ist von Tokio mit der Bahn in wenigen Stunden erreichbar.*

375

Pamukkale

SCHLOSS AUS BAUMWOLLE

TÜRKEI // Ein schneeweißer Berg in einer grünen Ebene: Die Sinterterrassen von Pamukkale („Baumwollschloss") sind eine erstaunliche Laune der Natur. Schlendern Sie über die wundersamen Kalksteinflächen und durch die Travertinbecken mit türkisgrünem Wasser weiter zu den Ruinen der antiken Thermalstadt Hierapolis. Machen Sie es den Römern gleich und tauchen Sie in die mineralreichen Gewässer des antiken Schwimmbeckens mit den halbversunkenen Marmorsäulen ein.

☛ NICHTS WIE HIN! *Busse fahren in 40 Minuten von Denizli, das Busverbindungen nach Antalya, Bodrum und Fethiye hat.*

376

Diokletian-Palast

LEBENDIGE GESCHICHTE AN DER ADRIA

KROATIEN // Die römischen Ruinen in Split sind das Rückgrat der Stadt. Der Palast wurde von Kaiser Diokletian erbaut, der für seine „bescheidene" Altersresidenz Marmor aus Italien und Griechenland sowie Säulen und Sphingen aus Ägypten herbeischaffen ließ. Es ist toll, hier umherzuwandern. Manche Gassen sind verlassen, in anderen wimmelt es vor lauter Bars und Cafés, Wäsche hängt vor den Fenstern und Kinder spielen ganz selbstverständlich in den antiken Gemäuern Fußball.

☛ NICHTS WIE HIN! *Der Eintritt ist frei. Split wird von vielen europäischen Airlines angeflogen, an der Küste verkehren Fähren.*

379

377

Ruta de las Flores

SO SCHÖN, DASS ES FAST WEH TUT

EL SALVADOR // Berühmt ist die 36 km lange Panoramastraße, die sich durch koloniale Städtchen schlängelt, für Schlemmerwochenenden und Galerietrips, aber auch Mountainbike- oder Wandertouren zu den Wasserfällen der wunderschönen Cordillera Apaneca. Die „Blumenstraße" heißt so wegen des Blütenmeers, das die Hügel von Oktober bis Februar bedeckt. Entlang der Straße kann man Kaffeeplantagen, Kunsthandwerk und ein wöchentliches Foodfestival in Juayúa erleben.

NICHTS WIE HIN! ***Die Strecke kann an einem langen oder an zwei bequemen Tagen absolviert werden.***

378

Cliffs of Moher

DAS ENDE DER ALTEN WELT

IRLAND // Dort, wo die Grafschaft Clare über 214 m hohe Klippen in den Atlantik stürzt, ist Europa zu Ende. Über 3000 km Ozean liegen zwischen hier und Neufundland, der Seegang ist wild und die Monsterwelle Aill Na Searrach zieht Surfprofis in ihren Bann. Schauen Sie vom O'Brien's Tower über die Galway Bay und die Aran Islands, die Felsnadel An Branán Mór, auf der Trottellummen und Tordalke leben, oder die Papageientaucherkolonie auf Goat Island. Die Wanderwege sind ein Traum, kehren Sie unbedingt in Doolin auf ein *black pint* ein.

NICHTS WIE HIN! ***Anreise: eine Autostunde von Limerick und 90 Minuten ab Galway.***

379

Isla del Sol

DIE WIEGE DER SONNE

Titicaca-See, BOLIVIEN // Geburtsort des Sonnengottes: die beste Adresse der Welt, speziell für Inkas. Deshalb hat man wohl auf der Isla del Sol, einer der größten Inseln, mehr als 180 Ruinen aus der Zeit vor Kolumbus entdeckt, darunter Chicana, Kasa Pata und Pilco Kaima. Alles Überreste der einst hier herrschenden Kulturen, zu denen Sie wandern können. Der Titicaca ist übrigens der größte Binnensee Südamerikas und die höchstgelegene schiffbare Wasserfläche der Welt.

NICHTS WIE HIN! ***Von der bolivianischen Stadt Copacabana fahren regelmäßig Boote. Man kann auf der Insel übernachten.***

381

380

Jesuitenmissionen Trinidad und Jesús

BEWEGENDE MISSIONARISCHE ERINNERUNGEN

PARAGUAY // Als Zeugen der Christianisierung Südamerikas im 17. und 18. Jh. ragen die Ruinen der Missionen La Santísima Trinidad de Paraná und Jesús de Tavarangüe mit ihren rotbraunen Gebäudekomplexen im barocken und romanischen Stil aus dem südparaguayanischen Kulturland. Die Mini-Städte aus Kirchen, Wohnhäusern, Schulen und Werkstätten müssen der Urbevölkerung damals höchst unwirklich vorgekommen sein, gab es hier doch sonst nur Lehmhütten und Wildnis.

NICHTS WIE HIN! *Anreise: nach Trinidad per Bus von Encarnación; nach Jesús mit Führung oder Taxi.*

381

Nationalpark Lençóis Maranhenses

ÜBERIRDISCHES DÜNEN- UND LAGUNENLAND

BRASILIEN // Das soll der Planet Erde sein? Von allen Wundern Brasiliens ist dieser 70 km lange und 25 km breite Dünenstrich, der seinen Namen der Ähnlichkeit mit einem Bettlaken *(lençóis)* verdankt, das erstaunlichste. Von März bis September sind die Dünen mit Tausenden, strahlend blauen Lagunen gesprenkelt, die das Regenwasser in den Vertiefungen hinterlassen hat. Eine einzigartige Landschaft, die am besten mit dem Geländewagen, mit dem Boot oder zu Fuß erkundet werden kann.

NICHTS WIE HIN! *Lençóis Maranhenses liegt im Staat Maranhão. Die Lagunen sind im Juli und August am schönsten.*

382

Polonnaruwa

FÜRSTLICHE RESTE EINES KÖNIGREICHS

SRI LANKA // Ihre Blüte erlebte die Gartenstadt im ausklingenden 12. Jh. unter König Parakramabah. Es ist der Charme des damaligen Alltagslebens, der die Ruinenstadt so faszinierend macht: Sie verfügt über komplexe Bewässerungssysteme und eine grandiose Architektur mit enormen Stupas und in Stein gehauenen Buddhas, Lotosteichen und Bibliotheken. Erkunden Sie das Areal mit dem Rad, so ist die bröckelnde Grandezza der mittelalterlichen Metropole am eindrucksvollsten.

NICHTS WIE HIN! *Anreise: mit dem Bus ab Kandy in vier Stunden oder mit der Bahn ab Colombo in sechs Stunden.*

384 Komodo-Nationalpark

WO NOCH IMMER DRACHEN UMHERSTREIFEN

INDONESIEN // Von der zerklüfteten Schönheit seiner Vulkaninseln bis zu den herrlichen, reich bevölkerten Korallenriffen: Der Komodo-Nationalpark gehört zu den spektakulärsten Landschaften Indonesiens. Berühmt ist der entlegene Ort, der zwischen Sumbawa und Flores in der Mitte des indonesischen Archipels liegt, weil dort die gewaltigste Echse der Welt zu Hause ist. Der Komodowaran, Ora genannt, kann bis zu 3 m lang und mehr als 100 kg schwer werden. Etwa 5000 Exemplare leben auf Rinca, Komodo und einigen umliegenden Inseln. Obwohl die majestätischen Warane mit ihren messerscharfen Zähnen und Klauen (und tödlichem Gift) sogar Säugetiere (und Menschen) töten können, kann man sie aus der Entfernung gefahrlos beobachten. Und wenn man nun auch noch an das erstklassige Tauchgebiet denkt, erfüllt der Park die wildesten Träume von Abenteurern.

NICHTS WIE HIN! *Tagesausflüge nach Rinca können von Flores aus gebucht werden. Bleiben Sie aber auch mindestens eine Nacht auf Komodo.*

383 Kathedrale von Santiago de Compostela

DER PRÄCHTIGE HÖHEPUNKT DES CAMINO

SPANIEN // Es heißt ja, der Weg sei das Ziel. Aber das Ziel des sagenumwobenen Jakobswegs ist schwer zu toppen! Wenn sie, gestärkt von der landestypischen Mandeltorte, endlich das Tor der monumentalen galizischen Kirche an der imposanten Praza do Obradoiro erreichen, haben manche Pilger bereits eine lange Wanderung hinter sich. Die Hauptfassade der Kathedrale aus dem 18. Jh. schwelgt in barockem Überfluss mit Statuen des hl. Jakobus samt Pilgerstab und Jakobsmuschel. Das überschwängliche Äußere umgibt ein mittelalterliches Gebäude, in dem der meisterlich gearbeitete Pórtico de la Gloria und der vergoldete Hochaltar mit einer Statue von Jakobus stehen. Eine Schlange von andächtigen Gläubigen wartet darauf, das Abbild des Heiligen küssen zu dürfen, dessen Gebeine (angeblich) in der Krypta begraben sind.

NICHTS WIE HIN! *Mittags ist Pilgermesse. Wenn der Jakobstag am 25. Juli ein Sonntag ist, wird das mächtige Weihrauchfass geschwungen.*

385 Kelvingrove Art Gallery & Museum

KATHEDRALE DER SCHOTTISCHEN KULTUR

SCHOTTLAND // Glasgow, Schottlands größte Stadt, kann vor allem dank ihrer kulturellen Highlights, allen voran Kelvingrove, mit der klassischen Eleganz Edinburghs mithalten. Der viktorianische Kulturtempel in einem ehrwürdigen Ziegelbau ist ein faszinierend ungewöhnliches Museum mit einer verblüffenden Vielfalt an Exponaten: bildende Kunst, ausgestopfte Tiere, mikronesische Haizahnschwerter, ein Spitfire-Jagdflugzeug ... Kein willkürliches Durcheinander, im Gegenteil: Jeder Raum ist sorgsam einem bestimmten Themengebiet zugeordnet. Auch die Größe der Ausstellung ist bewältigbar. Ausgezeichnet sind die Sammlungen schottischer Kunst, französischer Impressionisten und edler Renaissancegemälde aus Italien und Flandern. Sogar Salvador Dalí hat seinen Auftritt: mit dem atemberaubenden *Cristo di San Juan de la Cruz*.

NICHTS WIE HIN! ***Kelvingrove liegt im West End von Glasgow. Täglich gibt es zwei einstündige Gratisführungen. Glasgow erreicht man in knapp über einer Stunde ab Edinburgh.***

385

386

386 Copán

MAYA-JUWEL IN HONDURAS

HONDURAS // In Honduras gibt nur eine einzige größere Maya-Ruine – aber die ist ein Juwel. Copán ist für seine bemerkenswerten Steinskulpturen bekannt, vor allem für die trotz ihrer Größe fein gearbeiteten Stelen mit Darstellungen früherer Stammesführer. In einem Umkreis von 27 km² befinden sich hier die Überreste von mindestens 3450 Bauwerken, die meisten davon in einem halben Kilometer Entfernung vom Grupo Principal. Sie entstammen der letzten Bauphase zwischen 650 und 820 n. Chr. Unter den sichtbaren Ruinen liegen jedoch weitere Überreste, die Archäologen mittels unterirdischer Tunnel untersuchen. So wurde der Templo Rosalila gefunden, darunter der Margarita und wieder darunter der Hunal mit dem Grab des Dynastiegründers Yax K'uk' Mo' („Große Sonne Grüner Quetzal-Ara"). Die Anlage liegt im Dschungel – in den Bäumen am Eingang können Sie Aras beobachten!

NICHTS WIE HIN! ***Die Anlage ist nur einen kurzen Spaziergang vom hübschen Dorf Copán Ruinas entfernt. Frühmorgens ist es ruhiger.***

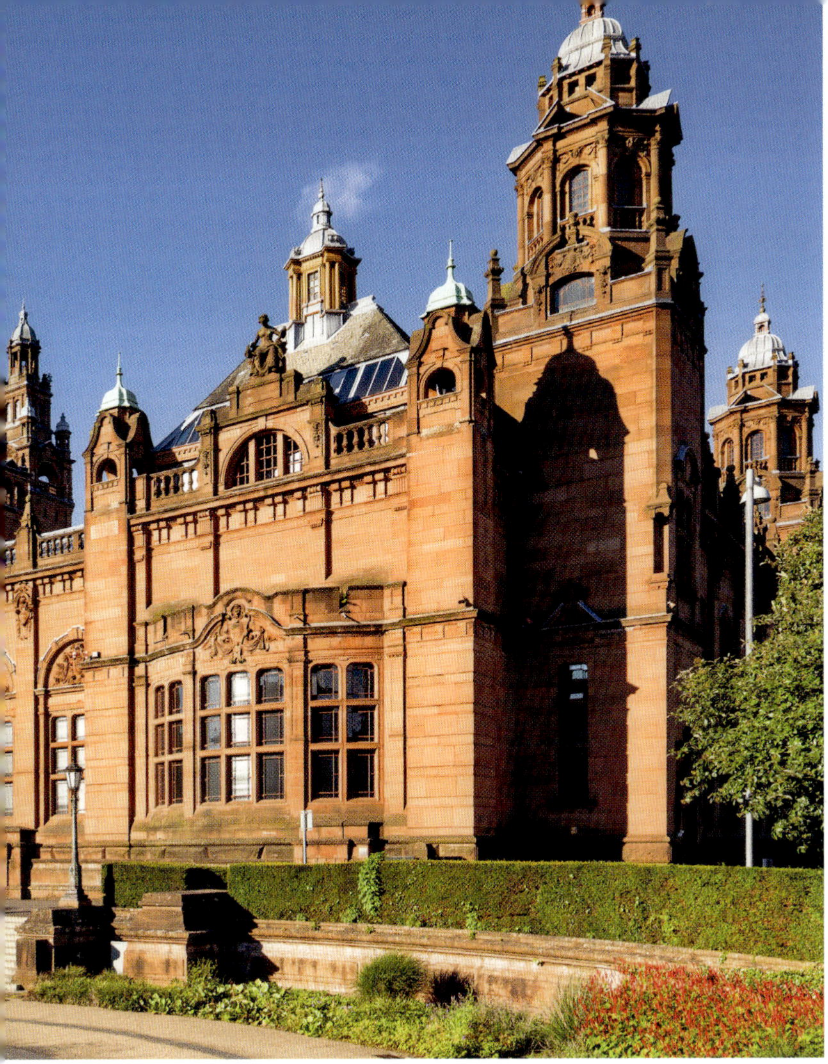

388 Wolfsschanze

HITLERS VERSTECK

POLEN // Von Juni 1941, als die Nazis mit der „Operation Barbarossa" die geplante Invasion Russlands starteten, bis November 1944 hielt sich Adolf Hitler häufig in der Wolfsschanze im heutigen Nordostpolen auf. Heute findet man dort 18 ha struppigen Waldes vor, in dem mächtige Betonbunker verstreut sind. Die meisten davon wurden von den flüchtenden Nazis zumindest teilweise zerstört. Die Anlage ist nicht sonderlich gut in Schuss und es gibt nur wenig informatives oder lehrreiches Begleitmaterial – was zu einem Gefühl der Verlorenheit führen kann, ganz konkret, aber auch emotional. Was für eine seltsame und ernüchternde Sehenswürdigkeit ... irgendwie weiß man auch nicht so recht, ob man auf dem Foto, auf dem man oben auf Hermann Görings Bunker steht, jetzt eigentlich lachen darf ... oder eher nicht?

NICHTS WIE HIN! *Die Wolfsschanze liegt 8 km östlich von Kętrzyn in Masuren, Polen. Anreise: Bus, besser Mietwagen oder gebuchte Tour.*

387 Berg der Kreuze

GRUSELIGER ANDACHTSORT

LITAUEN // Im Dickicht aus Kreuzen auf diesem sagenumwobenen Hügelchen ist es, als stünde man in einem Wald aus Gräbern. Einige Kreuze haben einen religiösen Hintergrund, andere sind Erinnerungen (vor allem an Menschen, die von den Sowjets nach Sibirien deportiert wurden), und wieder andere geschnitzte Meisterwerke folkloristischer Handwerkskunst. Obwohl die Kreuze hier nachweislich schon seit dem 19. Jh. stehen, wurden sie von den Sowjets niedergewalzt. Doch jede Nacht schlichen sich die Menschen heimlich an Soldaten und Stacheldraht vorbei, um neue Kreuze einzusetzen. Sie riskierten Leben und Freiheit, um ihrem Glauben und ihrer Heimatliebe Ausdruck zu verleihen. Das Geräusch, wenn Tausende Kreuze im Wind klappern, ist völlig unwirklich.

NICHTS WIE HIN! *Der Berg der Kreuze ist der größte Touristenmagnet der Stadt Šiauliai und liegt 10 km außerhalb des Zentrums. Anreise: in 3 bis 4 Stunden mit Zug oder Bus von der Hauptstadt Vilnius.*

Oben: Tänzerin bei den Unabhängigkeitsfeiern in Cartagena. Rechts: Skulptur des kolumbianischen Künstlers Fernando Botero auf der Plaza Santo Domingo; Ansicht der Kathedrale von Cartagena.

Altstadt Cartagena

KARIBISCHES FARBSPEKTAKEL

389

KOLUMBIEN // Wenn Sie erst einmal hinter die *murallas* (Stadtmauern) vorgedrungen sind, erwartet Sie in der Altstadt von Cartagena an der karibischen Küste Kolumbiens eine Explosion saftiger Zitrusfarben. Das Castillo San Felipe de Barajas beweist: Die Karibik hatte lange Zeit ein Piratenproblem, und die trutzigen Wälle von Cartagena sind eine direkte Folge des Besuchs eines gewissen Francis Drake. Er stürmte 1586 die Stadt im Namen von Königin Elisabeth I. und raubte alles, was nicht niet- und nagelfest war. Nach dem Überfall und der Besatzung durch Drake entschied man sich für bessere Verteidigungsmaßnahmen. Die historischen Bezirke El Centro und San Diego erkunden Sie am besten, indem Sie einfach durch die umtriebigen Gassen schlendern und sich von den Bildern, Gerüchen, einheimischen Köstlichkeiten und lebensfrohen Menschen verzaubern lassen.

☛ NICHTS WIE HIN! ***Cartagena liegt 1000 km nördlich von Bogotá (ca. eine Flugstunde). Wenn Sie nach alternativen Abenteuern suchen: Am Volcán del Totumo, einem Lehmvulkan 45 km nordöstlich von Cartagena an der Straße Richtung Barranquila, können Sie im Heilwasser planschen.***

390

Zarskoje Selo

SPIELPLATZ DER HERRSCHERIN

RUSSLAND // Der Katharinenpalast wurde von drei designaffinen Damen und ihren Lieblingsarchitekten über 50 Jahre geplant und erbaut. Das Ergebnis ist ein Traum aus (aktuell) 32 vor Gold und Glamour funkelnden Zimmern. Stück für Stück wird der Rokokopalast, von den Nazis zerstört und von den Sowjets ignoriert, restauriert: Da ist der edle Parkettboden im Großen Saal, einem 800 m² großen Ballsaal mit reicher Barockornamentik. Oder stellen Sie sich vor, Sie würden im Arabeskensaal Gäste empfangen und im weißen Staatsbankettsaal speisen. Bestaunen Sie das legendäre Bernsteinzimmer: Ein Raum ist hier prunkvoller als der nächste. Ein unwiderstehlicher, etwas exzessiver Luxus – wobei die Kaiserin sicher anderer Meinung gewesen wäre.

NICHTS WIE HIN! ***Der Katharinenpalast liegt in Zarskoje Selo, 25 km südlich von St. Petersburg.***

391

Mt. Rushmore

VIER STEINHARTE BURSCHEN

South Dakota, USA // Ein Zauber! Anders lässt es sich nicht erklären, dass die in Stein gehauenen Häupter von George Washington, Abe Lincoln, Thomas Jefferson und Teddy Roosevelt jährlich 3 Mio. Besucher in diesen verlassenen Winkel South Dakotas locken. Die Faszination beginnt bereits mit dem ersten Blick auf die Sehenswürdigkeit, mit der der Bundesstaat ab 1927 Touristen anlocken wollte. Ein Fußweg führt an der Basis entlang und steigt dann so weit hinauf, dass man bis in die präsidialen Nasenlöcher blickt. Auch heute noch ist es erstaunlich, wie 400 Männer die 18 m großen Gesichter innerhalb von 14 Jahren in den Fels meißeln konnten und dabei eine halbe Million Tonnen Granit abtrugen. Am besten besuchen Sie die steinernen Gentlemen frühmorgens, wenn es leer ist und die Sonne über den Horizont lugt.

NICHTS WIE HIN! ***Mt. Rushmore liegt in den Bergen ca. 40 km südwestlich von Rapid City, wo sich der nächste Flughafen befindet.***

392

Butrint

FENSTER IN DIE ANTIKE WELT

ALBANIEN // Griechen und Römer hinterließen ihre Spuren in Butrint, einer befestigten Handelsstadt, die später zu einem geistlichen Zentrum des Byzantinischen Reiches wurde. Heute liegt hier eine stimmungsvolle Ruinenstätte als Mittelpunkt eines kleinen Nationalparks, mit den Überresten einer Akropolis, einem Theater aus dem 3. Jh. v. Chr. und öffentlichen Bädern mit Mosaikböden. Eine würdige Kulisse bietet der stille Butrint-See.

NICHTS WIE HIN! *Die Ruinen liegen 18 km südlich von Saranda. Die Aussicht vom Hof des Butrint-Museums zeigt den Aufbau der Stadt.*

393

Burgess-Schiefer

DINOSAUR LOVER'S DELIGHT

KANADA // Und das soll der beste Ort der Welt für Dino-Funde sein? Kaum zu glauben, aber das Gebiet der heutigen Rocky Mountains lag einst am Grund eines riesigen Ozeans, und die Gipfel rund um den Mt. Burgess im Yoho-Nationalpark sind übersät von fossilen Überresten der 120 einst dort lebenden Arten von Urzeit-Meerestieren. Entdeckt wurde der Traum aller Paläontologen 1909, heute ist er als Burgess-Schiefer bekannt.

NICHTS WIE HIN! *Geführte Wanderungen beginnen in Field, weniger als eine Stunde von Banff entfernt in British Columbia.*

394

Loch Lomond

KELTISCHER KRACHER

SCHOTTLAND // Loch Lomond, größte „Pfütze" des Vereinigten Königreichs, erstreckt sich über 39 km in einer Falte zwischen High- und Lowlands und bietet mehr als 30 Inseln Platz. Rund um seine historischen Ufer (immerhin war dies die Heimat von Rob Roy) führen zahlreiche Radwege, und der Nationalpark Loch Lomond and the Trossachs ist ein Paradies für Wanderfreaks. Auch der West Highland Way führt am östlichen Ufer entlang.

NICHTS WIE HIN! *Verbinden Sie Wander- oder Radtour mit einer Bootsfahrt. Im Drovers Inn am nördlichen Ende des Sees soll es spuken.*

Blue Hole

395

ABENTEUER DER TIEFE

BELIZE // Wie jeder passionierte Bergsteiger einmal im Leben auf dem Everest gewesen sein muss, werden Taucher magisch vom Blue Hole angezogen. Jacques Cousteau, der 1971 die riesige Unterwasserhöhle kartierte und ihre Tiefe mit 124 m angab, zählte sie zu den besten Tauchspots der Welt, wegen ihrer Ausmaße, aber auch wegen der tiefblauen Färbung des Wassers. Die seichten Riffabschnitte rund um das Loch dienen Tauchern zur Akklimatisierung inmitten farbenfroher Rifffische, tollpatschiger Zackenbarsche und majestätischer Meeresschildkröten. Beim Abtauchen passiert man haushohe Stalaktiten, die seit Jahrhunderten von der Decke der Höhle hängen. Von ihrem Grund scheint das Licht an der Oberfläche nur noch so groß wie ein Stecknadelkopf, zu dem man langsam und vorsichtig wieder aufsteigt.

NICHTS WIE HIN! ***Die Fahrt zum Blue Hole dauert hin und zurück je etwa zwei Stunden. Die Tauchbasis Splash Dive in Placencia gehört zu den namhaftesten Anbietern in Belize.***

Kloster Thiksey

396

KÖNIGREICH DER MÖNCHE

INDIEN // So groß ist das prunkvolle Thiksey Gompa, dass es wie ein Dorf wirkt und nicht wie eine Klosteranlage. Auf einem lang gezogenen, spektakulär von kahlen Berggipfeln umgebenen Felshügel liegen weiße Häuser im tibetischen Stil mit Läden, einer Schule, einem Restaurant und einem Gästehaus. Überraschend ist die Eleganz vieler Zimmer – und das von einem Geysir aufgeheizte Wasser. Morgens versammeln sich mehr als 40 Mönche zum Betgesang, einer stimmungsvollen Zeremonie, zu der oft mehr Zaungäste kommen als Betende. Über der Gebetskammer des Haupttempels wacht ein 14 m hoher Buddha, der zugleich Friedfertigkeit und einen Hauch von Bedrohlichkeit ausstrahlt. Und ein Museum zeigt tantrische Artefakte wie ein Weingefäß aus einem menschlichen Schädel.

NICHTS WIE HIN! *Thiksey liegt nahe Leh im nordindischen Staat Ladakh. Es gibt nur zwei Autostraßen nach Ladakh, von Oktober bis Mai ist es nur per Flugzeug erreichbar.*

397

Nationales Palastmuseum

DER (KUNST)SCHATZ DES DRACHENS

TAIWAN // Man kann es sich kaum vorstellen: Die edelsten chinesischen Kunstgegenstände wie Porzellan aus der Ming-Dynastie, alte Schriftrollen und Malereien aus der Zeit von Konfuzius, kunstvolle Jadeobjekte und Werke aus den Provinzen des „Reichs der Mitte" und dessen Herrscherdynastien finden sich als Originale alle im – Nationalen Palastmuseum von Taipeh! Viele der Exponate wurden während des Bürgerkriegs von Chiang Kai Sheks Armee aus chinesischen Museen und privaten Sammlungen „entnommen". Und obwohl die geraubten Kunstwerke ein ständiger Streitpunkt zwischen China und Taiwan sind, ist man sich in einem doch einig: Die Kunstschätze waren während der chinesischen Kulturrevolution, wo so vieles zerstört wurde, hier wesentlich besser aufgehoben.

☛ NICHTS WIE HIN! ***Das Museum ist leicht zu erreichen. Beenden Sie den Besuch mit Tee und Dim-Sum im Sanxitang Tea Room.***

398

Hadrianswall

Mauerwunder

↓

ENGLAND // Wenn man den fast 130 km langen Hadrian's Wall Path von der Ostküste quer durchs Land bis Bowness-on-Solway im Westen wandert, kann man sich vorstellen, wie verzweifelt die Römer versucht haben, sich die Schotten vom Hals zu halten. Die zwischen 122 und 128 n. Chr. errichtete Mauer ist ein Wunderwerk der Ingenieurskunst, sogar nach römischen Maßstäben. Im exakten Abstand einer Römischen Meile wurden bewachte Tortürme, die Meilenkastelle, in die Mauer eingebaut.

☛ NICHTS WIE HIN! *In Housesteads in Hexham finden sich sehenswerte erhaltene Abschnitte des Hadrianswalls.*

399

Fort Galle

HINREISSENDE KOLONIALE UFERBASTION

SRI LANKA // Nirgendwo in Sri Lanka offenbart sich die reiche Kolonialvergangenheit so eindrucksvoll wie in Galle, wo die Portugiesen 1588 ein Fort errichteten, das von den Niederländern um 1600 verstärkt wurde. Europäische und südostasiatische Einflüsse, intensiver Gewürzduft, Wehrtürme und Villen, Grünflächen, auf denen spontan Cricket gespielt wird, gepflasterte Straßen mit Kunstgalerien, viele Läden, Hotels und Restaurants: Galles Charme ist nicht nur historischer Art.

☛ NICHTS WIE HIN! *Mit dem Bus oder Zug erreichen Sie Galle in drei Stunden ab Colombo oder in sechs Zugstunden ab Kandy. Die schönsten Sonnenuntergänge erleben Sie vom Leuchtturm an der Kaimauer.*

400–500

400

Groß-Simbabwe

MITTELALTERLICHES MIRAKEL

SIMBABWE // Klettern Sie über jahrhundertealte Felsen und Mauerreste, erforschen Sie schmale Durchgänge und grübeln Sie über die Bedeutung der größten mittelalterlichen Stadt südlich der Sahara. Das Unesco-Weltkulturerbe Groß-Simbabwe, dessen Geschichte bis ins 11. Jh. zurückreicht, ist bei Sonnenauf- oder -untergang am schönsten: Dann wird der wohl eindrucksvollste Ort Simbabwes in herrlich unwirkliches Licht getaucht.

☛ NICHTS WIE HIN! ***Anreise: im Großraumtaxi von Masvingo zum Great Zimbabwe Hotel, von dort ist es 1 km zu Fuß.***

401

Swayambhunath

BERAUSCHENDER TEMPEL MIT VIELEN GESICHTERN

NEPAL // Ein Ausflug zum heiligen buddhistischen Schrein von Swayambhunath zählt zu den Fixpunkten jedes Kathmandu-Reisenden. Der von seinen Namensgebern belagerte „Tempel der Affen" ist eine wilde Mischung aus buddhistischer und hinduistischer Ikonografie. Leider wurden viele Teile des Tempels beim Erdbeben 2015 schwer beschädigt. Zum Glück blieben die allsehenden Augen auf dem weißen Stupa unversehrt.

☛ NICHTS WIE HIN! ***Anreise: Taxi, Fahrrad oder auf einem Spaziergang von Kathmandu. Die Stätte wird derzeit restauriert***

402

Tuol Sleng & Killing Fields

AUF DER DUNKLEN SEITE DER MENSCHHEIT

KAMBODSCHA // Nichts kann Sie auf das Tuol-Sleng-Genozidmuseum, ein Ex-Gefängnis der Roten Khmer, vorbereiten. Für jene, die die Schreckensherrschaft im „demokratischen" Kampuchea (1975–1979) überlebten, ist der Ort eine offene Wunde. Rund 17 000 Gefangene wurden dort interniert und später auf den Killing Fields von Choeung Ek ermordet. Bleibt die Frage: Wie konnte sich in diesem friedlichen Land so viel Gewalt entladen?

☛ NICHTS WIE HIN! ***Tuol Sleng liegt im Zentrum von Phnom Penh, der Hauptstadt Kambodschas. Anreise per Bus oder Taxi.***

403

Standing Stones of Callanish

SCHWEIGSAME STEINWACHEN

SCHOTTLAND // Vergessen Sie Stonehenge (S. 78)! Eine Steinformation, die etwas auf sich hält, sollte sich schließlich dramatisch aus einer windgepeitschten Heide erheben und nicht hinter einem Zaun eingesperrt sein, nicht wahr? Auf der Isle of Lewis wandern Sie mitten durch die Reihen der roh behauenen Steinsäulen von Callanish und spüren die Vergangenheit zum Greifen nah, selbst wenn Sie die mystische Kraft, die Steinkreisen zugeschrieben wird, für Mumpitz halten.

NICHTS WIE HIN! *Im winzigen Dorf Callanish gibt es B&Bs. Im Südosten liegen mit Callanish II und Callanish III weitere Steinkreise.*

404

Steinkreis von Avebury

OPERATION HINKELSTEIN

ENGLAND // Um die Ecke stehen vielleicht berühmtere Steine, aber diese hier machen definitiv mehr Spaß. Stonehenge (S. 78) ist natürlich einzigartig, aber nah ran darf man nicht. In Avebury gibt es drei neolithische Kreise (darunter der größte Steinkreis Europas), in denen man sich frei bewegen kann. Die ab etwa 2850 v. Chr. errichteten Menhire umgeben ein hübsches kleines Dorf, in einem Landstrich voll weiterer mysteriöser Monumente. Wozu das alles? Das weiß keiner so genau.

NICHTS WIE HIN! *Avebury liegt 10 km westlich von Marlborough an der A4361. Die nächsten Bahnhöfe sind Pewsey und Swindon.*

403

405 Caracol

VERSTECKTE, MYSTERIÖSE DSCHUNGELMETROPOLE

BELIZE // Die beste Aussicht in Belize ist vom höchsten Gebäude des Landes – sie zu genießen, kostet etwas Mühe, denn besagtes Gebäude liegt in Caracol, einer seit tausend Jahren verlassenen, von nahezu undurchdringlichem Dschungel umschlossenen Stadt. Zu ihrer Blütezeit lebten hier 150 000 Menschen, doppelt so viele wie im heutigen Belize City. Für das unweit von hier gelegene Tikal war die Stadt, in die einst unzählige Maya-Straßen führten, ein ernsthafter Rivale.

Heute schlummert Caracol verlassen vor sich hin, und nur die kühnsten Abenteurer wagen sich auf den holprigen Weg dorthin. Die Mühe lohnt, denn die Ausgrabungen sind fantastisch. Man kann Tempel und versteckte Grabstätten, herrlich restaurierte Plätze und Spielfelder besichtigen – und die 42 m hohe Caana-Pyramide („Himmelsort") erklimmen, die heute noch das höchste Gebäude Belizes ist.

☛ NICHTS WIE HIN! ***Die meisten Besucher buchen Touren, mit dem Jeep sind es zwei Stunden von San Ignaciao. Achtung, Banditen!***

407

406

406 Malbork

RITTER OHNE FURCHT UND TADEL

POLEN // Malbork (dt. Marienburg) ist ein Schloss wie aus einem fernen Kindertraum, wo ehrenwerte Ritter zu Kreuzzügen aufbrechen, von vorbeifahrenden Schiffen Zölle erheben und mit Edelsteinen Handel treiben. Das Schloss wurde im 13. Jh. vom militärisch geprägten Deutschen Orden erbaut und später zum größten Backsteinbau Europas erweitert, bevor es dann vom polnischen König eingenommen wurde.

Heute ist Marienburg der perfekte Ort, um den mittelalterlichen Krieger in sich zu entdecken, der Angreifer in die Flucht schlägt und sich schützend vor edle Fräuleins oder zarte Knaben stellt. Erkunden Sie die ausladenden Gewölbesäle, entdecken Sie verborgene Durchgänge und besuchen Sie eine der vielen Kapellen, bevor Sie in die berüchtigte Vitold-Zelle – das Verlies – gelangen. Und noch mehr Futter für die Fantasie: Hoch oben in einem Kämmerchen im Dansker-Turm befindet sich ein Loch im Boden, durch das es den steilen Abhang hinab nach draußen geht. Was das ist? Sie haben es erraten: das Burgklo.

☛ NICHTS WIE HIN! ***Malbork ist der Mittelpunkt der gleichnamigen Stadt, 30 km südöstlich von Danzig.***

408 La Boca

MÜNDUNG IM SÜDEN

Buenos Aires, ARGENTINIEN // Die Geschicklichkeit der *fútbol*-Akrobaten im La-Bombonera-Stadion, die Woge der Begeisterung auf den Rängen (vor allem, wenn der CA River Plate für ein *superclasico*-Derby über den Fluss kommt), die Farben von Benito Quinquela Martíns gepflastertem Caminito und die Hingabe der Tangotänzer – in La Boca ist alles Leidenschaft. Das bekannteste der 48 Barrios von Buenos Aires – nicht zuletzt wegen seines Fußballteams Boca Juniors, aus dessen Kader der legendäre Diego Maradona hervorging – ist ein quirliges Viertel, selbst nach hiesigen Maßstäben. Schnappen Sie sich in einer italienischen Taverne ein kühles Quilmes oder genießen Sie Aussicht von der obersten Terrasse der Fundación Proa über die Mündung des Riachuelo, von dem das Viertel seinen Namen hat (*la boca* bedeutet „Mund").

NICHTS WIE HIN! ***La Boca ist ein normales Viertel mit echten Menschen und echten Problemen (vor allem jenseits des Caminito). Fahren Sie mit dem Taxi, zeigen Sie kein Bargeld und vermeiden Sie dunkle Ecken.***

407 Zahntempel

SRI LANKAS ZÄHNEKNIRSCHENDER SCHATZ

SRI LANKA // Der touristische Höhepunkt der Stadt Kandy ist der Sri-Dalada-Maligawa-Tempel, denn unter seinem goldenen Dach befindet sich Sri Lankas wichtigste buddhistische Reliquie: Buddhas Eckzahn.

Der Zahntempel ist eine Pilgerstätte für viele Gläubige, die die kuriose Reliquie mit duftenden Blumengaben, großer Ernsthaftigkeit und Ehrfurcht anbeten. Das Objekt selbst werden Sie jedoch nicht zu Gesicht bekommen, da es auf einer goldenen Lotusblume in einer Schatulle innerhalb eines zweistöckigen Schreins liegt, der auf beiden Seiten von enormen Elefantenstoßzähnen flankiert wird. Der Schrein kann während der *puja* (Verehrung), die drei Mal täglich unter lauten Trommelrhythmen und Betgesängen stattfindet, besucht werden.

Hinter dem Hauptschrein liegt ein weitläufiger Tempelkomplex, in dem sich die Audience Hall und der Royal Palace befinden. Darin kann man Dutzende Buddhastatuen bestaunen.

NICHTS WIE HIN! ***Mit dem Bus erreicht man Kandy in 3½ Std. ab Colombo. Bei der Besichtigung des Tempels achten Sie darauf, Beine und Schultern zu bedecken und die Schuhe auszuziehen.***

408

409

Heydar Aliyev Centre

ASERBAIDSCHANS ARCHITEKTUR-HIGHLIGHT

ASERBAIDSCHAN // Baku mausert sich zur modernen Stadt, und das Herzstück der Entwicklung ist Zaha Hadids architektonisches Meisterwerk, das wie die Wiedergeburt des Opernhauses von Sydney für das 21. Jh. wirkt. Mit seiner hoch aufragenden Spitze steht es für den Optimismus der Nation. Hier finden Ausstellungen und Events statt, ein Museum beschäftigt sich mit der Geschichte Aserbaidschans und des vom Volk verehrten Ex-Präsidenten Heydar Aliyev (1993–2003).

NICHTS WIE HIN! ***Der Eintritt ins Gebäude am Rand des Stadtzentrums von Baku ist frei, kleine Gebühr für Museum und Ausstellungen.***

410

Großer Basar von Kashgar

VERFÜHRERISCHER GEWÜRZTEMPEL

CHINA // Der große Basar von Kashgar ist wie ein arabischer Souk, vor allem sonntags, wenn die Geschäfte brummen. Lassen Sie sich im Menschengewühl von Ihren Sinnen leiten: dem intensiven Duft von Kreuzkümmel, dem Anblick von Skorpionen im Glas, dem Klang von *muqam*-Musik aus billigen Radios, dem Geschmack heißer *samsas* (mit Hammelfleisch gefüllte Teigtaschen), dem angenehmen Gefühl weicher Schafledermützen … verführerisch und überwältigend.

NICHTS WIE HIN! ***Kashgar liegt in Xīnjiāng, im Nordwesten Chinas. Hier leben konservative Muslime, also entsprechend kleiden.***

411

Nationalmuseum von Bardo

NORDAFRIKAS MAJESTÄTISCHE MOSAIKE

TUNESIEN // Seine Mosaiksammlung aus der Römerzeit macht das Nationalmuseum von Bardo zum wichtigsten Tunesiens. Mitreißend wird das Leben im antiken Nordafrika dargestellt, dank des gut erhaltenen Mosaikschatzes. Beim Anblick des berühmten Vergil-Mosaiks etwa kann man über die Pracht im römischen Reich nur staunen. Verpassen Sie auf keinen Fall die unglaubliche Fülle unbezahlbarer Kunstwerke, die aus einem römischen Schiffswrack vor der Küste geborgen wurden.

NICHTS WIE HIN! ***Das Bardo liegt 4 km nordwestlich der Hauptstadt Tunis und ist mit der Straßenbahnlinie 4 erreichbar.***

413

412

Salzwelten

UNTERWELT DER EISENZEIT

ÖSTERREICH // Das 3500 Jahre alte Salzbergwerk von Hallstatt mag an Disneyland erinnern, aber wer kann schon einer 64 m langen Bergmannsrutsche widerstehen? In der Tiefe befindet sich ein Salzsee wie aus einer anderen Welt und eine Multimediashow erzählt die Geschichte des „Weißen Goldes" und des mysteriösen „Salzmenschen", den man hier gefunden hat. Das klingt vielleicht gekünstelt, aber die Leute sind begeistert. Und zumindest Ihre Kinder werden es ebenfalls lieben!

NICHTS WIE HIN! *Die Parkplätze sind oft voll, besser ist daher der Zug von Bad Ischl oder Bad Aussee. Zur Mine geht's per Seilbahn.*

413

Khao-Sok-Nationalpark

WO IMMER NOCH TIGER UMHERSTREIFEN

THAILAND // In Thailand gibt es nicht mehr viele Lebensräume für Großsäuger, aber das weite, urzeitliche Gelände von Khao Sok mit seinen eindrucksvollen Kalksteinformationen und tosenden Wasserfällen ist einer davon. Während der Regenzeit kann man im üppigen Dickicht mit etwas Glück Bären, Wildschweine, Büffel, Tapire, Gibbons, Rehe, Elefanten und womöglich Tiger beobachten. Das Netz aus Trampelpfaden, das sich durch diesen stillen Park zieht, ist perfekt dafür.

NICHTS WIE HIN! *Khao Sok ist eine Stunde von Surat Thani entfernt. Tieren begegnet man eher in der Regenzeit (Juni bis Oktober).*

414

Großmonument Mansudae

EPIZENTRUM DES KIM-KULTS

Pyongyang, NORDKOREA // Eine Audienz bei den zwei überlebensgroßen Statuen von Kim Il-sung und Kim Jong-il gewährt einen faszinierenden Einblick in den nordkoreanischen Kim-Kult. Von ausländischen Touristen wird eine Respektsbezeugung erwartet, daher verbeugen Sie sich, wenn ihr Guide den Blumengruß zu Füßen der Statue niederlegt. Fotos sollen das Monument nur vollständig zeigen, wenn Teile fotografiert werden, wird das als Beleidigung aufgefasst.

NICHTS WIE HIN! *Unterschätzen Sie nicht die Ernsthaftigkeit eines Besuchs des Monuments. Verhalten Sie sich respektvoll.*

Etosha-National-park

415

BIG FIVE AUF DEM SILBERTABLETT

NAMIBIA // Etosha ist Safari für Einsteiger – denn hier kommen die Tiere zu Ihnen. Die Landschaft des Nationalparks ist geprägt von einer Salzpfanne so groß wie Holland, die weiß in der namibischen Sonne glitzert und für spektakuläre Fotomotive und hitzeflirrende Halluzinationen sorgt. Das Besondere sind aber die vielen Wasserlöcher, die am südlichen Rand der Salzpfanne verstreut liegen. In einem so dürren Landstrich bedeutet Wasser flüssiges Gold, und wo das Gold ist, sind auch die durstigen Tiere.

In Etosha fahren Sie auf eigene Faust auf Safari, die Straßen sind gut in Schuss. Jetzt müssen Sie nur neben einer der wertvollen Pfützen parken und warten, bis Elefant, Löwe, Nashorn, Zebra, Antilope und an die 100 andere Säugetierarten auf einen Drink vorbeischauen. Die einzige Herausforderung? Besteht darin, nicht in einen Giraffenstau zu geraten. Auch nach Einbruch der Dunkelheit geht die Vorführung weiter, denn die Camps im Park verfügen über Wasserlöcher mit Flutlicht, so können Sie sich mit einer Flasche Windhoek-Lagerbier zurücklehnen und dabei zusehen, wie sich die Tiere ebenfalls einen nächtlichen Schluck genehmigen.

NICHTS WIE HIN! *Etosha ist sechs Autostunden entfernt von Windhoek. Beste Reisezeit für Tierbeobachtung: Mai bis Oktober.*

416 Port Arthur

IM PARADIES GEFANGEN

AUSTRALIEN // Wer im 19. Jh. in Port Arthur ankam, muss geglaubt haben, im Paradies vor dem Sündenfall gelandet zu sein: Das neue Zuhause stand inmitten tasmanischer Steineiben am Ufer eines kristallklaren Meeres. Ein flüchtiger Eindruck, schließlich handelte es sich um eine britische Haftanstalt auf dem neuesten Stand der Technik.

Port Arthur auf Tasmanien war kein herkömmliches Gefängnis, sondern – in den Augen der Briten – ein Ort, an den nur die allerschlimmsten Kriminellen geschickt wurden, mit brandneuen Kontroll- und Inhaftierungsmethoden wie etwa Sprechverbot oder Einzelhaft. Weil viele Insassen verrückt wurden, musste zusätzlich eine Psychiatrie gebaut werden. Heute sind viele Gebäude wunderschön erhalten, darunter das Gefängnis selbst, das eine gespenstische Faszination ausübt.

NICHTS WIE HIN! ***Port Arthur liegt eine Autostunde von Hobart. Halten Sie beim Tasmanian Devil Conservation Park.***

416

417

417 Jungfraujoch

ÜBERIRDISCHE ALPENBAHN

SCHWEIZ // Wenn Sie das Jungfraujoch nur vom Hörensagen kennen, wird es Zeit, dass Sie sich auf die Reise machen. Auf 3454 m wird einem hier etwas geboten, das man einfach erlebt haben muss, nicht ohne Grund besuchen 2 Mio. Menschen im Jahr Europas höchstgelegenen Bahnhof. Von dort oben ist die eisige Wildnis aus fließenden Gletschern, umgeben von Viertausendern, ein atemberaubender Anblick. Im futuristischen Sphinx-Observatorium, wo der Zug hält, gibt es Restaurants, Aussichtsplattformen und eine Galerie mit spektakulären Eisskulpturen. Aber die eigentliche Sensation ist die Fahrt selbst. Auf dem letzten Streckenabschnitt bohrt sich der Zug mitten durch die Eiger Nordwand, durch einen Tunnel, den 3000 Arbeiter in einem Zeitraum von 16 Jahren in den Fels getrieben haben.

NICHTS WIE HIN! ***Das Jungfraujoch liegt in den Schweizer Alpen. Anreise: von Interlaken im Kanton Bern per Bahn in $2^1/_2$ Stunden.***

418 Phu Quoc

INSELTRAUM

VIETNAM // Mit ihren weißen Sandstränden, die an den Südpazifik erinnern, und der dichten Dschungelvegetation ist Phu Quoc das Supermodel unter den lange unterschätzten Küstenabschnitten Vietnams. Dennoch ist hier alles anders als in Ko Tao (S. 83) oder Ko Phi Phi (S. 202): Der Großteil der Insel steht unter Naturschutz. Der Phu-Quoc-Nationalpark erstreckt sich über beinahe 70 Prozent (31422 ha) des tränenförmigen Eilands. Wenn Sie das klassische Inselrefugium suchen, werden Sie auf Phu Quoc das große Glück finden: beim Tauchen oder wenn Sie mit dem Kajak durch die Buchten paddeln, mit dem Motorrad das Hinterland erkunden oder einfach das Leben genießen, faul im Sand dösen und frische Meeresfrüchte schlemmen.

NICHTS WIE HIN! ***Phu Quoc liegt im vietnamesischen Mekong-Delta. Hochsaison ist von November bis Mai, von Mai bis Oktober ist Tauchen aufgrund der rauen See meist nicht möglich.***

419 Stift Melk

MÖNCHE IM GOLDRAUSCH

ÖSTERREICH // Barock im Vollrausch. So ließe sich Österreichs berühmtestes Kloster wohl am besten beschreiben. Im 11. Jh. war die Anlage ein Schloss, bevor die Benediktiner daraus ein befestigtes Kloster machten. Danach fiel es erst einem Feuer – und dann dem Barock zum Opfer, mit Regimentern lächelnder Putten, goldenen Schnörkel und falschem Marmor. Die Stiftskirche mit ihren Doppeltürmen und der hohen achteckigen Kuppel dominiert das Bauwerk, die Altarszene zeigt die Schutzheiligen Petrus und Paulus und die Deckenfresken sind großes Theater. In der Bibliothek und im Marmorsaal, ebenfalls Highlights, täuschen prächtige Deckenfreskos mit gemalten Säulenelementen das Auge. Verpassen Sie auch nicht den Kaisertrakt, wo Napoleon nächtigte und in dem heute ein Museum untergebracht ist.

NICHTS WIE HIN! ***Melk zählt zu den beliebtesten Touristenattraktionen Österreichs, es liegt weniger als 1½ Std. Zugfahrt von Wien entfernt.***

422

420

Nazca-Linien

EIN WUNDERSCHÖNES GEHEIMNIS

PERU // Die Nazca-Linien, eines der großen archäologischen Mysterien der Welt, bestehen aus über 800 geraden Linien, 300 geometrischen Figuren und 70 Tier- und Pflanzenzeichnungen auf mehr als 500 km² trockenen Wüstenbodens in der Pampa Colorada. Zu sehen sind etwa eine Echse, ein Affe mit keck geringeltem Schwanz oder ein Kondor. Auch wenn es tolle Fotos der mystischen Tierzeichnungen gibt – Sie sollten sie sich mit eigenen Augen ansehen!

☛ NICHTS WIE HIN! *Dutzende Airlines starten vom Flughafen Maria Reiche Neuman nahe Nazca. Der Flug kann holprig werden.*

421

Friedhof La Recoleta

WHO'S WHO DES JENSEITS

ARGENTINIEN // Evita Perons Grab ist die Hauptattraktion, aber der ganze Friedhof wird oft als die Sehenswürdigkeit Nr. 1 von Buenos Aires gehandelt (obwohl er für uns erst nach La Boca kommt, S. 267). Stundenlang kann man in dieser Totenstadt mit ihren Statuen und Sarkophagen herumwandern. Hier sieht man die verstaubten Särge von Ex-Präsidenten, Kriegshelden und Politikern neben denen all der Reichen und Schönen stehen, die es ebenfalls auf den Friedhof geschafft haben.

☛ NICHTS WIE HIN! *Recoleta ist ein von Villen und edlen Bauwerken geprägter Vorort. Gratisführungen sind im Angebot.*

422

Altun Ha

VIEL MEHR ALS NUR EINE BIERMARKE

BELIZE // Wenn Sie schon einmal in Belize waren, erkennen Sie den „Tempel des gemauerten Altars" bestimmt wieder, ziert er doch jede Flasche der einheimischen Biermarke. Während der klassischen Maya-Periode befand sich in Altun Ha ein lebendiges Handelszentrum, heute sind davon der große Zeremonienplatz mit zwei großen Tempeln und verschiedene kleinere Bauten übrig geblieben – als Erinnerung an das Volk, das lange Zeit Mittelamerika beherrschte.

☛ NICHTS WIE HIN! *Altun Ha liegt küstennah; organisierte Tagestrips von Caye Caulker oder Ambergris sind möglich.*

423 Khongoryn Els

SPEKTAKULÄRE DÜNENLANDSCHAFT

MONGOLEI // Die Khongoryn Els in der Wüste Gobi sind etwa doppelt so hoch und viermal so lang wie die berühmten Erg-Chebbi-Dünen in der Sahara und gehören zu den größten und spektakulärsten Sanddünen der Welt. Sie sind bis zu 300 m hoch, das mühsame Erklettern dauert bis zu einer Stunde, wird aber mit grandioser Aussicht belohnt: Vor Ihnen liegt die sandige Landschaft wie eine sanft gewellte Decke mit scheinbar daunenweichen Hügeln, deren Farbe sich im Verlauf eines Tages von Hellgelb bis Leuchtendgold intensiviert. In der Gegend kennt man die Landschaft als Duut Mankhan – die Singenden Dünen, als Anspielung auf das Geräusch, das entsteht, wenn der Wind den Sand verbläst … Und wie durch Zauberei tauchen plötzlich die Bewohner der Wüste mit Kamelen auf, auf denen Sie sich forttragen lassen können.

NICHTS WIE HIN! *Lage: im Gobi-Gurwan-Saichan-Nationalpark im Süden der Mongolei. Ein kleines* naadam *(traditionelles Sportfest) mit Pferderennen, Bogenschießen und Wrestling findet am 15. August statt.*

424

Titanic Belfast

EIN SCHIFF VON EINEM MUSEUM

NORDIRLAND // Dass sich dieses Museum in der Schiffswerft befindet, in der die Titanic gebaut wurde, ist nur die Spitze des Eisbergs. Das Besondere der beliebtesten Touristenattraktion Nordirlands ist die eindrucksvolle Multimediashow, die das kleinste Detail der schicksalhaften Titanic-Geschichte wieder aufleben lässt: sprechende Hologramme, Filme, virtuelle Touren, sogar Gerüche und Temperaturschwankungen. Makaber ist das nicht – sondern eine Feier der Schiffsbaukunst.

NICHTS WIE HIN! *Das Gebäude, das einen Schiffsbug darstellen soll, liegt auf Queen's Island, nahe des Zentrums von Belfast.*

425

Zwinger

BAROCKER CHARMEUR

Dresden, DEUTSCHLAND // Beim Anblick des imposanten Zwingers möchte man die Sachsen des 18. Jhs. um ihren „Partypalast" in barocker Schönheit beneiden. Die reich verzierten Portale führen in einen mit Brunnen geschmückten Innenhof, umgeben von prunkvollen, mit Skulpturen besetzten Gebäuden. Der Zwinger beherbergt heute eine Reihe von Museen, darunter die hochkarätige *Gemäldegalerie Alte Meister* mit Werken von Botticelli, Tizian, Rubens, Vermeer und Dürer.

NICHTS WIE HIN! *Dresden, im Zweiten Weltkrieg zerstört und nach der Wende herrlich restauriert, liegt zwei Zugstunden von Berlin.*

426

Skelettküste

WEISSE FLECKEN AUF DER KARTE

NAMIBIA // Der entlegene Küstenstrich ist berühmt-berüchtigt: Unzählige Schiffe sind an den nebligen Ufern gestrandet und die meisten Schiffbrüchigen, die es an Land schafften, starben in der Wüste. Heute können Sie an der weiten, majestätischen Skelettküste Dünen, Schiffswracks und Walskelette entdecken. Wo die See tief ist, patrouillieren Haie, die seichten Gewässer gehören den Seelöwen, Schakale streunen über die Strände, Wüstenlöwen, Nashörner und Elefanten durchs Hinterland.

NICHTS WIE HIN! *Anreise Süden: Küstenstraße von Swakopmund; Norden: mit dem Leichtflugzeug oder Jeep (über das Kaokoveld).*

427 Iona

SCHOTTLANDS SPIRITUELLES HERZ

SCHOTTLAND // In puncto Atmosphäre ist Iona wohl unschlagbar. Die als letzte Ruhestätte der frühen Könige von Schottland bekannte Insel hat sich zum Pilgerziel und spirituellen Rückzugsort entwickelt. Reisende, die in den Highlands und auf den Inseln unterwegs sind, zieht Iona magisch an. Die Insel offenbart sich langsam: Vom Fährhafen Craignure auf der Insel Mull geht es 60 km über eine schmale Straße Richtung Fionnphort, dann folgt eine fünfminütige Fährüberfahrt. Das Gefühl, einen ganz besonderen Ort zu erreichen, ist unverkennbar.

Zu besichtigen gibt es auf Iona weit mehr als nur die verwitterten Gräber keltischer Edelmänner, etwa das Kloster und das Heritage Centre. Außerdem starten hier die Boote zur Insel Staffa, und zahlreiche Wanderwege führen in die Einsamkeit zu hochkarätigen Aussichtspunkten mit Blick über die Nachbarinseln.

NICHTS WIE HIN! *Bei Tagesausflügen ab Oban erleben Sie eine herrliche Überfahrt vom Festland nach Mull, von wo es weiter nach Iona geht.*

428 Stirling Castle

RIVALE VON EDINBURGH CASTLE

SCHOTTLAND // Schlösser gehören zu Schottland wie Dudelsäcke, aber um kein anderes wird neben Edinburgh Castle ähnlich viel Tamtam gemacht wie um seinen Fast-Zwilling Stirling Castle. Viele behaupten, Stirling sei stimmungsvoller, jedenfalls machen Lage, Architektur, historische Bedeutung und herrliche Ausblicke die Besichtigung zum tollen Erlebnis. Das steinerne Ungetüm stammt aus dem 14. bis 16. Jh., als die Stewart-Dynastie in Schottland regierte. Der Höhepunkt der Anlage ist der prachtvolle königliche Palast, der nach seiner Restaurierung in leuchtenden Farben strahlt – diese Stewarts ließen sich nicht lumpen! Gobelins, Gewölbe, eine Statue von Robert I. („the Bruce") und schwindelerregende Aussichten von der Burgmauer sind weitere schlagkräftige Gründe, warum es das ganze Königreich hierherzieht.

NICHTS WIE HIN! *Fahren Sie von Edinburgh oder Glasgow nach Norden, dann sind Sie in einer Stunde da. Kommen Sie am späten Nachmittag, dann ist nichts los, und besichtigen Sie auch die Altstadt von Stirling.*

429

Zócalo

DAS PULSIERENDE HERZ VON MEXIKO-STADT

MEXIKO // Mexiko-Stadt ist unüberschaubar, modern und lebendig, und der Zócalo das pochende Herz der Metropole. Der weitläufige Platz ist umringt von Macht: Präsidentenpalast, Catedral Metropolitana, Regierungsgebäude, Luxusläden, Sternehotels. Die riesige Fläche schwirrt vor Leben, oft geben Azteken-Tänzer rituelle Vorführungen zum Besten. Auch finden hier oft Veranstaltungen statt, vom Konzert über Demos bis hin zum Eislaufen, während am „Tag der Toten" maskierte Menschenmassen auf den Platz strömen.

NICHTS WIE HIN! ***Übernachtungsquartiere gibt es hier viele. U-Bahn-Haltestelle: Zócalo.***

430

Nyungwe-Forest-Nationalpark

SCHIMPANSEN IM TIEFEN WALD

RUANDA // Meist sind die endlosen Regenwälder Afrikas fast unerreichbar – umso besonderer ist der Nyungwe-Wald. Einer der ältesten Nationalparks Afrikas bietet 13 Primatenarten (darunter Schimpansen und Stummelaffen) und vielen Vogelarten Zuflucht, seine außerordentliche Artenvielfalt macht den Äquatorialregenwald zum bedeutenden Schutzgebiet. Ob auf der Suche nach unseren haarigen Vorfahren oder nur nach Wasserfällen: Nyungwe weckt den Tarzan in Ihnen!

NICHTS WIE HIN! ***Besuchen Sie Nyungwe mit eigenem Auto, das Sie (mit Fahrer) in Kigali mieten können. Packen Sie Regenzeug ein!***

430

Oben: eine töpfernde Batwa-Frau im Dorf Nyungwe. Rechts: ein Tänzer in traditioneller Kleidung auf dem Zócalo in Mexiko-Stadt.

429

433

431

St. Fagans National History Museum

GESCHICHTE ZUM LEBEN ERWECKEN

WALES // St. Fagans lehrt Besucher, was es bedeutet, ein Waliser zu sein. Mit langweiligem Geschichtsunterricht hat das aber nichts zu tun: In dem Freilichtmuseum mit über 40 originalen Gebäuden kann man in rauchige Bauernhäuser aus dem 16. Jh. spähen, in den Häusern von Minenarbeitern durch die Zeit reisen oder eine jahrhundertealte Kirche bestaunen, die Stein für Stein hierher versetzt wurde – und das alles rund um ein schönes Herrenhaus aus dem 16. Jh.

NICHTS WIE HIN! ***St. Fagans liegt 8 km westlich von Cardiff; Bauernmärkte, Garten-Events und Kunsthandwerksausstellungen***

432

Eisriesenwelt

EISKALTES KÖNIGREICH UNTER DEM BERG

ÖSTERREICH // Hätte uns Österreichs Tourismusverband weismachen wollen, dass die Eisriesenwelt Vorlage war für den Film *Ice Age* oder den ewigen Winter in Narnia, hätten wir es glatt geglaubt. Die laut eigenen Angaben größten öffentlich zugänglichen Eishöhlen der Welt erstrecken sich über 30 000 m² und eine Länge von 42 km. Ein glitzernd-frostiges Imperium, das sich in schmalen Gängen bis tief in das Herz des Berges bohrt – und einen bei einer der Touren vor Ehrfucht erstarren lässt.

NICHTS WIE HIN! ***Die nahe Stadt Werfen liegt einen Tagestrip von Salzburg. Ziehen Sie sich warm an, ob Sommer oder Winter.***

433

Ausgrabungsstätte Paphos

ANTIKE GRIECHISCHE STADT

ZYPERN // Die faszinierenden Ausgrabungen sind noch lange nicht abgeschlossen, denn was Sie hier sehen, ist nur ein bescheidener Teil einer antiken Stadt aus dem 4. Jh. v. Chr. Man nimmt an, dass noch weit mehr archäologische Schätze unter der Erde liegen. Was für eine Vorstellung! Wenn Sie vom Entdecken genug haben, nehmen Sie sich Zeit für die eindrucksvolle Sammlung von fein gearbeiteten Mosaiken und die vielen altgriechischen Mythen, die Ihnen dieser Ort zuflüstert.

NICHTS WIE HIN! ***Lage: in der südzypriotischen Küstenstadt Paphos. In der Nähe des Eingangs liegt ein großer Gratisparkplatz.***

434

437

434

Lavena-Küstenweg

WANDELN IM PARADIES

FIDSCHI // Unter all den Wanderrouten auf Fidschi ist dieser 5 km lange Küstenpfad sicher der opulenteste. Tatsächlich ist es ein Spaziergang ins Paradies: Mit dem Regenwald auf der einen und unglaublich weißem Sandstrand auf der anderen Seite führt die Wanderung durch friedliche Dörfer, über eine wackelige Hängebrücke und durch ein uraltes Tal. Gerade, wenn die Hitze unerträglich wird, kommt das große Finale mit Wasserfall und kühlem Bad. Ein Ort wie aus *Jurassic Park*.

☛ NICHTS WIE HIN! ***Lavena liegt auf Taveuni. Anreise mit dem Flugzeug, Flüge werden bei Anzeichen von schlechtem Wetter abgesagt.***

435

Brandenburger Tor

UNSTERBLICHE PFORTE

Berlin, DEUTSCHLAND // Ende des 18. Jhs. wurde das Brandenburger Tor als Friedensmonument errichtet. Seither wurde es von wenig pazifistischen Mächten missbraucht, darunter Napoleon und die Nationalsozialisten. Während des Kalten Krieges war es 28 Jahre lang unzugänglich und Symbol für die Teilung Berlins, bis 1989 der Wind der Veränderung durch seine Bögen wehte. Jetzt steht das Tor für Frieden, Freundschaft und Miteinander – und ist der beste Treffpunkt der Stadt.

☛ NICHTS WIE HIN! ***Im Südflügel des Tores ist eine Touristeninformation untergebracht, ein guter Ausgangspunkt für Stadtbesichtigungen.***

436

Amboseli-Nationalpark

ELEFANTEN AM KILIMANDSCHARO

KENIA // Wer Elefanten beobachten will, für den ist Amboseli perfekt. Natürlich liegt der Charme des Parks auch am Kilimanjaro (S. 210), Afrikas höchstem Berg und imposante Kulisse. Bei Sonnenauf- oder Sonnenuntergang tauchen die Elefanten auf. Zum Glück haben in Amboseli die Wilderer nicht so gewütet wie im restlichen Kenia, sodass die Dickhäuter erstaunlich zutraulich sind. Abgerundet wird das Naturschauspiel durch 370 Vogelarten und viele weitere Wildtieren.

☛ NICHTS WIE HIN! ***Mieten Sie sich in Nairobi einen Wagen mit Fahrer und vermeiden Sie die Regenzeit von März bis Mai.***

437

Reisterrassen von Ifugao (Banaue)

LEBENDIGE ÖKO-KUNST

PHILIPPINEN // Uralt, aber in Gebrauch. Einfach, aber genial: Die Reisterrassen von Ifugao beeindrucken auf vielerlei Weise. Die durch Lehmmauern voneinander getrennten, begrünten Stufen wurden vor 2000 Jahren von den Chinesen eingeführt und von den Ifugai, Ex-Kopfjäger, übernommen. Klingt unspektakulär? Der Anblick, wie sich die Terrassen kilometerweit in die Ferne erstrecken, ist fantastisch, atemberaubend die Kunstfertigkeit, mit der sie in die steilen Hänge gebaut wurden.

NICHTS WIE HIN! ***Anreise: ab Manila mit dem Bus (in 9 Std.). Die beste Zeit für einen Besuch ist Juni/Juli oder Februar/März.***

438

Nationalpark Karpaten

ABENTEUERLAND

UKRAINE // Die Karpaten sind das Highlight der ukrainischen Landschaft. Der mit 503 km^2 größte Nationalpark des Landes erstreckt sich über bewaldete Gebirgszüge und hochalpines Grasland. Besichtigen Sie das verlassene Sternenobservatorium mit seinem ganz eigenen Flair, unternehmen Sie eine bequeme Wanderung auf den Gipfel des Howerla (2061 m), den höchsten Berg der Ukraine, und wagen Sie sich auf die Pisten eines Skigebiets, das etwas anders ist, als seine westeuropäischen Pendants.

NICHTS WIE HIN! ***Heuern Sie in Jaremtsche einen Wanderführer an (empfohlen). Bukowel ist der schickste Skiort der Ukraine.***

439

Aquädukt von Segovia

SURREALES SYMBOL RÖMISCHEN IDEENREICHTUMS

SPANIEN // Es ist ein Wunder, dass dieser eindrucksvolle Beweis römischer Größe im Herzen einer modernen Stadt überlebt hat. Fast wie ein Escher'sches Trugbild erhebt sich das Aquädukt aus dem Straßenbild und wiederholt sich endlos, so weit das Auge reicht. Die 163 Bögen ragen mit einer Höhe von 28 m an der höchsten Stelle so weit über die Stadt hinaus, dass man sich den Hals verrenken muss, um alles sehen zu können. Die Treppe hinterm Tourismusbüro bietet neue Blickwinkel.

NICHTS WIE HIN! ***Der Hochgeschwindigkeitszug von Madrid in das nordwestlich gelegene Segovia braucht gerade mal 30 Minuten.***

BESTE STRÄNDE

↓

Entdecken Sie die Karibikküste Kolumbiens im Tayrona-Nationalpark, wo die Sandbuchten in den Dschungel übergehen.

☛ Seite 128

↓

Das Paradies auf Bora Bora: strohgedeckte Pfahlhäuschen auf azurblauem Wasser, feinster Sand, Top-Tauchreviere und tropische Cocktails.

☛ Seite 112

↓

Oder ein Strand mit Lightshow? Die biolumineszierenden Buchten von Puerto Rico bieten nächtliche Farbspektakel.

☛ Seite 229

Ipanema

DER HEISSESTE STRAND DER WELT

440

BRASILIEN // Was gibt es Schöneres, als die Flip-Flops wegzukicken und den berühmten Strand von Rio de Janeiro entlangzuschlendern? Ausgehend vom Fuß des Dois Irmãos („Berg der zwei Brüder") am westlichen Ende erstreckt er sich sichelförmig vor der Kulisse der Stadt, ist frei zugänglich und bietet Unterhaltung aller Art: Sie können die gepflasterte Promenade entlangjoggen oder mit einem *agua de coco* (Kokoswasser) in der Hand faul in der Sonne liegen und den Footvolley-Spielern beim Schwitzen zuschauen.

Der 2 km lange Sandstreifen ist in mehrere *postos* (Rettungsschwimmertürme) unterteilt, und jeder Abschnitt hat eine typische Klientel: Posto 9 markiert Garota de Ipanema, wo die wohlgeformtesten Körper der Stadt zu finden sind. Bekannt ist dieser Bereich auch als „Elefantenfriedhof", weil hier immer noch eine Handvoll Altlinke, Hippies und Künstler herumhängt. Den Strandabschnitt vor der Rua Farme kennt man als Praia Farme, hier trifft sich die Schwulenszene. Der Posto 8 ist die Domäne der Favela-Kids. Aber egal wo Sie ihr Handtuch ausbreiten, eines ist unbestritten: Der Geburtsort des String-Bikinis ist so sexy wie eh und je.

☛ NICHTS WIE HIN! ***Starten Sie am Wochenende früh für einen Platz mit guter Aussicht. Liegestühle und Sonnenschirme mieten Sie bei den*** **barracas** ***(Strandhäuschen).***

441

Matmata

SCI-FI-HOTEL

TUNESIEN // *Star-Wars*-Fans pilgern vielleicht aus reiner Filmleidenschaft an diesen Ort, aber das abgefahrene Dorf aus unterirdischen Häusern ist weit mehr als nur die Kulisse für Luke Skywalkers Heim. Wegen der Hitze haben sich die Berber seit jeher mit den genialen unterirdischen Behausungen vor der Sonne geschützt. Heute sind viele der Wohnhöhlen öffentlich zugänglich und werden als einfache Hotels genutzt. Das wohl berühmteste ist das Sidi Driss Hotel, in dem Innenaufnahmen für *Star Wars* gedreht wurden und wo noch immer Überbleibsel des Filmsets zu sehen sind. In dieser mondähnlichen Landschaft umherzustreifen, die von den Höhlenbewohnern mit Gräben durchzogen wurde, und die Nacht in seiner kleinen Privathöhle zu verbringen, ist ein Erlebnis, das einem Ausflug ins Universum am nächsten kommt – mit oder ohne Luke Skywalker.

☛ NICHTS WIE HIN! ***Nach Matmata fahren Linienbusse ab Tunis in acht Stunden oder Minibusse in 45 Minuten von Gabès.***

441

442

442

Everglades-Nationalpark

FLORIDAS REIZVOLLES SUMPFGEBIET

USA // Die Everglades lassen sich mit keiner anderen Wildnis Amerikas vergleichen. Es ist nicht bloß Feuchtgebiet, Sumpf, See, Fluss, Prärie oder Grasland, es ist alles in einem, vermengt zu einem vielseitigen Ganzen aus sanften Horizonten, weiten Panoramen und himmelsfüllenden Sonnenuntergängen. Eine Aussicht, die Panther, Seekühe und jede Menge Alligatoren mit Ihnen teilen. Am besten erkundet man dieses Wasserwunderland entlang der Mangrovenkanäle mit dem Kajak oder, ein bisschen schicker, an Bord eines propellerbetriebenen Sumpfbootes. Und es gibt weit mehr zu sehen als Wasser und Schlingpflanzen, denn die Everglades münden in die korallenumrandeten Strände von Südflorida – Zeit für ein Sonnenbad!

☛ NICHTS WIE HIN! ***Die drei Zugänge – Ernest Coe, Shark Valley und Gulf Coast – sind von Miami aus mit dem Mietwagen erreichbar.***

444

443

See Genezareth

STRÄNDE UND STORYS AUS DER BIBEL

ISRAEL // Warum Sie den See Genezareth besuchen sollten? Ach, aus keinem bestimmten Grund. Außer, dass Sie dort am selben Ufer spazieren wie Jesus, aber abgesehen davon ... Israels größter Süßwassersee kommt in jeder zweiten Bibelgeschichte vor, und nebenbei kann man dort wunderbar entspannen, schwimmen, wandern, Naturschutzgebiete und Mineralquellen entdecken. Selbst wenn es Ihnen vermutlich nicht gelingen wird, wie Jesus übers Wasser zu wandeln (im nahen Toten Meer stehen die Chancen da schon besser), können Sie dem sogenannten Jesus Trail folgen, in Tabgha zu Mittag essen (wo die Fünftausend gespeist wurden), in Kapernaum nach göttlicher Inspiration suchen und in den heißen Quellen von Tiberias neue Energie tanken.

☛ NICHTS WIE HIN! *Anreise: 50 km von Haifa nach Tiberias per Mietwagen. Bringen Sie ein Rad mit oder wandern Sie auf dem Jesus Trail.*

444

Kloster Ostrog

MONTENEGRINISCHES WUNDERKLOSTER

MONTENEGRO // Kirchen, die in Höhlen errichtet wurden, üben eine besondere Anziehungskraft aus: Die spektakuläre Anlage wurde im 17. Jh. von schwindelfreien Mönchen in eine steil abfallende Felswand geklebt und avancierte zur bedeutendsten Pilgerstätte in Montenegro, die jährlich von bis zu 1 Mio. Menschen besucht wird. Dies ist kein stiller, spiritueller Rückzugsort, er verströmt aber ein starkes Gefühl des geteilten Glaubens und der Geschichtsträchtigkeit. Füllen Sie in der Kirche der Hl. Dreifaltigkeit Ihre Trinkflasche mit dem geweihten Quellwasser, bevor Sie mit dem Aufstieg zum Wunder des Sveti Vasilije emporsteigen, dem atemberaubenden oberen Kloster, das hoch über dem Zetatal in zwei natürlichen Höhlen liegt.

☛ NICHTS WIE HIN! *Anreise: Bus von Podgorica oder Nikšić zur Abzweigung nach Ostrog; weiter zu Fuß oder per Taxi, im Sommer übernachten.*

445

Kinderdijk

RUHE, FRIEDEN UND RAUSCHENDE WINDMÜHLEN

NIEDERLANDE // Auf jeden Backpacker, der die Erleuchtung in einem Rotterdamer Coffeeshop sucht, kommt ein passionierter Radler auf der Suche nach jenem Bild der Niederlande, wie man es von den großen Malern kennt: mit Kanälen, Blumenfeldern und Windmühlen. Kinderdijk ist so typisch niederländisch, dass es in die Welterbeliste der Unesco aufgenommen wurde. Nirgendwo anders lässt es sich besser entspannen als in diesem sanften Marschland, wo außer dem Rauschen von Windmühlenflügeln und Vogelgezwitscher kein Laut zu hören ist. Wenn Sie an den ersten beiden Mühlen vorbei sind, haben Sie die überwältigende Schönheit weitgehend für sich.

NICHTS WIE HIN! ***Kinderdijk liegt 15 km von Rotterdam. An Samstagen im Juli und August sind die meisten Windmühlen in Betrieb.***

446

445

446

Kloster des Sveti Jovan Bigorksi

DIE WELT IN EINER IKONE

MAZEDONIEN // Unter den vielen Klöstern, die Mazedoniens Landschaft schmücken, ist Sveti (Hl.) Jovan Bigorksi das perfekte Fotomotiv. Im Jahr 1020, zur Zeit des byzantinischen Reiches, wurde die Basilika erbaut, die sich an eine Kulisse aus bewaldeten Hügeln schmiegt. Von dort stammt auch das Holz für die berühmte Ikonostase der Kirche, ein Wunderwerk der orthodoxen Welt. Der große Fries zeigt verschiedene Bibelszenen mit über 700 Figuren von Menschen und Tieren bei den verschiedensten Beschäftigungen. Die Bilder wurden von den einheimischen Künstlern Makarije Frčkovski und den Filipovski-Brüdern zwischen 1829 und 1835 geschaffen. Nach Beendigung der Arbeit sollen sie ihre Werkzeuge in den Fluss Radika geworfen haben – damit das Geheimnis ihrer Kunstfertigkeit für immer davongespült würde.

NICHTS WIE HIN! ***Sveti Jovan Bigorksi liegt versteckt im Mavrovo-Nationalpark zwischen Debar und Gostivar (Mietwagen nötig).***

447

Hypogäum von Hal Saflieni

MALTAS MYSTERIÖSESTES MAUSOLEUM

MALTA // Der weiche maltesische Kalkstein erlaubte es urzeitlichen Steinhauern, nur mit Steinwerkzeugen eine ganze unterirdische Stadt auszuhöhlen. Das Hypogäum von Hal-Saflieni war eine Stadt der Toten: Man geht davon aus, dass hier über 7000 Leichen begraben wurden. Entdeckt wurden die Gräber 1902 durch Zufall bei Bauarbeiten. Beim Eintritt in den Tempel hat man das Gefühl, als beträte man eine mysteriöse Welt, versteckt unter den Straßen der modernen Stadt Paola.

NICHTS WIE HIN! ***Führungen sind obligatorisch, Tickets vorab im Hypogäum oder im Nationalen Archäologiemuseum.***

448

Taipei 101

TURM ÜBER TAIPEH

TAIWAN // Der als riesiger Bambussprössling konzipierte Wolkenkratzer Taipei 101 ist nicht zu übersehen. Mit nur 508 m Höhe ist er zwar längst nicht das höchste Gebäude der Welt, was aber absolut keine Rolle spielt, sobald man auf der Plattform im 89. Stock die schwindelerregende Aussicht genießt. Im Gegensatz zu anderen Hochhaustürmen ist Taipei 101 wesentlich höher als alle umliegenden Gebäude, der Vergleich mit Sarumans Turm im *Herrn der Ringe* liegt also ziemlich nah.

NICHTS WIE HIN! ***Taipei 101 liegt im Stadtzentrum von Taipeh. Ein High-Speed-Aufzug rast in 40 Sekunden zur Aussichtsplattform.***

449

Si Phan Don

FOLGE DEM FLOW IN LAOS

LAOS // Auf dem Gebiet von Si Phan Don („4000 Inseln") verwandelt sich Laos endgültig in den Garten Eden. Auf dem Inselarchipel vergeht die Zeit nur halb so schnell und das Leben driftet so gemächlich wie die trüben Wasser des Mekong. Einige der Inseln sind zum Tummelplatz für Backpacker geworden, andere wiederum bestehen nur aus felsigen Hügeln mit Wasserfällen, kleinen Sandbuchten und Fischerdörfern – perfekt, um in der Hängematte inneren und äußeren Frieden zu finden.

NICHTS WIE HIN! ***Auch wenn es angeblich 4000 Inseln gibt, punkten Don Det und Don Khon mit Quartieren und Ausflügen.***

450

Auferstehungskirche

Kirche oder Eisbecher?

↓

RUSSLAND // Die auch „Blutkirche" genannte Kathedrale von St. Petersburg ist mehr als eine Nachbildung der Basilius-Kathedrale in Moskau: Sie wurde von Zaren errichtet, in Gold gekleidet und mit einigen der ungeheuerlichsten Türme versehen, die sich die Menschheit je ausgedacht hat. Ihre malerische Lage nahe des Gribojedow-Kanals täuscht über ihre blutige Vergangenheit hinweg, denn hier wurde 1881 Zar Alexander II. von Radikalen ermordet, was Russlands Reformen um Jahrzehnte zurückwarf.

☛ NICHTS WIE HIN! *Die Kirche liegt nur einen Katzensprung von der Metro-Station Newski Prospekt.*

451 San-Blas-Inseln

PANAMAS GEHEIMER ARCHIPEL

PANAMA // Die wie Edelsteine vor der karibischen Küste Panamas im Meer liegenden San-Blas-Inseln sind die Heimat der Kuna, eines Volks, das ein herrlich tropisch einfaches Leben führt, geprägt vom Fischfang. Wenige Reisende folgten ihrem Beispiel und wurden mit einem weitgehend unberührten Bild der Karibik belohnt. Die Inseln, die sich westlich von Cartì bis fast zur kolumbianischen Grenze ziehen, sind ideal für alle, die ihr Paradies nicht teilen möchten.

Der Archipel, Teil des autonomen Gebiets Comarca de Kuna Yala, führt uns vor Augen, wie die Karibik in Zeiten vor Strandbars, Plantagen und Kolonialbauten ausgesehen haben muss: verschlafene Inseln, auf denen die Geister von Piraten und Stammeshäuptlingen zwischen den Palmwedeln spuken. Auch unter Wasser gibt es viel zu sehen, denn die intakten Riffe sind voll blühendem tropischen Fischleben.

☛ NICHTS WIE HIN! ***In Cartí ist der Startpunkt ins Archipel. Zwischen den Inseln verkehren Boote. Infos: Hostel Mamallena in Panama City.***

452 Kiewer Höhlenkloster

MUMIEN UND MYSTERIÖSE MAGIE

UKRAINE // Sie stehen auf Ikonen? Goldene Kuppeln? Mumifizierte Mönche? Kein Problem! Die Lawra, die inmitten von üppig grünem Terrain am Ufer des Dnjepr thront, ist die ultimative russisch-orthodoxe Ansammlung von goldenen Kuppeln und hoch aufragenden, mit Heiligenmosaiken verzierten Bögen. Gegründet wurde die barocke Schönheit – ein herrliches Beispiel für die Baukunst im kaiserlichen Russland – von Mönchen, die nun ihre letzte Ruhestätte in den Katakomben unter der unteren Kirche gefunden haben.

Wie viele andere russische – und ehemalige russische – Schatzkammern, beherbergt auch diese Lawra echte Kostbarkeiten: den wertvollen Goldschatz der Skyten, eines Volks antiker Steppenreiter. Die größte Überraschung wartet jedoch in den unterirdischen Gängen: Hier liegen die Gründer des Höhlenklosters gut erhalten in ihren eleganten Särgen, ein Bild wie in Draculas Familiengruft. Die vielen betenden Pilger, die die Mumien küssen, passen zur morbiden Atmosphäre.

☛ NICHTS WIE HIN! ***Anreise: U-Bahn vom Kiewer Zentrum bis Haltestelle Dnipro oder Arsenalna, dann zu Fuß nach Süden durch den Park.***

453

Horton Plains & World's End

WO SRI LANKA ZU ENDE IST

SRI LANKA // Das Hochplateau Horton Plains ist eine wunderbare, stille, seltsame Welt, bewacht von zwei der höchsten Berge Sri Lankas (Kirigalpotta, 2395 m; Totapola, 2359 m). Es erhebt sich 2000 m hoch und endet bei World's End dramatisch, wenn es plötzlich in die bewaldete Tiefebene abfällt. Erleben Sie eine überirdisch schöne Landschaft, gespenstische Nebelwälder und schwindelerregende Ausblicke hoch über Teeplantagen mit klitzekleinen Dörfern.

NICHTS WIE HIN! ***Startpunkt ist Haputale. Touristen nehmen meist ein Taxi, obwohl auch eine Eisenbahn nach Ohiya hochfährt.***

454

Roraima-Tepui

WILLKOMMEN IN DER VERGESSENEN WELT

VENEZUELA/BRASILIEN/GUYANA // Er ist tatsächlich eine vergessene Welt, dieser imposante Tafelberg. Der steil aufragende Kalkfels im Dreiländereck zwischen Venezuela, Brasilien und Guyana entstand in der Erdfrühzeit, entsprechend urzeitlich ist auch die Stimmung in dieser außerirdischen Welt voll endemischer Flora und Fauna. Der beste Weg auf den Berg ist zu Fuß auf einem anspruchsvollen Wanderweg ab dem Dorf Paraitepui – es sei denn, man hat einen Ballon zur Hand ...

NICHTS WIE HIN! ***Paraitepui liegt zwei Autostunden von Santa Elena. Einheimische Bergführer bieten Touren an.***

455

Fort von Nizwa

OMANS EINDRUCKSVOLLSTES FORT

OMAN // In der Wüste des Sultanats Oman wimmelt es von Festungen, aber das Fort von Nizwa muss man gesehen haben: Das Gewirr aus Räumen, Treppen und Fluren bietet einen faszinierenden Einblick in die Zeit der Sultane und Dschinns. Einen Garten gibt es hier natürlich nicht, also malten ihn die Wüstenbewohner einfach auf die hölzernen Zimmerdecken. Lehnen Sie sich zurück und stellen Sie sich vor, wie Sie hier in ihren Sultanspuschen an einem Glas kühlem *sharbat* nippen.

NICHTS WIE HIN! ***Nizwa liegt an mehreren Flussbetten 140 km westlich von Maskat. Die Festung thront majestätisch über der Stadt.***

456

Moldau-Klöster

Wandmalkunst!

RUMÄNIEN // Nur das Innenre ihrer Klöster mit Fresken zu schmücken, reichte den Mönchen der südlichen Bukowina nicht – darum wurden sie auch an den Fassaden kreativ. Dass nach 500 rumänischen Wintern, habsburgischem Hickhack und kommunistischer Gleichgültigkeit noch irgendetwas übrig ist, grenzt an ein Wunder. Wie in einer Zeitmaschine fühlt man sich ins alte Byzanz versetzt, als dem Volk die Wunder der Heiligen derart vermittelt wurden.

NICHTS WIE HIN! ***Die Klöster liegen abseits der Touristenrouten. Mieten Sie ein Auto oder buchen Sie eine Tour.***

457

L'Anse aux Meadows

ALSO ENTDECKTEN DIE WIKINGER AMERIKA?

KANADA // Wer von uns hat sich nicht schon mal gewünscht, ein Wikinger zu sein? In diesem Moor am nördlichsten Zipfel Neufundlands kann man sich eine Vorstellung von ihrem Leben machen. Die Ansammlung einfachster Erdhäuser aus der Zeit um 1000 n. Chr. ist der stichhaltigste Beweis für die Entdeckung Amerikas durch die Wikinger. Drei Behausungen wurden wiederaufgebaut und werden von Menschen bewohnt, die die Lebensweise des Seefahrervolks demonstrieren.

☛ NICHTS WIE HIN! ***Anreise: 51 km von St. Anthony mit dem Mietwagen oder Taxi nach Norden, bis die Straße endet.***

458

Schwarzwald

IM MÄRCHENWALD

DEUTSCHLAND // Seinen Namen erhielt der Schwarzwald wegen seiner dichten, undurchdringlichen Vegetation – und wenn Sie mittendrin stehen, wird Ihnen klar, woher die Inspiration für Märchen wie Hänsel und Gretel oder Rotkäppchen kam. Die baumreiche Zauberlandschaft eignet sich hervorragend zum Wandern und Biken in intakter Natur und führt sie durch Postkartendörfer, in denen manche Häuser aussehen wie überdimensionale Schwarzwälder Kuckucksuhren.

☛ NICHTS WIE HIN! ***Freudenstadt ist eine ideale Basis. Ausflüge lohnen nach Freiburg, Triberg (Kuckucksuhren!) und St. Blasien.***

459

Fuji

JAPANS BERG-IKONE

JAPAN // Den Fuji zu sehen, ist, als lande man in einem japanischen Holzschnitt. Für Katsushika Hokusai, den berühmten Maler, dessen Werke das Bild des japanischen Kaiserreichs prägten, war der Vulkan Muse. Die Besteigung gilt vielen Japanern als Übergangsritus, und sollten Sie die Erfahrung selbst machen, dann teilen Sie sich den Gipfel mit einer Menge Menschen. Vielen genügt es, den Berg von den Fuji-goko-Seen oder den Kirschgärten von Fujiyoshida aus auf sich wirken zu lassen.

☛ NICHTS WIE HIN! ***Wandersaison ist im Juli und August. Starten Sie in Gotemba, Fujinomiya, Subashiri oder Kawaguchiko.***

460

Piton de la Fournaise

MORDOR IM INDISCHEN OZEAN

La Réunion, FRANKREICH // Die französische Insel Réunion hat dem „Gipfel des Hochofens" viel zu verdanken. Zunächst besteht der Großteil ihrer Fläche aus Lava aus seinem Krater. Ungeachtet der paradiesischen Tropenwelt Réunions, ist der Piton de la Fournaise mit über 100 registrierten Eruptionen seit 1640 einer der aktivsten Vulkane der Erde. Selbst wenn es Ihnen nicht vergönnt sein sollte, live bei einem Feuerwerk aus Lavafontänen dabei zu sein, werden Sie doch auf jede Menge Vulkangestein stoßen, vor allem, wenn Sie über den versteinerten Lavastrom entlang der Berghänge wandern. Können Sie sich an Peter Jacksons Darstellung von Mordor im Film *Der Herr der Ringe* erinnern? Dann wissen Sie in etwa, was Sie erwartet …

NICHTS WIE HIN! ***Startpunkt für die Vulkanerkundung ist das Dorf Bourg-Murat. Wandern Sie zum Dolomieu, dem aktivsten Krater.***

460

461

Mt. Kenya

EIS AM ÄQUATOR

KENIA // Manchmal ist es besser, nur Zweiter zu sein. Als der Mt. Kenya noch der höchste Berg Afrikas war, war er – mit flachen Hängen und einem kegelförmigen Gipfel – auch ein langweiliger Berg. Zum Glück aber hinterließen die Gletscher eine spannende Vielfalt an Gräben und zerklüfteten Gipfeln. Mehrtägige Touren durch die abwechslungsreiche Landschaft, deren Ziel meist der Gipfel von Lenana (4985 m) ist, sind so anstrengend wie lohnend. Verbringen Sie einen Tag mit der Umrundung der Hauptgipfel auf einer Höhe von etwa 4500 m. Ein Höhepunkt ist der Blick über den vertikalen Diamond Couloir zu den Gates of Mist zwischen den beiden höchsten Gipfeln Nelion (5188 m) und Batian (5199 m). Der Mt. Kenya mag nicht der Kilimandscharo sein, ist aber trotzdem eine großartige Destination für Kletterer.

NICHTS WIE HIN! ***Mt. Kenya liegt weniger als 200 km von Nairobi. Bergtouren in der Trockenzeit (Januar/Februar, August/September).***

461

462 Kalon-Minarett

MÄCHTIGE MOSCHEE, MÄCHTIGES MINARETT

USBEKISTAN // Nicht sehr viele Bauwerke regen die Fantasie derart an wie das Kalon-Minarett, das wie eine kunstvoll verzierte Stabkerze über der großen Arslan-Khan-Moschee in Buchara aufragt. Das seinerzeit höchste Gebäude Zentralasiens ist mit raffinierten Ornamentbändern umhüllt und seine Pracht überzeugte sogar Dschingis Khan, der es bei seinen Kriegszügen durch die Steppe verschonte. Die beeindruckende Aussicht von der Spitze des Turmes auf das bernsteinfarbene Buchara kann man leider nicht mehr genießen, aber was macht das schon: Der Blick hinüber zum Minarett ist nicht weniger eindrucksvoll.

Das Bauwerk war in vielerlei Hinsicht ein Pionier, vor allem war es das erste Gebäude Zentralasiens, bei dem die charakteristischen blauen Kacheln der Region verwendet wurden. Wenn man heute zu Füßen der blau gefliesten Kalon-Moschee innehält, meint man, im Schatten der Geschichte zu stehen.

NICHTS WIE HIN! *Das Kalon-Minarett liegt in der Altstadt Bucharas. Besichtigen Sie auch die Ark-Zitadelle, das älteste Gebäude der Stadt.*

463 Burg Trakai

LEBEN WIE EIN RITTER IN LITAUEN

LITAUEN // Auch für Märchenschlösser gibt es gewisse Regeln: Sie müssen geheimnisvoll und uralt sein. Sie brauchen Türme mit spitzen, Dächern wie Hexenhüten. Und ohne Burggraben geht gar nichts. Die Inselburg von Trakai in Litauen erfüllt alle Voraussetzungen mit Bravour. Ein hölzerner Steg (hören Sie schon das Klappern von Pferdehufen ...?) über den Galvesee verbindet das Ufer mit der Insel, auf der die uneinnehmbar wirkende Burg thront.

Die Festung wurde von so ziemlich jedem belagert, von den Deutschordensrittern bis zu den Moskowitern, bevor sie während der beiden Weltkriege dem Verfall preisgegeben wurde. Heute ist sie liebevoll restauriert, und in ihren Sälen und Kammern spuken die Geister einer langen und ereignisreichen Geschichte. Am malerischsten präsentiert sich die Burg im Winter, wenn der See gänzlich zufriert. Auf dem Rückweg zur Stadt Trakai passieren Sie verschiedene Museen und die Überreste einer sogar noch älteren Burg.

NICHTS WIE HIN! *Stege führen vom nördlichsten Punkt der Halbinsel zur Burg. Von hier geht's zu Fuß zurück in die Stadt.*

464 El Djem

AFRIKAS GRANDIOSES AMPHITHEATER

TUNESIEN // Was wir den Römern zu verdanken haben? Dieses Wunderwerk der Baukunst in Nordafrika zum Beispiel. In seiner Glanzzeit im 3. Jh. n. Chr. bot das große Amphitheater von El Djem etwa 35 000 Zuschauern Platz, die nach Blut lechzten, wenn muskelbepackte Gladiatoren sich mit ihren Schwertern auf wilde Bestien oder aufeinander stürzten. Das drittgrößte Amphitheater der Römischen Welt ist ein imposanter steinerner Zeuge römischen Erbes und erfreulicherweise auch heute noch größtenteils intakt.

Im Gegensatz zum Kolosseum, nach dessen Vorbild es höchstwahrscheinlich errichtet wurde, ragt El Djem hoch über die umliegende Stadt mit ihren niedrigen arabischen Flachdachhäusern. Beinahe spürt man das Adrenalin noch, wenn die blutrünstigen Tiere in den Ring der Arena gelassen wurden. Und falls Ihnen hier irgendetwas bekannt vorkommt: Ja es stimmt, das Amphitheater hat sowohl in dem Film *Gladiator* als auch in *Das Leben des Brian* einen kurzen Auftritt.

NICHTS WIE HIN! ***Das Amphitheater ist das Herzstück der tunesischen Stadt El Djem, eine Tagesreise entfernt von Sousse oder Sfax.***

465 Schilthorn

AUSBLICKE, DIE EINEM DEN KOPF VERDREHEN

SCHWEIZ // Auf dem Gipfel eines 2970 m hohen Berges ein Drehrestaurant zu bauen, das kann nur den Schweizern einfallen. Hinauf gelangt man spektakulär per Seilbahn von Stechelberg oder Birg oder anstrengend bei einer Wanderung von Gimmelwald aus. Das Schilthorn ist ein technischer Geniestreich, umgeben von der genialen Alpennatur. Das Rundumpanorama mit 200 Gipfeln genießt man am besten von der Skyline-View-Plattform oder aus dem großartigen 360°-Restaurant Piz Gloria. An klaren Tagen sieht man vom Titlis bis zum Mont Blanc oder bis zum Schwarzwald.

Und doch scheinen sich einige Besucher eher für ein Filmzitat zu interessieren: „Mein Name ist Bond, James Bond." Einige Szenen aus dem 007-Abenteuer *Im Geheimdienst Ihrer Majestät* wurden hier nämlich 1968/69 gedreht. Ein Tipp: Vergessen Sie die Spione, konzentrieren Sie sich auf die Aussicht.

NICHTS WIE HIN! ***Anreise: Seilbahnen ab Stechelberg, via Gimmelwald, Mürren und Birg, fünfstündige Wanderung ab Gimmelwald.***

Griffith Observatory

466

DIE WAHREN STARS VON L.A.

USA // Das Griffith Observatory in Los Angeles ist eine Legende. Die in die Hänge des Mount Hollywood hineingebaute Art-déco-Sternwarte war prädestiniert als Film-Location. Und tatsächlich taucht es in mehr als einem Dutzend Hollywoodstreifen auf, darunter *Denn sie wissen nicht, was sie tun*, *Transformers* und *Terminator*. Kinostars zum einen, echte Sterne zum anderen: Seit der Zeit vor dem Zweiten Weltkrieg wird von hier aus nach außerirdischem Leben gesucht.

Heute befindet sich in dieser Top-Sehenswürdigkeit für Filmbegeisterte der weltweit modernste Projektor, der mit seinen Laserstrahlen einen Ausflug ins Weltall auf die Aluminiumkuppel der Sternwarte wirft. Besucher können durch das Teleskop in der Ostkuppel höchstpersönlich in den Kosmos blicken und dank vieler astronomischer Geräte selbst das All erforschen. Bei diesem Trip zu den Sternen werden Sie also mehr sein als nur ein Zuschauer. Vergessen Sie aber nicht, auch mal einen Blick nach unten zu werfen. Die Aussicht bei Sonnenuntergang auf Los Angeles ist genau der Stoff, aus dem Träume – und Filme – gemacht sind.

☛ NICHTS WIE HIN! ***Wandern Sie durch den Griffith Park von Fern Dell oder dem Greek Theatre oder nehmen Sie den Bus ab der Vermont/Sunset Metro Red Line Station.***

467 Tower of London

ENGLANDS PRACHT

ENGLAND // In der langen Warteschlange für Tickets kann man schon mal den Kopf verlieren – zwei der Ehefrauen Heinrichs VIII. ist das hier wirklich passiert. Der Tower von London, von Wilhelm dem Eroberer zur Festigung seiner Herrschaft über die widerspenstigen Engländer errichtet, ist nicht eine einzige Burg sondern viele, die über-, in- und umeinander gebaut wurden. Ein Hort der Geschichte: Sir Walter Raleigh saß hier hinter Gittern, die Prinzen Edward V. und Richard von Shrewsbury wurden im Bloody Tower von ihrem lieben Onkel Richard (III.) um die Ecke gebracht. Highlights sind die Rüstkammer, einschließlich der (wohl etwas wohlwollend ausgefallenen) Genitalkapsel Heinrichs VIII., und die Kronjuwelen, wertvoll genug, um ganze Staaten zu kaufen. Die Künstler Paul Cummins und Tom Piper installierten im Burggraben ein Meer aus Mohnblumen zum Gedenken an den Ersten Weltkrieg.

☛ NICHTS WIE HIN! ***Der Tower liegt am nördlichen Ufer der Themse bei der Tower Bridge. Gönnen Sie sich eine Führung.***

468 Trinity College

UNIVERSITÄT IM GRÜNEN

Dublin, IRLAND // Es scheint, als könne man am Trinity College mit seinen 16 ha Grünflächen Intelligenz nach Pflanzenart osmotisch aufnehmen. Schließlich gehören Größen wie Jonathan Swift, Edmund Burke, Oliver Goldsmith, Oscar Wilde und Samuel Beckett zu den Absolventen. Die ehrwürdigen georgianischen Gebäude und die Parks der prestigeträchtigen irischen Universität zählen zu den nettesten Flecken Dublins für einen entspannten Spaziergang, selbst wenn der IQ sich dadurch nicht maßgeblich erhöht. Im 1592 von Elisabeth I. gegründeten College liegt das weltberühmte *Book of Kells*, ein einzigartiges Beispiel der Buchmalerei aus dem 8. oder 9. Jh. Weitere interessante Antiquitäten sind eine seltene Ausgabe der Proklamation der Republik Irland und die 600 Jahre alte Harfe von Brian Ború.

☛ NICHTS WIE HIN! ***Die weiten Grünflächen der Uni kosten keinen Eintritt. Öffnungszeiten: täglich 8–22 Uhr.***

469

Festungen

KLEINE NATION, GROSSE BURG(AN)SAMMLUNG

LUXEMBURG // Viele Befestigungsanlagen für so ein kleines Land: Der Burg auf dem Bockfelsen, von Graf Siegfried 963 n. Chr. errichtet, folgte im Lauf der Jahrhunderte eine Reihe weiterer Forts und Burgen, die alle die Aufgabe hatten, den sagenhaften Reichtum des Großherzogtums zu beschützen. Heute durch die Festungen der Hauptstadt zu wandern, ist wie eine Reise durch die Jahrhunderte. Gut, dass Luxemburg mehr zu bieten hat als Steuerskandale und Eurokraten!

NICHTS WIE HIN! ***Luxemburg Stadt hat eine Fläche von nur 50 km². Starten Sie bei den Bockkasematten in der Rue Sigefroi.***

470

Camp Nou

DIE KATALANISCHE HEIMAT DES FUSSBALLS

SPANIEN // Ein wenig erinnert das Camp-Nou-Stadion des Futbol Club Barcelona an ein römisches Amphitheater, vor allem dann, wenn Tausende von Barça-Fans ihre Gesänge anstimmen. Es ist ein einmaliges Erlebnis, sich hier ein Spiel anzusehen, immerhin gehört die Arena den Fans, dank einem Verband aus 170 000 zahlenden Mitgliedern. Eine Vorstellung von dieser Begeisterung bekommt man im Museum und bei einer geführten Tour durch das Stadion.

NICHTS WIE HIN! ***Camp Nou liegt nahe bei mehreren Metrostationen. Tickets für ein Match gibt's vorab beim FC Barcelona.***

471

Panamakanal

ABKÜRZUNG VOM ATLANTIK ZUM PAZIFIK

PANAMA // Der Streit zwischen Panama und Suez, wer denn nun den besseren Kanal besitze, wird wohl nie enden, aber in puncto Schönheit hat Panama die Nase vorn. Der 80 km lange Kanal, von Panama City an der Pazifikküste bis nach Colón am Atlantik, wird jährlich von fast 14 000 Schiffen durchquert. Wenn sich die gigantischen Frachter durch den schmalen Kanal zwängen, der von teils unberührtem Urwald gesäumt wird, ist das schon ein beeindruckender Anblick.

NICHTS WIE HIN! ***Besichtigung per Schiff: von Panama City aus durch die Schleusen bis zum Miraflores-See.***

472

Islas de la Bahía

DIE WAHRE PIRATENBUCHT

HONDURAS // Das Festland von Honduras ist wegen exorbitanter Kriminalitätsraten von der Liste der Traumziele gestrichen. Die Inseln Roatán, Utila und Guanaja aber sind immer noch die pure Idylle. Besuchten in der Vergangenheit Christoph Kolumbus oder blutrünstige französische, englische und holländische Piraten die Karibikeilande, trifft man heute auf Backpacker, die die entspannte Stimmung genießen, und auf eins der schönsten Tauchreviere Mittelamerikas.

NICHTS WIE HIN! *Anreise: Flug und Fähren nach Roatán und Utila ab La Ceiba auf dem Festland, Boote nach Guanaja ab Trujillo.*

473

Monets Garten

DES MALERS FÜLLHORN DER FARBEN

Giverny, FRANKREICH // Impressionismus hin oder her, von Claude Monets Garten werden Sie begeistert sein. Beim Spaziergang durch die duftende Blütenpracht erkennen Sie immer wieder Szenen aus den berühmten Werken des Malers wieder. Im Frühling blühen Narzissen, Tulpen, Rhododendren, Blauregen und Iris, Mohn und Lilien, ab Juni dominieren Kapuzinerkresse, Rosen und Wicken und im September geht der Garten über vor Dahlien, Sonnenblumen und Malven.

NICHTS WIE HIN! *Der kleine Ort Giverny ist leicht zu Fuß zu erkunden, die Fondation Claude Monet liegt an der Rue Claude Monet.*

474

Grouse Mountain

VANCOUVER AUS DER ADLERPERSPEKTIVE

KANADA // Dieser Gipfel-Vergnügungspark garantiert mitreißende Ausblicke auf das Stadtzentrum von Vancouver, das sich unten im Wasser spiegelt. Im Sommer führen die Gondeln der Skyride-Bahn mitten ins Vergnügen: Holzfäller-Shows, Wanderrouten, sogar ein Grizzlyversteck. Klar, ist das touristisch, aber was soll's? Für den besten Blick fahren Sie mit dem Aufzug die 20 Stockwerke des Turbinenturms hoch zum Eye of the Wind – Ihre Kamera wird's Ihnen danken!

NICHTS WIE HIN! *Die Skyride-Bahn benötigt nur acht Minuten von Vancouver. Vom Stadtzentrum fahren Busse zur Talstation.*

477

475

Graceland

DAS REICH DES KING OF ROCK'N'ROLL

Memphis, USA // Als letztes Domizil und letzte Ruhestätte von Elvis Aaron Presley macht Graceland Jerusalem als Pilgerstätte Konkurrenz. Ein steter Strom von Fans bestaunt die extravagante Sammlung von Paillettenoveralls, hawaiianischem Trödel und Goldenen Schallplatten des King. Zwischen Sentimentalität und einer Überdosis Kitsch gibt es auch Momente echter Rührung, etwa an Elvis' Grab, wo die Tränen so zahlreich fließen wie die Hits aus dem hauseigenen Radioprogramm.

NICHTS WIE HIN! *In Memphis gibt es nicht nur Graceland. Nehmen Sie sich Zeit für eine Blues Show an der Beale Street.*

476

To Sua Ocean Trench

BADEN IM BLAUEN LOCH

SAMOA // To Sua glitzert wie ein Saphir in einem Meer aus Smaragden: zwei dolinenartige Vertiefungen im tropischen Grün, verbunden durch aquamarinblaues Wasser, das durch unterirdische Gänge vom Meer hereinfließt. Klettern Sie die gut 20 m hohe Leiter hinunter und schwimmen Sie, begleitet vom Lied aufklatschender Wassertropfen, unter einem weiten Felsbogen hindurch zum versteckten zweiten Pool, wo das Gefühl, der Welt entrückt zu sein, übermächtig ist.

NICHTS WIE HIN! *To Sua verbirgt sich an der Südostküste von Upolo: Hinweisschild an der Main South Coast Road, nahe Lotofaga.*

477

Plaza Mayor

ENTSPANNTER KOLONIALCHARME

KUBA // Das verschlafene Zentrum von Trinidad ist eine zauberhafte Mischung aus kolonialem Charme und Palmen. Überall anders wäre der elegante Platz heillos überfüllt, aber in Trinidad herrscht ein gesetzterer Rhythmus. Sehen Sie von einer Parkbank aus dem Treiben der Stadt zu, lassen Sie amerikanische Vintage-Karossen mit frisch vermählten Pärchen an sich vorbeiziehen – und vielleicht machen Sie ja nach Sonnenuntergang bei den temperamentvollen Tänzen auf dem Platz mit.

NICHTS WIE HIN! *Das koloniale Herz Trinidads ist perfekt für den Müßiggang, im Morgenlicht für Fotos, abends zum Tanzen.*

RIFLEMAN
J. MCKINNEY
ROYAL IRISH RIFLES
A SOLDIER
OF THE GREAT WAR

Flanders Fields

478

AUF FLANDERNS FELDERN BLÜHT DER MOHN …

BELGIEN/FRANKREICH // Selbst nach einem Jahrhundert sind die tragischen Ereignisse, die den Flanders Fields zu trauriger Berühmtheit verhalfen, kaum zu begreifen. In vier blutigen Jahren ließen Scharen von jungen Männern zwischen Schlamm, Stacheldraht und Schützengräben an der Westfront des Ersten Weltkriegs ihr Leben. Heute sind die Schauplätze der berüchtigten Zweiten und Dritten Ypernschlacht ergreifende Mahnmale der Sinnlosigkeit des Krieges und erinnern an den tragischen Verlust beinahe einer ganzen Generation.

Flanders Fields bezeichnet keinen bestimmten Ort, sondern stammt aus dem bewegenden Gedicht des kanadischen Arztes und Soldaten John McCrae. Die Soldatenfriedhöfe entlang der französisch-belgischen Grenze im Umkreis der Stadt Ypern sind stille Zeugen unvorstellbarer Gräueltaten. Zwischen Statuen, Toren und endlos scheinenden, symmetrischen Reihen weißer Kreuze blühen im Sommer unzählige rote Mohnblumen, als wären sie die Seelen der Gefallenen.

Am Ende eines aufwühlenden Tages kann man ein belgisches Starkbier gut vertragen, das in dieser Gegend überall serviert wird.

☛ NICHTS WIE HIN! ***Ypern ist das Tor zur Westfront. Am Ehrenbogen Menenpoort sind die Namen von 54896 Gefallenen eingraviert.***

479 Khaju-Brücke

DIE BRÜCKE DES SCHAHS

IRAN // Die wohl schönste Brücke der Stadt Isfahan ließ Schah Abbas II. um 1650 erbauen. Sie diente aber nicht nur als Vekehrsverbindung, sondern auch als beliebter Treffpunkt. Das Bauwerk mit seinen vielen Bögen verband einen islamischen und einen zoroastrischen Stadtteil, diente als Schleuse zur Kontrolle des Wasserpegels im Fluss Zayandeh, als öffentlicher Versammlungsplatz für die Elite der Stadt und als persönlicher Rückzugsort des Schahs, von dem er seine Lustgärten überblicken konnte.

Heute kann man bei einer Besichtigung Ölbilder und Kacheln bewundern und die Überreste jener Steinsitze, von denen aus der Schah die Aussicht bewunderte. In der Mitte der Brücke ist der einst zu seinem Vergnügen erbaute Pavillon heute für alle Besucher geöffnet. Hier lässt es sich wunderbar über das Verstreichen der Jahrhunderte sinnieren.

NICHTS WIE HIN! *Die Pol-e Chādschu liegt in der Altstadt von Isfahan. In der Nacht spiegeln sich die hell erleuchteten Bögen im Wasser.*

480 Sanduny Banya

MOSKAUS SCHÖNE BANYA

RUSSLAND // Es wird gemunkelt, dass die geheimsten Deals in Moskau oft während eines Bades im eleganten Sanduny Banya, der ältesten und luxuriösesten öffentlichen Badeanstalt der russischen Hauptstadt, geschlossen werden. Der prachtvolle gotische Saal ist ein Mittelding zwischen Dampfbad und Herrenklub, und richtig skurril wird das Ganze wegen der schalenförmigen Filzhüte, die sich die Badenden aufsetzen, damit ihre Frisur nicht leidet. Die vornehmen Duschräume sehen aus wie ein römisches Badehaus.

Ein Besuch im Sanduny ist ein teurer Spaß, vor allem, wenn Sie die essenziellen Utensilien leihen müssen (also ein Wickeltuch, den rätselhaften Filzhut und ein Paar Badeschlappen). Dennoch gibt es wohl wenige so tiefgründige russische Erfahrungen wie diese: erst in einem brütend-heißen Raum zur besseren Durchblutung mit Birkenzweigen ausgepeitscht zu werden und danach im Filzhütchen bei heißem Tee aus einer Porzellantasse zu entspannen.

NICHTS WIE HIN! ***Sanduny Banya liegt unauffällig in der Neglinnaya ulitsa 14, nördlich des Moskauer Architekturinstituts.***

481

Cañón del Colca

Tiefer als tief

↓

PERU // Der Colca-Canyon zeichnet sich nicht nur durch seine Tiefe aus, sondern auch durch seine häufigen Stimmungswechsel. Entlang der 100 km langen Schlucht ändert sich die Szenerie öfter als bei einem Trip durch Europa, von der Steppe von Sibayo über die uralten Anbauterrassen von Yanque und Chivay bis zum Steilabfall hinter Cabanaconde. Als zweittiefster Canyon der Welt übertrumpft er den Grand Canyon um etwa das Doppelte. Hier haben Sie die Chance, Nachfahren der Cabana und Collagua zu treffen, Völker, die schon seit Jahrhunderten in diesem Gebiet zu Hause sind.

☛ NICHTS WIE HIN! ***Starten Sie ab Chivray, 160 km von Arequipa.***

482
Zipser Burg

SPEKTAKULÄRER SLOWAKISCHER SPUK

SLOWAKEI // Dramatik gefällig? Größe? Geschichte? Willkommen auf der Zipser Burg! Der im 13. Jh. erstmals erwähnte Komplex oberhalb der Ortschaft Spišské Podhradie gehört mit seinen dachlosen Sälen und weitläufigen Mauern zu den größten Burganlagen Europas. Schon von Weitem wirkt die Burg mit ihren schwarzen, leeren Fenstern und den Turmruinen gespenstisch. Überboten wird das aber noch von der unfassbaren Aussicht, die man von ihrem Inneren aus hat.

☛ NICHTS WIE HIN! *Lage: 1 km östlich von Spišské Podhradie. Anreise: kurze Wanderung vom Bahnhof. Audioguides erhältlich.*

483
Aletschgletscher

DER ULTIMATIVE FLUSS AUS EIS

SCHWEIZ // Dieses Land besitzt so viele Gletscher wie andere Länder Autobahnen, aber der Aletschgletscher, der längste und gewaltigste der Alpen, ist etwas Besonderes: ein 23 km langer Fluss aus zerklüftetem Eis, der sich an donnernden Wasserfällen, schroffen Felstürmen und Kiefernwäldern vorbeiwindet, von der Jungfrau im Berner Oberland bis zur Rhone. Die besten Ausblicke hat man von der Konkordia- oder der Hollandia-Hütte, beide betrieben vom Schweizer Alpenverein.

☛ NICHTS WIE HIN! *Starten Sie an der Bahnstation Jungfraujoch, die man mit dem Zug von Interlaken erreicht.*

484
Ararat

EIN PASSENDER PLATZ FÜR EINE ARCHE

TÜRKEI // Um die beiden Gipfel des Ararat ranken sich Legenden. Osmanen und Armenier verherrlichten die geheimnisvollen, schneebedeckten Bergspitzen, und die Christen glauben, dass an seinen Flanken Noahs Arche strandete. Heute arbeiten sich Kletterer zum Gipfel vor, während weniger ehrgeizige Reisende das Gelände an den niedrigeren Hängen erkunden. Die ultimative Aussicht auf den Ararat haben Sie vom Kloster Khor Virap im armenischen Hochland.

☛ NICHTS WIE HIN! *Besteigung mit türkischem Führer und Genehmigung. Start in Doğubayazıt nahe der iranischen Grenze.*

485
Stingray City

AUF KUSCHELKURS MIT STECHROCHEN

Grand Cayman, KAIMAN-INSELN // Wie im Streichelaquarium kommt man in Stingray City dem Amerikanischen Stechrochen ganz nah. Das Wasser ist hier so seicht, dass man nicht einmal eine Taucherausrüstung braucht, damit es zu einer der spannendsten Mensch-Tier-Begegnungen kommt, die man in der Karibik erleben kann. Auf der Sandbank sortierten früher die Fischer ihren Fang aus, weshalb die Rochen das Geräusch der Bootsmotoren mit Nahrung verbinden.

NICHTS WIE HIN! *Tauchboote und Katamarane starten vom Seven Mile Beach in den idyllischen North Sound von Grand Cayman.*

486
Fotevikens Museum

NATÜRLICH NORDISCH

SCHWEDEN // Sie können es einfach nicht verwinden, dass es die starken, haarigen Kerle in ihren Langbooten nicht mehr gibt? Hier ist Ihr Trost: Foteviken ist ein rekonstruiertes Dorf aus der späten Wikingerzeit, in dem Menschen ohne moderne Annehmlichkeiten nach überlieferten Traditionen, Gesetzen und Glauben leben – selbst wenn abends die Tagesausflügler verschwunden sind. Diese werden Zeugen eines Lebensstils, den man sonst nur aus Legenden kennt.

NICHTS WIE HIN! *Das Reservat liegt bei Höllviken, südlich von Malmö. Ende Juni: Wikingermarkt und -kurse für Krieger.*

487
Wawel

POLENS GANZER STOLZ

Krakau, POLEN // Der Wawel war bis ins späte 16. Jh. politisches und kulturelles Zentrum Polens und ist das Symbol der polnischen Identität. Und das, obwohl die ehemalige Königsresidenz mehrfach von einfallenden Armeen erobert und umgebaut wurde. Heute macht das Schloss den Eindruck, als wäre der letzte König eben erst zum Tor hinausgeritten, so sorgfältig wurde es über Jahrzehnte hinweg restauriert, sogar während der Wirren der beiden Weltkriege.

NICHTS WIE HIN! *Das Schloss thront am Vistula-Flusses in der Altstadt. Eintritt über ein komplexes Ticketsystem mit Zeitlimit.*

488

Porträt eines Priesters in Abreha we Atsbeha, einer bekannten Tigray-Felsenkirche, 18 km westlich von Wukro.

488

Felskirchen von Tigray

IN STEIN GEMEISSELTES HIMMELSABENTEUER

ÄTHIOPIEN // In den Kirchen von Tigray sind Mysterium und Abenteuer beinahe greifbar: Die Kirchen, bis in die 1960er-Jahre der Welt völlig unbekannt, wurden auf Berggipfeln und an steilen Klippen in den Fels gehauen. Forscher spekulieren, dass dies dem Schutz vor muslimischen Plünderern diente oder dass man in den „Hochsitzen" Gott näher sein wollte. So oder so, die Wände sind mit tausendjährigen Fresken geschmückt. Und die Aussicht ist schlicht eine Wucht.

NICHTS WIE HIN! *Anreise: Flug von Addis Abeba nach Mekele. Beste Reisezeit: Okt.–Febr.*

489

Isla Mujeres

CANCÚNS SONNIGER HINTERHOF

MEXIKO // Cancún hat all den Glitzer und Glamour, aber Kenner bevorzugen die herrliche Isla Mujeres, ein sandfarbener Pinselstrich im türkisgrünen Wasser der Bucht. Klar gibt es auch hier kitschige Souvenirläden, aber die Leute kurven gemächlich mit Golfbuggys herum und die Strände aus Korallensand übertreffen sogar die von Cozumel und Holbox. Die Farbe des Wassers lässt sich nicht beschreiben, das müssen Sie schon selber sehen (vorzugsweise beim Tauchen oder Schnorcheln).

NICHTS WIE HIN! *Anreise: Fähre von Puerto Juárez oder Gran Puerto nahe Cancún.*

490

Fingal's Cave

FELSEN, RIESEN & GEOMETRIE

SCHOTTLAND // Fingal's Cave klingt wie ein Ort aus dem Auenland, die Höhle hat jedenfalls Pink Floyd und Mendelssohn inspiriert. Schon die Bootsfahrt ist ein Abenteuer, nicht selten entdeckt man Adler oder Wale, bevor die Insel Staffa in Sicht kommt. Das Innere der Höhle erinnert an eine Kathedrale voller sechseckiger Basaltsäulen. Entstanden durch Vulkantätigkeit? Oder vom selben Riesen gebaut wie der Giant's Causeway (S. 109)? Wie auch immer: Dieser Trip ist magisch!

NICHTS WIE HIN! *Besichtigung bei einer Schiffstour von der Isle of Mull oder ab Oban.*

491

Schiefer Turm von Pisa

TORKELNDER TURM

ITALIEN // Obwohl wir nach ihr streben, finden die meisten von uns Perfektion langweilig. Wenn der Turm von Pisa 1173 nicht auf labilem Untergrund gebaut worden wäre, wäre er wohl nur ein weiterer kerzengerader Campanile (wenn auch ein besonders kunstvoller). Stattdessen lehnt er sich leicht beschwipst zur Seite – et voilà! Eine einzigartige Sehenswürdigkeit, die Menschen aus aller Welt in ihren witzigen Fotos abzustützen versuchen.

NICHTS WIE HIN! *Es kann zu langen Warteschlangen kommen. Buchen sie Tickets vorab und picknicken Sie auf der Piazza dei Miracoli.*

492

Orheiul Vechi

HINREISSENDE HÖHLEN

MOLDAWIEN // Am Fluss Răut liegt in den Kalksteinfelsen gehauen der Klosterkomplex Orheiul Vechi, der unvergesslichste, malerischste Anblick des ganzen Landes. Das Höhlensystem wurde im 13. Jh. von orthodoxen Mönchen gegraben, in einer Gegend übersät mit historischen Relikten, von tatarischen Moscheen bis zu verfallenen Festungen. Im Kloster kann man bei den Mönchen, die 1996 zurückkehrten, übernachten.

NICHTS WIE HIN! *Anreise: per Bus von Chişinău nach Orhei und weiter nach Trebujeni. Übernachten im Kloster oder in Butuceni.*

493

Ozeanografisches Museum von Monaco

ATEMBERAUBEND ALTERTÜMLICHES AQUARIUM

MONACO // Falls Sie in der Spielbank ein Vermögen verlieren sollten, können Sie sich hier, bei den Haien und Riesenkraken, in Ruhe ausmalen, wie Sie den grausamen Croupier bestrafen. Das Gebäude selbst ist so faszinierend wie seine Bewohner: ein neobarocker Palast, der aus dem Fels herauszuwachsen scheint. Seit 1910 ist das Ozeanografische Museum ein Pionier der Meeresforschung, Jaques Cousteau war einer seiner Direktoren.

NICHTS WIE HIN! *Lage: an der Avenue Saint-Martin, östlich der Marina von Fontvieille. Bewundern Sie es bei einer Bootstour.*

494 Opernhaus Oslo

COOLE DESIGN-IKONE

NORWEGEN // Das Design-Juwel der norwegischen Hauptstadt löst ein Versprechen ein, das nur die wenigsten Bauwerke halten können: Die moderne Architektur sieht tatsächlich dem ähnlich, was sie darstellen soll, nämlich einem glitzernden Gletscher, der sich in den Oslofjord ergießt. Das Ganze wirkt noch überzeugender, weil die enormen Platten aus italienischem Marmor wie Eisschollen in das Wasser der Bucht tauchen.

Das Gebäude zieht scharenweise Opern- und Ballettfans an, es ist aber auch zu einem Lieblingsplatz der Osloer geworden, die einfach hier sitzen und die Aussicht genießen. Vor allem der Winter hat seinen speziellen Reiz, wenn das Gebäude mit einem Mantel aus funkelndem Schnee überzogen ist und im Hafen das Eis schwimmt. Bevor Sie ins Innere eintauchen, besuchen Sie unbedingt das Dach: Es ist als öffentlicher Lebensraum konzipiert – und tatsächlich fangen hier jede Menge Stadtbewohner an schönen Tagen die Sonnenstrahlen ein.

NICHTS WIE HIN! *Schließen Sie sich einer Führung durchs extravagante Innere an oder kaufen Sie eine Karte für eine Opernaufführung.*

495 Kolmanskop

VERLASSENES DIAMANTENLAND IM WÜSTENSAND

NAMIBIA // Am Ende gewinnt die Natur. So scheint's jedenfalls, wenn man den verlassenen Bergbauort Kolmanskop in Südnamibia besucht. Nachdem hier 1908 ein Diamant gefunden wurde, wuchs blitzschnell eine Siedlung aus dem Boden. Der deutsche Ort besaß bald eine Fülle von Annehmlichkeiten, darunter eine Schule, ein Krankenhaus, ein Theater, ein Kasino und sogar eine Kegelbahn.

Aber ein paar Jahrzehnte später war die Diamantenmine erschöpft und 1954 lag die Stadt endgültig verlassen da. Nun holt sich die Natur diesen Platz langsam wieder zurück. Häuser versinken in den Dünen, Sand hat sich durch glaslose Fenster in die Räume geschlichen, wo er sich nun in Zimmern auftürmt, von deren Wänden die Farbe blättert. Es ist eine Geisterstadt, die von der hungrigen Wüste Namib gefressen wird. Eiskalt läuft es einem hier über den Rücken, zumal man sich in einem riesigen Sperrgebiet befindet, das nur mit Genehmigung betreten werden darf, seit hier der erste Diamant aufgetaucht ist.

NICHTS WIE HIN! ***Kolmanskop liegt nahe der Hafenstadt Lüderitz. Besuche nur mit gebuchter Führung (täglich) möglich.***

496 Mutrah Souk

MAGISCHER MUSLIMISCHER MARKTPLATZ

OMAN // Vergessen Sie alle glitzernden Malls: Der Mutrah Souk ist der wahre Einkaufstempel von Maskat. Seit dem 16. Jh. wabern im kühlen Innern des arabischen Basars Schwaden von Räucherstäbchen durch die engen Gassen, in denen ein Händler neben dem anderen seine Ware in höchsten Tönen anpreist, wie damals, als Oman noch den Indischen Ozean beherrschte. Einheimische nennen den Basar *Al Dhalam* („dunkler") Souk, da kaum Licht in die stimmungsvollen Gänge fällt.

In einer Region, die ihre Tradition gegen Themenparks im Mega-Mall-Format eintauscht, gibt der Mutrah Souk einen nostalgischen Einblick in das alte Arabien, das Reisende hier eigentlich suchen. Am besten lassen Sie den Souk auf sich wirken, indem Sie bei einer Tasse arabischen Kaffees die Einheimischen dabei beobachten, wie sie – gekleidet in ihre bestickten *kummas* – ihren Geschäften nachgehen.

NICHTS WIE HIN! ***Der Eingang zum Mutrah Souk befindet sich direkt an der Corniche in Maskat, dort wo einst Schiffe ihre Ladung löschten.***

496

497

497 Rock of Cashel

STEINALTER STEIN

IRLAND // Der „Fels" zählt zu den spektakulärsten archäologischen Stätten der grünen Insel. Am Rand des Ortes Cashel erhebt sich die Anlage mit ihren unzähligen Befestigungen auf einer grasbewachsenen Anhöhe. Cashel ist die anglisierte Form des irischen Wortes „caiseal" und bedeutet „Festung". Daher umringen stabile Mauern das Gelände, auf dem sich ein vollständig erhaltener runder Turm, eine gotische Kathedrale aus dem 13. Jh. und die künstlerisch wertvollste romanische Kapelle aus dem Irland des 12. Jhs. befinden.

Der walisische Clan der Eóghanachta, der im 4. Jh. die Irische See überquerte, wählte Cashel als Lehensgut, bevor er es an den Clan der O'Briens abtreten musste. Dieser wiederum vermachte den „Felsen" der Kirche. Die Scharen von Besuchern, die täglich hierherkommen, wollen (echte oder erfundene) irische Geschichte erleben, und die Festung mit ihrer herrlichen dunklen Magie bildet den unvergesslichen und eindrücklichen Hintergrund.

NICHTS WIE HIN! ***Fünfminütiger Spaziergang vom Stadtkern: Folgen Sie dem Bishop's Walk ab den Gärten des Cashel Palace Hotel.***

498

Erdene Dsuu Chiid

Mongolische Magie

↓

MONGOLEI // Das älteste noch existierende Buddhistenkloster der Mongolei wurde 1586 gegründet. Ein großer Teil dessen, was heute hier zu sehen ist, reicht Jahrhunderte zurück und konnte vor den kommunistischen Säuberungen beschützt werden. Erst 1990, mit Rückkehr der Religionsfreiheit, wurde das Kloster wiederbelebt. Englischsprachige Guides können Ihnen die ganze Geschichte der Rettung erzählen. Wenn man Charchorin verlässt, zeigt sich das *chiid* (Kloster) als weiße Linie von Stupas am Horizont, vor dem Hintergund des endlosen Steppenhimmels.

NICHTS WIE HIN! *2 km zu Fuß von Charchorin.*

Großer Palast

499

WAS FÜR EIN PALAST!

THAILAND // Bangkok ächzt unter all dem glänzenden Gold seiner Wats und Tempel, aber der Große Palast und das angrenzende Königskloster Wat Phra Kaeo sind eine Liga für sich. Die riesige Märchenanlage markiert mit ihrem Goldschmuck, ihren Buddhastatuen und Spiegelmosaiken den Zenit der thailändischen Architektur. Die üppige Ornamenlik überrascht nicht, immerhin befand sich hier die ehemalige Residenz der Könige von Thailand. Und so wirken Palast und Wat in ihrer Symmetrie fast übernatürlich.

Heute erzählen die Gebäude den Besuchern wehmütige Geschichten von Dynastien und Kaiserreichen. Inspiriert von den großen europäischen Häusern, mischten die königlichen Architekten Elemente der italienischen Renaissance mit traditionellen thailändischen Motiven. Die Könige, die den Komplex bewohnten, ergaben sich übrigens nie den Kolonialmächten: Sie verließen den Palast freiwillig, als die Bevölkerung 1932 für die Abschaffung der absoluten Monarchie stimmte.

Atemberaubend ist die Aussicht auf die *chedis* (Stupas) und *mon dòps* (Zeremonientürme), die zwischen den Dächern der Altstadt Bangkoks herausragen, wenn Sie sich dem Palast vom anderen Ufer des Chao Phraya-Flusses nähern.

NICHTS WIE HIN! ***Lage:** **südlich des Stadtteils Banglamphu. Anreise: Chao-Phraya-Fähre bis Tha Tien. Besuchen Sie auch Wat Pho!***

500

Independence National Historic Park

Die Wiege der USA

↓

USA // Kein Besuch in Philadelphia, ohne der amerikanischen Gründungsgeschichte die Ehre zu erweisen: Hier wurde die Idee des Revolutionskriegs gesät, hier bildete sich die erste US-Regierung. Vielen steigen beim Eintritt in die Independence Hall, in der die Unabhängigkeitserklärung unterzeichnet wurde, oder beim Anblick der Liberty Bell (Unabhängigkeitsglocke) Tränen in die Augen. Und kostümierte Schauspieler warten nur darauf, dass Besucher spontan die Nationalhymne anstimmen …

NICHTS WIE HIN! *Nehmen Sie die U-Bahn bis zur 5th Street und starten Sie Ihre Reise in die US-Geschichte.*

Register

A

B

Bild–
nachweis

S. 11 Mark Read; S. 12 Mark Read; S. 13 (L) Mark Read; S. 13 (R) Mark Read; S. 14 Andrew Watson/Getty Images; S. 16 Philip Lee Harvey; S. 17 Philip Lee Harvey; S. 19 Pete Seaward; S. 19 Pete Seaward; S. 19 Pete Seaward; S. 20 John & Lisa Merrill/Getty Images; S. 22 Justin Foulkes; S. 23 Matt Munro; S. 24 Pete Seaward; S. 26 Mark Read; S. 27 Matt Munro; S. 29 DrRave/Getty Images; S. 30 (L) Tom Mackie; S. 30 (R) Mark Read; S. 31 Tom Mackie; S. 32 Justin Foulkes; S. 34 Matt Munro; S. 35 Matt Munro; S. 36 Philip Lee Harvey; S. 37 Pete Seaward; S. 38 Justin Foulkes; S. 39 Jürgen Ritterbach/4Corners; S. 42 Mark Read; S. 42 Mark Read; S. 43 Mark Read; S. 44 Onfokus/Getty Images; S. 46 Matt Munro; S. 47 Matt Munro; S. 49 Mark Read; S. 50 Pete Seaward; S. 51 (T) Gary Yeowell/Getty Images; S. 51 (B) Michael Heffernan; S. 52Matt Munro; S. 53 Jordan Banks/4Corners; S. 54 Rob Blakers/ Getty Images; S. 55 Paul Sinclair/Getty Images; S. 56 Mark Read; S. 58 Christian Kober/ Getty Images; S. 59 Justin Foulkes; S. 60 (L) Michele Falzone/Getty Images; S. 60 (R)Pawel Libera/Getty Images; S. 61 (L) Philip Lee Harvey; S. 61 (R) Julian Elliott Photography/Getty Images; S. 62 (L) Buena Vista Images/Getty Images; S. 62 (R) Guido Cozzi/Corbis;S. 63 Mark Williamson Stock Photography/Getty Images; S. 64(L) Jon Cunningham/Getty Images; S. 64 (R) Henk Badenhorst/Getty Images; S. 65 Joseph Van Os/Getty Images; S. 66 Amos Chapple/Getty Images; S. 67 (T) Alan Copson/Getty Images; S. 67 (B) o-che/Getty Images; S. 68 Michele Falzone/Getty Images; S. 69 Juergen Ritterbach/Getty Images; S. 70 Ariadne Van Zandbergen/Getty Images; S. 70 Benoist Sébire/Getty Images; S. 71 Justin Foulkes; S. 71 shomos uddin/Getty Images; S. 72 Izzet Keribar/Getty Images; S. 73 Matt Munro; S. 75 Pete Seaward; S. 76 Dave Moorhouse/Getty Images; S. 77 Matt Munro; S. 77 Matt Munro; S. 78 (L) Image Source/Getty Images; S. 78 (R) Philip Kramer/Getty Images; S. 79 James Ross/ Getty Images; S. 80 Matt Munro; S. 82 Justin Foulkes; S. 83 (L) Matt Munro; S. 83 (R) Mark Read; S. 85 Justin Foulkes; S. 86 Grant Dixon/Getty Images; S. 88 Philipp Chistyakov/Getty; S. 89 Matteo Colombo/Getty Images; S. 90 Philip Lee Harvey; S. 91 LesleyGooding/Getty Images; S. 91 MistikaS/Getty Images; S. 92 Chad Ehlers/Getty Images; S. 93 (L) Oliver J Davis Photography/Getty Images; S. 93 (R) narvikk/Getty Images; S. 94 David Zimmerman/Getty Images; S. 95 (L) Bo Tornvig/Getty Images; S. 95 (R) Rory McDonald/Getty Images; S. 96 Ian Trower/Getty Images; S. 97 (L) Ash-Photography/ www.flickr.com/photos/ashleiggh/Getty Images; S. 97 (R) Lola L. Falantes/Getty Images; S. 98 (L) Daniel Zelazo/Getty Images; S. 98 (R) Les and Dave Jacobs/Getty Images; S. 99 Whitworth Images/Getty Images; S. 100 Luigi Vaccarella/SIME/4Corners; S. 101 Tuul and Bruno Morandi/Getty Images; S. 102 Bruno De Hogues/Getty Images; S. 103 (L) Susanne Kremer/4Corners; S. 103 (R) Jorg Greuel/Getty Images; S. 104 Marco Brivio/Getty Images; S. 107 Buena Vista Images/Getty Images; S. 108 Hakbong Kwon/Alamy; S. 109 joe daniel price/Getty Images; S. 110 Hiroyuki Matsumoto/ Getty Images; S. 111 CHRIS LEWINGTON/Alamy; S. 112 (L) Daniel Schoenen/Corbis; S. 112 (R) Image Source/Getty Images; S. 113 Will Sanders; S. 114 Matt Munro; S. 115 Nicholas Reuss/ Getty Images; S. 116 Justin Foulkes/Getty; S. 117 (L) Jon Bower at Apexphotos/Getty Images; S. 117 (R) Jaana Eleftheriou/Getty Images; S. 119 Glenn Van Der Knijff/Getty Images; S. 120 Justin Foulkes; S. 121 Life on white/Alamy; S. 123 Mark Read; S. 124 Mark Read; S. 125 (L) ZUMA Press, Inc /Alamy; S. 125 (R) Mint Images - Frans Lanting/Getty Images; S. 126 Christian Kober/Getty Images; S. 127 Bernard van Dierendonck/Getty Images; S. 128 (L) JS/ Corbis; S. 128 (R) Justin Foulkes; S. 129 Danita Delimont/Getty Images; S. 130 Gallo Images-Heinrich van den Berg/Getty Images; S. 131 Peter Adams/Getty Images; S. 132 Shaun Egan/Getty Images; S. 133 MONTICO Lionel/Hemis.fr/Getty Images; S. 134 (T) Merten Snijders/Getty Images; S. 134 (B) Danita Delimont/Getty Images; S. 135 Matt Munro; S. 136 Andrew Rich/Getty Images; S. 137 G&M Therin-Weise/Getty Images; S. 138 Jorg Greuel/ Getty Images; S. 139 (L) Akash Banerjee Photography/Getty Images; S. 139 (R) AF archive/ Alamy; S. 140 Lottie Davies; S. 140 Mark Read; S. 141 Andrew Montgomery; S. 142 Grant Faint/Getty Images; S. 143 (T) Painting by Sir Wally Herbert – Robert Harding Picture Library Ltd/Alamy; S. 143 (B) Lars Thulin/Getty Images; S. 144 Basic Elements Photography/Getty Images; S. 145 Mint Images/Art Wolfe/Getty Images; S. 147 Michael Heffernan; S. 148 Jorg Greuel/Getty Images; S. 149 Allan Baxter/Corbis; S. 150 Frans Lemmens/Getty Images; S. 151 Adrian Assalve/Getty Images; S. 152 (T) Matt Munro; S. 152 (B) Guy Edwardes/Getty Images; S. 153 Danita Delimont/Getty Images; S. 154 (L) Chris Hepburn/Getty Images; S. 154 (R) Mike Kemp Images/Getty Images; S. 155 John Harper/Getty Images; S. 156 A Photo By Bhagiraj Sivagnanasundaram/Getty Images; S. 157 Niels van Gijn/Getty Images; S. 158 Keren Su/Getty Images; S. 159 Heather Elton/Design Pics/Getty Images; S. 162 LEMAIRE Stephane/hemis.fr/Getty Images; S. 163 Peter Walton Photography/Getty Images; S. 164 Sune Wendelboe/Getty Images; S. 165 Ken Scicluna/Getty Images; S. 166 keith morris/ Alamy; S. 167 Michael Runkel/Getty Images; S. 168 Gigja Einarsdottir/Getty Images; S. 169 Ethan Daniels/Getty Images; S. 170 (L) Paul Thompson/Getty Images; S. 170 (R) Matteo Colombo/Getty Images; S. 171 De Agostini/S.Vannini/Getty Images; S. 172 Thomas Kurmeier/Getty Images; S. 173 imageBROKER/Alamy; S. 174 Mark Read; S. 175 Anup Shah/Getty Images; S. 176 Giovanni Simeone/SIME/4Corners; S. 177 Religious Images/UIG/Getty Images; S. 178 Mark Read; S. 179 Image Source/Getty Images; S. 180 Tom Mackie; S. 181 Justin Foulkes; S. 182 Filippo Maria Bianchi/Getty Images; S. 184 Mint Images - Frans Lanting/Getty Images; S. 185 Timothy Allen/Getty Images; S. 187 (L) Doug Allan/ Getty Images; S. 187 (R) John Miles/Getty Images; S. 187 (B) Nature Picture Library/Alamy; S. 188 Guy Corbishley/Getty Images; S. 189 SEUX Paule/hemis.fr/Getty Images; S. 190 (L) Image Source/Getty Images; S. 190 (R) DAJ/Getty Images; S. 191 Danita Delimont/Getty Images; S. 192 Walter Bibikow/Getty Images; S. 193 Keren Su/Getty Images; S. 194 Daniel A. Leifheit/Getty Images; S. 195 Judy Bellah/Getty Images; S. 196 Matt Munro; S. 196 Matt Munro; S. 197 Matt Munro; S. 198 Rowan Castle/Getty Images; S. 199 Richard I'Anson/Getty Images; S. 201 Mark Read; S. 202 (L) Chris McLennan/Alamyw02 (R) Catherine Sutherland; S. 203 (L) Holger Leue/Getty Images; S. 203 (R) Fergus Kennedy/Getty Images; S. 204 Feng Wei Photography/Getty Images; S. 205 Casey Mahaney/Getty; S. 206 (L) Courtesy of Te Papa Museum; S. 206 (R) Hulton-Deutsch Collection/Corbis; S. 207 Paul Joynson Hicks/Corbis; S. 208 Pacific Press/Getty Images; S. 209 (L) Leemage/Getty Images; S. 209 (R) Reinhard Dirscherl/Getty Images; S. 210 (L) Simon Tongc/Getty Images; S. 210 (R) Andrew Peacock/Getty Images; S. 211 Allan Baxter/Getty Images; S. 214 Oliver Strewe/Getty Images; S. 215 (L) Arnt Haug/Getty Images; S. 215 (R) Robert Harding World Imagery/ Alamy; S. 216 Steve Raymer/Corbis; S. 217 Dan Welldon; S. 218 Justin Foulkes; S. 219 Bjarke Ørsted courtesy of Louisiana Museum of Modern Art; S. 220 Stephen Saks Photography/Alamy; S. 221 Balan Madhavan/Getty Images; S. 222 VisitBritain/Britain on View/Getty Images; S. 223 © FMGB Guggenheim Bilbao Museoa, London 2015, Mark Mawson/Getty Images; S. 224 BarrettÊ&ÊMacKay/Getty; S. 225 Betty Wiley/Getty Images; S. 226 Matt Munro; S. 227 Matt Munro; S. 228 Maremagnum/Getty Images; S. 229 Charlie Kwan/Getty Images; S. 230 Buena Vista Images/Getty Images; S. 231 Jose Manuel Azcona/Getty S. 232 (T) Alfredo Maiquez/Getty Images; S. 232 (B) Yadid Levy/Getty Images; S. 233 Slow Images/Getty Images; S. 234 Moritz Attenberger/Look-foto/Corbis; S. 235 Gonzalo Azumendi/Getty Images; S. 236 David Hiser/Getty Images; S. 237 David Noton; S. 238 Visions Of Our Land/Getty Images; S. 239 epics.ca/ Getty Images; S. 240 Heinrich van den Berg/Getty Images; S. 241 Bernard van Dierendonck/LOOK-foto/ Getty; S. 242 (L) Profimedia.CZ a.s./Alamy; S. 242 (R) Stelian Porojnicu/Alamy; S. 243 Jim McKinley/Getty Images; S. 244 Jonathan Gregson; S. 245 National Geographic Image Collection/Alamy; S. 246 Slow Images/Getty Images; S. 247 Pictorial Press Ltd/Alamy; S. 248 Julian Ward/Getty Images; S. 249 Michael Taylor/Getty Images; S. 250 Zé Martinusso/Getty; S. 251 Barry Kusuma/Getty Images; S. 251 Matt Munro; S. 252 Jose Cabezas/Getty Images; S. 252 AFP/Getty; S. 253 Simon Butterworth/Getty Images; S. 253 Paul Biris/Getty Images; S. 254 (T) AlfredoMaiquez/Getty Images; S. 254 (B) Jane Sweeney/Getty Images; S. 255 Enzo Figueres/Getty Images; S. 256 (R) Katie Garrod/Getty Images; S. 256 (L) Richard Cummins/ Getty Images; S. 257 Alan Majchrowicz/Getty Images; S. 258 Greg Johnston/Getty Images; S. 259 Hugh Sitton/Corbis; S. 260 Craig Ferguson/Getty Images; S. 261 Age Fotostock/Alamy; S. 261 Clearview/Alamy, S. 264 Paul Biris/Getty Images; S. 265 Lizzie Shepherd/Getty Images; S. 266 Keren Su/Getty Images; S. 266 Manfred Mehlig/Corbis; S. 267 ESCUDERO Patrick/hemis.fr/Getty Images; S. 268 Jane Sweeney/ Getty Images; S. 269 Alex Hare/Getty Images; S. 270 Johann van Heerden/Getty Images; S. 272 (L) Sean Savery Photography/Getty Images; S. 272 (R) Danita Delimont/Getty Images; S. 273 (L) Bruno De Hogues/ Getty Images; S. 273 (R) Danita Delimont/Getty Images; S. 274 Andrew Hounslea/Getty Images; S. 275 Jenny Jones/Getty Images; S. 276 Andrew Michael/Getty Images; S. 277 (L) Stephen Dorey/Getty Images; S. 277 (R) Sean Caffrey/Getty Images; S. 278 (B) Chris Cheadle/Getty Images; S. 278 (T) Peter Stuckings/ Getty Images; S. 279 Paul Biris/Getty Images; S. 280 (L) Ulana Switucha/Alamy; S. 280 (R) Anthony Asael/ Corbis; S. 281 Sergiy Trofimov Photography/Getty Images; S. 282 Michael Heffernan; S. 283 Ingo Rösler/ Getty; S. 284 (L) Luis Castaneda Inc./Getty Images; S. 284 (R) Cultura Travel/Philip Lee Harvey/Getty Images; S. 285 Martin Lehmann/Alamy; S. 286 (L) frans lemmens/Alamy; S. 286 (R) Danita Delimont/Getty; S. 287 Craig Ferguson/Getty Images; S. 288 ArtMarie/Getty Images; S. 289 (L) HUGHES Herve/hemis.fr/ Getty Images; S. 289 (R) Tibor Bognar/Alamy; S. 290 adalbertop photography/Getty Images; S. 291 ralucahphotography.ro/Getty Images; S. 292 Stefano Politi Markovina/Getty Images; S. 293 (T) Philippe Bourseiller/Getty Images; S. 293 (B) Design Pics/Keith Levit/Getty Images; S. 294 Keven Osborne/Fox Fotos/Getty Images; S. 294 De Agostini/C. Sappa/Getty Images; S. 295 (L) Education Images/UIG/Getty Images; S. 295 (R) Doug Pearson/Getty Images; S. 296 Eddie Brady/Getty Images; S. 298 (L) Raquel Lonas/Getty Images – 'Blood Swept Lands and Seas of Red' – poppies and original concept created by artist Paul Cummins and installation designed by Tom Piper at HM Tower of London, (R) Andrew Montgomery; S. 299 Khaled Kassem/Alamy; S. 300 Danita Delimont/Getty Images; S. 301 Maria Pavlova/ Getty Images; S. 302 Philip Game/Alamy; S. 304 Andrea Thompson Photography/Getty Images; S. 305 Cultura Travel/Ben Pipe Photography/Getty Images; S. 306 Cornelia Doerr/Getty Images; S. 307 Fotograferen.net/Alamy; S. 308 Philip Lee Harvey; S. 310 Ivan Brodey/Getty Images; S. 311 Andy Nixon/ Getty Images; S. 312 (L) Trish Punch/Getty Images; S. 312 (R) David South/Alamy; S. 313 Christophe Boisvieux/Corbis; S. 314 thebang/Getty Images; S. 316 Anna Serrano/SIME/4Corners

ENGLISCHE AUSGABE
Lonely Planet
Australien
Level 2 & 3, 551 Swanston Street, Carlton, 3053, Victoria, Australien, Email talk2us@lonelyplanet.com.au
USA
150 Linden St, Oakland, CA 94607, Tel. 510 250 6400, Email info@lonelyplanet.com
Großbritannien
240 Blackfriars Road, London SE1 8NW, Tel. 020 3771 5100 Email go@lonelyplanet.co.uk
www.lonelyplanet.com

Herausgeber Piers Pickard
Verantwortlicher Herausgeber Robin Barton
Art Director Daniel Di Paolo
Redaktion Karyn Noble, Ross Taylor, Nick Mee
Cover-Illustrationen Jacob Rhoades
Kartografie Corey Hutchinson, Wayne Murphy
Produktion Tag Publishing
Druckproduktion Larissa Frost, Nigel Longuet

Dank an Ryan Evans, Mazzy Prinsep, Barbara di Castro
Autoren: Andrew Bain, Anthony Ham, Emily Matchar, James Smart, Jessica Cole, Jessica Lee, Joe Bindloss, Joshua Samuel Brown, Karla Zimmerman, Karyn Noble, Kate Morgan, Lee Slater, Lorna Parkes, Luke Waterson, Mara Vorhees, Matt Phillips, Nick Ray, Nicola Williams, Oliver Smith, Pat Kinsella, Robin Barton, Sarah Baxter, Sarah Reid, Tamara Sheward, Tom Hall, Will Gourlay

DEUTSCHE AUSGABE
MAIRDUMONT
Marco-Polo-Straße 1, 73760 Ostfildern
www.mairdumont.com
www.lonelyplanet.de

Projektbetreuung Jens Bey
Übersetzung Claudia Amor, Vanessa Wenig
Redaktion Jens Bey

Printed in China.

ISBN 978-3-8297-1547-8
1. Auflage 2016